中国传统文化导论
（第二版）

夏宇旭 主编

清华大学出版社
北京

内 容 简 介

全书以立德树人根本任务为指导思想,立足新时代,在"讲仁爱、重民本、守诚信、崇正义、尚和合、求大同"的传统文化精神中注入时代元素,以提高大学生人文素养,增强大学生文化自信心和民族自豪感,培养其家国情怀意识和使命担当的责任感。

本书主要内容包括中国传统文化的基本精神、中国哲学思想、中国传统经学、书法与绘画、中国传统节日文化、中国龙文化、中国生肖文化等,通过学习,使学生了解中华优秀传统文化的博大精深和源远流长,深刻理解中华文化的独特价值,感悟中华优秀传统文化蕴含的思想观念、人文精神、道德规范等,培养大学生高度的文化自觉、坚定的文化自信、强烈的文化担当和崭新的文化使命,为更好地构筑中国精神、中国价值、中国力量,实现中华民族伟大复兴尽一份绵薄之力。

本书适合作为高校中国传统文化课程教材,也可作为相关人员学习和研究中国传统文化的参考书或者培训用书。

本书封面贴有清华大学出版社防伪标签,无标签者不得销售。
版权所有,侵权必究。举报: 010-62782989,beiqinquan@tup.tsinghua.edu.cn。

图书在版编目(CIP)数据

中国传统文化导论/夏宇旭主编. —2版. —北京:清华大学出版社,2021.9(2024.4重印)
ISBN 978-7-302-59089-7

Ⅰ.①中… Ⅱ.①夏… Ⅲ.①中华文化-高等学校-教材 Ⅳ.①K203

中国版本图书馆 CIP 数据核字(2021)第 175072 号

责任编辑:王巧珍
封面设计:常雪影
责任校对:宋玉莲
责任印制:刘 菲

出版发行:清华大学出版社	地　址:北京清华大学学研大厦A座
网　址:https://www.tup.com.cn	邮　编:100084
社　总　机:010-83470000	邮　购:010-62786544
投稿与读者服务:010-62776969,c-service@tup.tsinghua.edu.cn	
质量反馈:010-62772015,zhiliang@tup.tsinghua.edu.cn	

印 装 者:大厂回族自治县彩虹印刷有限公司
经　　销:全国新华书店
开　　本:185mm×260mm　　　印　张:15.75　　　字　数:272千字
版　　次:2013年7月第1版　　2021年9月第2版　　印　次:2024年4月第7次印刷
定　　价:48.00元

产品编号:092077-01

本书编委会

主　编：夏宇旭

编　委：夏宇旭　邱广军　王子初

前　言

习近平总书记指出:"中华文明源远流长,孕育了中华民族的宝贵精神品格,培育了中国人民的崇高价值追求。自强不息、厚德载物的思想,支撑着中华民族生生不息、薪火相传。"新时代中华优秀传统文化的认同作用更加凸显,它的思想内涵在大学生思想政治教育中也具有很强的生命力,是完成立德树人根本任务的重要支撑。在新文科背景下将中华优秀传统文化创造性转化、创新性发展,让传统文化的优秀基因更好地涵养师生心灵,形成一种自觉的文化选择,强化中华优秀传统文化的价值共识和大学生的文化认同,提高大学生的人文素养,是本书宗旨。

本书编者所在的吉林师范大学,于2008年开始面向全校学生开设"中国传统文化"课,作为共同课,目前已经运行了13年,在教学过程中课程团队不断完善教学内容,改进教学方法,目前已经将其建设成为线上线下混合式课程,并且线上课程已经获批国家级本科一流线上课程。我们此次再版的《中国传统文化导论》就是在2013年版的基础上,根据近年来更新内容的讲义编写而成。

本教材结合高等教育立德树人的根本任务以及学生的知识需求,选择了中国传统文化中最具代表性且对提高学生文化素养大有裨益的内容,同时兼顾内容的学术性与知识性、趣味性与可读性。本教材除了绪论外,共选择了7个专题,即中国传统文化的基本精神、中国哲学思想、中国传统经学、书法与绘画、中国传统节日文化、中国传统龙文化、中国传统生肖文化。通过学习使大学生了解博大精深、源远流长、独具特色的中华优秀传统文化,增强大学生的文化自信心和民族自豪感,培养其家国情怀意识和使命担当的责任感。

本教材在编写过程中,引用了大量的原始文献和现代论著,增强了知识的说服力。同时谨向我们借鉴的写作相关论著的专家学者致以最崇敬的谢意。

由于本教材非一人执笔,文字风格不尽一致,同时由于我们的水平有限,经验不足,书中难免存在错漏之处,恳请各位业内同仁及细心的读者批评指正。

编者
2021年7月

目 录

绪论 ……………………………………………………………………………… 1
    一、文化定义 ………………………………………………………………… 2
    二、中国文化与中国传统文化 ……………………………………………… 4
    三、学习中国传统文化的目的和意义 ……………………………………… 7
    本章参考文献 ………………………………………………………………… 9

第一章　中国传统文化的基本精神 …………………………………………… 11
    第一节　天人合一 …………………………………………………………… 11
    第二节　以人为本 …………………………………………………………… 14
    第三节　刚柔相济 …………………………………………………………… 17
    第四节　贵和尚中 …………………………………………………………… 23
    本章参考文献 ………………………………………………………………… 30

第二章　中国哲学思想 …………………………………………………………… 32
    第一节　儒家及其思想 ……………………………………………………… 32
    第二节　道家及其思想 ……………………………………………………… 49
    第三节　佛家及其思想 ……………………………………………………… 54
    本章参考文献 ………………………………………………………………… 63

第三章　中国传统经学 …………………………………………………………… 65
    第一节　经学发展脉络 ……………………………………………………… 65
    第二节　"四书""五经"及其思想 ……………………………………… 70
    本章参考文献 ………………………………………………………………… 86

第四章　书法与绘画 ……………………………………………………………… 88
    第一节　汉字的产生与演变 ………………………………………………… 88

第二节　中国古代书法艺术 …………………………………………………… 95
　　第三节　国画的渊源与发展 …………………………………………………… 106
　　第四节　国画的境界与意蕴 …………………………………………………… 120
　　本章参考文献 …………………………………………………………………… 126

第五章　中国传统龙文化 …………………………………………………… 128
　　第一节　龙的起源、发展及崇龙习俗的形成 ………………………………… 128
　　第二节　龙文化与习俗 ………………………………………………………… 140
　　第三节　弘扬传承龙文化 ……………………………………………………… 155
　　本章参考文献 …………………………………………………………………… 159

第六章　中国传统生肖文化 ………………………………………………… 162
　　第一节　生肖的起源、确定及发展 …………………………………………… 162
　　第二节　生肖民俗 ……………………………………………………………… 176
　　第三节　生肖艺术 ……………………………………………………………… 182
　　本章参考文献 …………………………………………………………………… 194

第七章　中国传统节日文化 ………………………………………………… 196
　　第一节　中国传统节日概况 …………………………………………………… 196
　　第二节　春节和元宵节 ………………………………………………………… 201
　　第三节　清明节和端午节 ……………………………………………………… 208
　　第四节　七夕节和中秋节 ……………………………………………………… 219
　　第五节　重阳节和腊八节 ……………………………………………………… 229
　　本章参考文献 …………………………………………………………………… 241

绪　　论

中华文化博大精深，源远流长，在5 000年文明发展中孕育的中华优秀传统文化，积淀着中华民族最深沉的精神追求，代表着中华民族独特的精神标识，是中华民族生生不息、发展壮大的丰厚给养，是中国特色社会主义植根的文化沃土，是当代中国发展的突出优势。中华优秀传统文化对延续和发展中华文明、促进人类文明进步，以及建设社会主义文化强国，增强国家文化软实力，实现中华民族伟大复兴的中国梦发挥着重要作用。

2017年年初，中共中央办公厅、国务院办公厅印发《关于实施中华优秀传统文化传承发展工程的意见》（以下简称《意见》）。《意见》指出，传承发展中华优秀传统文化，就要大力弘扬讲仁爱、重民本、守诚信、崇正义、尚和合、求大同等核心思想理念；大力弘扬自强不息、敬业乐群、扶危济困、见义勇为、孝老爱亲等中华传统美德。中华优秀传统文化积淀着多样、珍贵的精神财富，如求同存异、和而不同的处世方法；文以载道、以文化人的教化思想；形神兼备、情景交融的美学追求；俭约自守、中和泰和的生活理念等，是中国人民思想观念、风俗习惯、生活方式、情感样式的集中表达，滋养了独特丰富的文学艺术、科学技术、人文学术，至今仍然具有深刻影响。传承发展中华优秀传统文化，要大力弘扬有利于促进社会和谐、鼓励人们向上向善的思想文化内容。重点任务是深入阐发文化精髓，贯穿国民教育始终。围绕立德树人根本任务，遵循学生认知规律和教育教学规律，按照一体化、分学段、有序推进的原则，把中华优秀传统文化全方位融入思想道德教育、文化知识教育、艺术体育教育、社会实践教育各环节，贯穿于启蒙教育、基础教育、职业教育、高等教育、继续教育各领域。推动高校开设中华优秀传统文化必修课，在哲学社会科学及相关学科专业和课程中增加中华优秀传统文化的内容。中华文化独一无二的理念、智慧、气度、神韵，彰显了中国人民和中华民族内心深处的自信和自豪。2017年文化自信被写入十九大报告中，成为继道路自信、理论自信、制度自信之后的第四个自信。文化自信是一个国家、一个民族发展中更基本、更深层、更持久的力量。

一、文化定义

按照科学的思维,万事万物都离不开定义。定义能用简明的语言,说明各种事物的本性,并且把它们与其他事物区分开。文化也需要有定义,以便我们更好地认知文化的内涵,但给文化下定义是非常艰难的事,可以说是中外文化学家共同遇到的一道难题。正如美国学者洛厄尔(A. Lawrence Lowell,1856—1943)所说,给文化下定义"就像用手去抓空气,你抓不到,但它又无处不在"。自从英国学者泰勒开始给文化下定义后,到目前为止陆续有 200 多个较有影响的有关"文化"的定义,但至今没有一个统一的定义,主要原因是由于多维视野下的文化理论差异,不同的文化理论会得出不同的"文化"定义;不同的语言中"文化"一词的内涵也是不尽相同的。

"文化"是中国语言系统中古已有之的词汇,但是最初的"文"与"化"是有各自的意义的。

"文"字最早见于商代的甲骨文。《说文解字》:"文。错画也。象交文。"故"文"的本义就是指各色交错的纹理,正如《易·系辞下》所载:"物相杂,故曰文。"但是相杂的物是有序的、不乱的。《礼记·乐记》记载:"五色成文而不乱。"在此基础上,"文"有了若干引申义。一是引申为包括语言文字在内的各种象征符号,进而具体化为文物典籍、礼乐制度等。《尚书·序》:"伏羲始画八卦,造书契,以代结绳之政,由是文籍生焉。"二是引申为彩画、装饰、道德修养等,并且与"质"相对应,《论语·雍也》记载:"质胜文则野,文胜质则史。文质彬彬,然后君子。"

"化"字则出现较晚,本义为改变、生成、造化,初指事物形态和性质的改变,如《庄子·逍遥游》:"北冥有鱼,其名为鲲……化而为鸟,其名为鹏。"《易·系辞下》:"天地氤氲,万物化醇;男女构精,万物化生。"《礼记·中庸》:"能尽物之性,则可以赞天地之化育。"归纳起来,"化"指事物的形态或性质的改变,后来被引申为教化迁善之义。

"文""化"二字同时出现在一条文献中,最初见于战国时期成书的《易·贲卦·象传》:"贲,亨,柔来而文刚……天文也;文明以止,人文也。观乎天文,以察时变;观乎人文,以化成天下。"日月星辰往来交错文饰于天,故曰"天文",这里的"文",即由纹理之义引申而来,进而引申为天道自然规律。同样"人文"指人伦社会规律,即人在社会生活中形成的人与人之间复杂的社会关系网,如君臣、父子、夫妇、兄弟、朋友等,这种社会关系网具有纹理表象,因称"人文"。这段史料的意义是统治者治理国家要时刻观察天文以了解寒来暑往的时序变化,这是农业社会必需的要求,另外更要洞察人文,因势利导,使天下之人都能遵从文明礼仪,规范行为,塑造人格,形成良好的社会风尚。

"文"与"化"作为一个合成词连在一起使用是在西汉时期,西汉文学家刘向在其《说苑·指武》中说:"圣人之治天下也,先文德而后武力。凡武之兴,为不服也,文化不改,然后加诛。"[①]从此"文化"一词遂成为汉语中常用的词汇。很显然,这里的"文化"就是与无教化的"野蛮"相对应的,是指文德教化,既有政治主张,又有伦理意义。

在西方各民族语文系统中,也有与文化对应的词汇。如拉丁文"Cultura",含有耕种、练习、注意等多重意义。英文作"Culture",最初有改良土壤、栽培植物、种植树木等含义,并由此引申出性情陶冶、品德的修养等。这与中国传统语汇中的"文化"一词所具有的"文德教化"内涵比较接近,于是,"Culture"这一外来语汇便被翻译成了"文化"。但不同的是,中国的"文化"一开始就专注于精神领域,而"Culture"是从人类物质生产活动生发,然后引申为精神领域的,所以"Culture"的内涵比"文化"更广,与中国语言系统中的"文明"比较接近。

但是中国的"文化"与西方的"Culture"都具有一个共同的本质,即都强调人的有意识、有目的的实践活动。人类有意识、有目的的实践活动,其出发点是对自然和社会客体的利用、适应和改造,其落脚点既表现为各种自然形态、功能的不断改观和发展,同时也表现为人类个体与群体素质的不断提高与完善。所以,文化的实质性含义乃是"自然的人化"。

所以本书认为:文化一般指人类改造自然、改造社会、改造人本身自然属性,使其体现出人的价值观念的一切活动成果或现象。比如,人类通过自己的劳动,改变了某一自然物的面貌、状态或功能,使其适应人的某种需要,这一劳动就是文化活动,其劳动结晶也就是文化成果。人们通过自己的努力,充分发挥主体能动性而使现成的社会关系网得到重组和协调,使其更加有利于推动社会的进步,人的这一活动及其带有正效应的成果,也是一种文化现象。人类在改造客观世界的过程中,提高了自己的知识、技能和道德观念,从而使其更加理性化和智能化,这就是人的文化过程和现象。因此,在某种意义上可以说,凡是能给人类社会带来福祉,能将社会生活水平向前推进一步的一切劳动都是文化活动或文化。文化是人类现实生活和社会进步的需要,

---

① [汉]刘向撰,向宗鲁校证:《说苑校证》,380页,北京,中华书局,1987年。

人类社会的历史就是一部文化史。

"文化"这一概念的内涵、外延差异很大,故文化有广义与狭义之分。《辞海》对广义文化和狭义文化作了定义:广义的文化指人类在社会实践过程中所获得的物质、精神的生产能力和创造的物质、精神财富的总和。狭义的文化指精神生产能力和精神产品,包括一切社会意识形式:自然科学、技术科学、社会意识形态等。有时又专指教育、科学、文学、艺术、卫生、体育等方面的知识和设施。

作为一种历史现象,文化的发展有历史的继承性;在阶级社会中,又具有阶级性,同时也具有民族性、地域性。不同民族、不同地域的文化又形成了人类文化的多样性。作为社会意识形态的文化,是一定社会的政治和经济的反映,同时又给予一定社会的政治和经济以巨大的影响。

二、中国文化与中国传统文化

文化的重要属性之一就是民族性和国度性。世界各国家、各民族在不同自然地理环境和社会历史条件下繁衍生息,所以就有了各自独有的文化品格。本书所讨论的中国文化是由中华民族在中国这片广袤的土地上创造的文化。中国是我们民族文化的摇篮。但是上古时期中国是地理概念,是指古人观念中的"天下之中",所以称为中国。"中国"一词目前所知最早出现在西周时期。1963年,陕西省宝鸡县贾村出土的青铜尊,因为一个名叫何的西周宗室贵族铸造此尊,故称为"何尊"。何尊的内底上有一篇12行122字的铭文,讲述了周成王在成周营建都城、祭祀、向大臣训话的事情。在铭文中第一次出现了"中国"一词:"武王既克大邑商,则廷告于天,曰:余其宅兹中国,自兹乂民。"大意是武王克商后祭告上天:"我将居住在中国,自此治理民政。"这里的中国是指居于地理"中位"的国家,指位于中间的城池,最早的中国指洛阳,洛阳到现在还号称天下之中。洛阳的东面是原来商朝的发源地,洛阳的西面是夏朝的发源地,而洛阳位于中间,周朝的时候把洛阳称为中国,而周边称为四方。如《诗经·大雅·生民之什》载,"惠此中国,以绥四方";《庄子·田子方》记载,"吾闻中国之君子,明乎礼义而陋于知人心",均指此义。也就是说最初的中国只是地域和文化概念,但是以后中国两千多年的帝制时代都是以王朝命名国号,从秦朝直到清朝都是如此,就像利玛窦在其《利玛窦中国札记》中所记载:"中国人自己过去曾以许多不同的名称称呼他们的国家,将来或许还另起别的称号……从目前在位的朱姓家族当权起,这个帝国就称为明。"不过,到清朝时已经实现了全国大统一,中国的疆域已基本确定下来,各个民族共同融合成为中华民族的历史过程业已完成,"中国"的涵义大大拓展,实际上包含了中国的整个领土和所有民族。所以清朝在外交辞令中有时也称自己为"中国",如康熙二十八年(1689)与俄国签订《尼布楚条约》时,全权使臣索额图自称"中国大圣皇帝钦差分界大臣议政大臣领侍卫内大臣",并且条约中作为中国主权国家的名称也使用了"中国"一词。不过此时清朝国号是"大清",仍然没有冠以"中国"二字。"中国"正式作为国名,始于1912年"中华民国"的建立。国际上通称 Republic of China,简称 China(中国)。中国也有了明确的地理范围,即中华民国的全部领土。从此,"中国"才成为具有近代国家概念的正式名称。

中华民族是中国文化的创造主体。中华民族是由华夏族演衍而来的汉族和55个少数民族的总称。"华夏"二字,最早见于《尚书·周书·武成》:"华夏蛮貊,罔不率俾。"孔颖达疏曰:"'夏'谓中国也。"《左传·襄公二十六年》有"楚失华夏"之语。《说文解字》说,"华,荣也","夏,中国之人也"。《春秋左传正义·定公十年》:"中国有礼仪之大,故称夏;有服章之美,谓之华。"《尚书》则注曰:"冕服采章曰华,大国曰夏。""华夏"一词,最基本的含义在于文化。自秦汉开始,随着各民族之间文化交流的日益频繁,以及"中国"范围的不断扩大,华夏文化也随着发展、扩大。后来,凡是接受华夏文化的各族,大体上都纳入了华夏族的范畴,"华夏"因此逐渐成为中华民族的代名词。

"中华"一词由来已久,《春秋·穀梁传》中即有:"秦人能远慕中华君子。""中华"是中国与华夏的重组,即除了在地理方位上的表达之外,又加了一层美意,华本义为花,延伸到文化上意为光辉、文采,蕴含文化发达之意。

唐代在法律文本中,正式出现"中华"一词。唐高宗永徽四年(653)颁行的法律文本《律疏》,对"中华"一词做了明确的解释:"中华者,中国也。亲被王教,自属中国,衣冠威仪,习俗孝悌,居身礼义,故谓之中华。"①

中国文化是中华民族创造的并对人类有伟大贡献的文化系统。独具特色的语言文字,浩如烟海的文化典籍,嘉惠世界的科技工艺,精彩纷呈的文学艺术,充满智慧的哲学宗教,深刻完备的道德伦理,共同构成了中国文化的基本内容。同时中国文化是一个生生不息的运动过程,正如余秋雨先生所说:"中国文化是一条奔流不息的大江,而不是江边的枯藤、老树、昏鸦。"

---

① [唐]长孙无忌等撰,刘俊文点校:《唐律疏议》,626页,北京,中华书局,1983年。

在中国辽阔大地上虽然存在诸多自然地理差异,但在长期的历史发展过程中,经过不断的碰撞、整合、改进、创新,最终形成了多元一体的中华文化。

"传统"文化的界定重要在于"传统",指过去、现在和未来一脉相承的文化,即在历史时期产生的,并经过不断的发展、演变、完善,直到今天依然存在,并且对未来仍产生影响的优秀文化。于是中国传统文化即可以定义为:

在长期的历史发展过程中形成和发展起来,保留在中华民族中具有稳定形态的中国文化,对未来文化将产生影响的民族文化的总和。包括思想观念、思维方式、价值取向、道德情操、生活方式、礼仪制度、风俗习惯、宗教信仰、文学艺术、教育科技等内容。

首先,"传统"文化指文化的过去式,即在漫长的历史过程中逐步产生、发展、演变起来的文化。今天的文化是我们的先民在几千年的漫长历史中积累发展起来的。就中华文化的起源与发展历程而言,从原始社会到宋元明清,各个历史时期的哲学、宗教、教育、文学、艺术以及中国古代的价值观念、思维方式、风俗习惯等,构成了中华民族的传统文化。其次,指文化的现在式,即指从过去一直绵延到现在的文化观念。也就是说那些出现在过去一直延续到今天的文化,才能称之为"传统文化"。人类在漫长的历史过程中,曾经创造出许许多多的文化,但并不是所有在历史上出现过的文化均可称之为传统文化。文化作为一种观念形态的东西,总是处于一种不断产生、又不断吸纳和淘汰的过程中。那些具有重要价值、具有鲜活生命力的文化得以积淀、保存、延续下来,成为后代文化主要组成部分,我们将这些文化称之为传统文化。与之相反,那些曾经出现在各个历史时期的不少文化现象,产生时虽也流行一时,但只是一段时间存在,甚至昙花一现,没有延续下来,这种文化只是一种历史文化,并不是传统文化,因为它们并没有能够延续到现在。所以我们所讲的中国传统文化,也是指那些出现在历史上的许多重要文化,对今天的中国人的文化观念仍产生重要影响的文化。如中国古代诗词、绘画、书法,儒释道哲学思想等,虽然都是产生于过去的文化成果,但是,它们对今天中国人的文化思想、价值观念、思维方式、审美趣味等都有重要影响,故而是传统文化或文化传统。再次,"传统"的文化,又可能是指文化的将来式,即对未来的文化建构产生影响的文化观念,它们会成为未来文化的重要组成部分。文化是一种绵延不绝、前后相承的时间之流。我们今天的文化,是昨天的文化演变过来的;同样,我们明天的文化,是我们今天文化的延续。因此,那些构成我们的"传统文化"或"文化传统"的东西,就不仅仅存在于过去,也不仅仅存在于现在,还可能存在于将来。

由此可见，对现代人而言，传统文化决不仅仅是产生于过去并已沉寂的历史文化，而是一种连接过去、现在、未来的生命之流。因此，对每一个中国人来说，中国传统文化也是连接古代、现代、未来中国人的时间之流、生命之流，是中国人的精神生命。我们学习中国传统文化，思考中国传统文化，决不仅仅是为了获得一些可有可无的历史知识，而是要通过对中国传统文化的反思，自觉继承中国文化的优秀传统，建设和发展现代社会主义新文化。

三、学习中国传统文化的目的和意义

文化是一个国家、一个民族的灵魂，文化兴、国运兴，文化强、民族强。今天的中国特色社会主义文化就源于中华民族五千多年文明历史所孕育的中华优秀传统文化。没有高度的文化自信，就没有中华民族的伟大复兴。习近平主席强调："中国有坚定的道路自信、理论自信、制度自信，其本质是建立在5 000多年文明传承基础上的文化自信。"2016年7月1日，在庆祝中国共产党成立95周年大会的讲话上，习近平对文化自信特别加以阐释，指出"文化自信，是更基础、更广泛、更深厚的自信"，于是文化自信成为继道路自信、理论自信和制度自信之后，中国特色社会主义的"第四个自信"。

2017年3月，时任教育部长陈宝生谈到优秀传统文化进校园时强调，中国传统文化要覆盖教育的各个学段，从小学到大学，我们把这项工作看成是一个固本工程。把中国传统文化教育融汇到我们教材体系中去，把这项工作看成是铸魂工程。同时要把中国传统文化教育贯穿人才培养全过程，把这项工作看成是中国人打底色的工程。根据中共中央、国务院"进一步加强和改进大学生思想政治教育的意见"文件的精神，进一步加强大学生爱国主义教育是当前高等教育教学的重要任务。为了进一步加强大学生的人文素质教育，增强大学生的全面人文社科知识，使大学生树立坚定的爱国主义、社会主义信念，我们要学习中国优秀传统文化，开阔大学生的视野，增长知识，提高人文素养和精神境界，为大学生运用掌握的全面知识服务社会打下坚实的基础。

中国传统文化深刻影响着几千年来中国的政治、经济、思想、军事、生活等方方面面，它体现了中华民族的生存智慧，并随着历史的发展，已经逐渐内化为我们的文化品格,积淀在中华民族的血脉之中。1988年1月,全世界诺贝尔奖获得者在巴黎开会,发表了一篇破天荒的宣言:"如果人类要在21世纪生存下来,必须回溯2 500年,去吸取孔子的智慧。"有的学者在会上指出:"孔子思想可以作为重建世界的原动力,21世纪是儒学的世纪。"故学习中国传统文化的意义在于以下几点:

第一,掌握中国传统文化知识,比较系统地了解中华先民在各类文明创建上广博而精湛的建树,正确理解和分析传统文化与现代化文明的渊源,提高文化创新的信心、智慧和本领。1938年10月在中共六届六中全会上,毛泽东在其题为《中国共产党在民族战争中的地位》的报告中就曾指出:"学习我们的历史遗产,用马克思主义的方法给以批判的总结,是我们学习的另一任务。我们这个民族有数千年的历史,有它的特点,有它的许多珍贵品。对于这些,我们还是小学生。今天的中国是历史的中国的一个发展;我们是马克思主义的历史主义者,我们不应当割断历史。从孔夫子到孙中山,我们应当给以总结,承继这一份珍贵的遗产。这对于指导当前的伟大的运动,是有重要的帮助的。"①

第二,有助于更加准确而深刻地认识我们当前的国情。国情不是空洞的,其实质是文化的历史及其现状,我们通过对中国传统文化的学习和研究,掌握中国传统文化的基本精神和国情的历史方面,就能加深对国情现实方面的理解,从而加强对两个文明建设必要性、迫切性和个人责任感的认识。中华文明从人文初祖轩辕黄帝开始,一次次战胜灾难、渡过难关,5 000多年没有中断,这在世界上是仅有的。世界四大文明古国中,唯有中华文明历经5 000多年绵延不断,创造了人类文明发展史上的奇迹。中华民族之所以能够薪火相传、绵延不绝,一个重要原因就是我们有自己的独特文化。这种独特文化赋予中华民族强大的生命力,成为中华民族生生不息的根与魂,这就是我们过去的历史,对于实现中华民族的伟大复兴有重要的传承意义,我们要学习和弘扬中华优秀传统文化,坚信中华民族必将因自身厚重丰富的优秀文化传统自立自强于世界民族之林。

第三,能够为爱国主义传统教育和思想道德教育提供历史的经验和素材,为完成立德树人的根本任务提供保障。

中华优秀传统文化源远流长、博大精深,具有非常丰富的内涵,包括"天人合一"

---

① 《毛泽东选集》,第二卷,522页,北京,人民出版社,1952年。

"天下为公"的社会理想,"民惟邦本,本固邦宁"的治国理念,"己所不欲,勿施于人"的处世之道,"贵和尚中""和而不同"的东方智慧,"居安思危"的忧患意识,"协和万邦"的和平思想等,一直是中华民族奋发进取的精神动力。另外,中国传统文化还有"自强不息"的奋斗精神,"天下兴亡,匹夫有责"的担当意识,"宁为玉碎、不为瓦全"的民族气节,"精忠报国"的爱国情怀,"舍生取义"的牺牲精神,"革故鼎新"的创新思想,"扶危济困"的公德意识等。这些造就了中华民族的精神追求,构建了中华民族的精神家园,在历史长河中起着教化民众、激励民心、凝聚民族的重要作用,增强中国人的骨气和底气,是我们最深厚的文化软实力,是中华民族治国理政的思想渊源。在中华民族艰难而辉煌的发展历程中,优秀传统文化薪火相传、历久弥新,始终为国人提供精神支撑和心灵慰藉。通过学习,把这些思想内化于心,外显于行,增强国家认同感,培养家国情怀和使命担当的责任感,树立民族自信和价值观自信,培养大学生成为堪当民族复兴大任的时代新人。

※ 思考提要

1. 试述文化的定义。
2. 什么是中国文化?
3. 什么是中国传统文化?
4. 学习中国传统文化的意义是什么?

本章参考文献

[1] 余秋雨.中国文化课.北京:中国青年出版社,2019.
[2] [汉]许慎.说文解字.北京:九州出版社,2001.
[3] 黄寿祺,张善文译注.周易译注.上海:上海古籍出版社,2007.
[4] 十三经注疏整理委员会.礼记正义.北京:北京大学出版社,2000.
[5] 十三经注疏整理委员会.尚书正义.北京:北京大学出版社,2000.
[6] 十三经注疏整理委员会.论语注疏.北京:北京大学出版社,2000.
[7] 陈鼓应注译.庄子今注今译.北京:商务印书馆,2007.
[8] 十三经注疏整理委员会.春秋左传正义.北京:北京大学出版社,2000.

[9] [汉]刘向撰.向宗鲁校证.说苑校证.北京:中华书局,1987.

[10] 屈万里.诗经诠释.台北:联经出版事业公司,1983.

[11] [意]利玛窦,[比]金尼阁.利玛窦中国札记.何高济,王遵仲,李申译.北京:中国旅游出版社;商务印书馆,2017.

[12] [唐]长孙无忌等撰.刘俊文点校.唐律疏议.北京:中华书局,1983.

[13] 毛泽东选集.第二卷.北京:人民出版社,1991.

第一章 中国传统文化的基本精神

一种绵延不绝、生生不息的古老文化，必有其丰富而又深刻的精神内涵贯穿其中，并成为其生命的坚强支柱。中国传统文化在长期的发展过程中，形成了诸多优秀的精神内涵，这些文化精神长期受到人们的尊崇，成为中国人生活行动的最高指导原则，在历史上起到了推动社会发展的积极作用，是历史发展的思想基础和生命源泉，这就是中国传统文化的基本精神，其实质就是中华民族的民族精神。

第一节 天人合一

中国文化起源并发展于农业文明，中国古人在农耕实践中需要研究天与人的关系，以"天时"而授农耕时序，由此引发了中国文化对人与自然的关注，于是"天人合一"就成为中国古代哲学思想的重要命题，也是中国传统文化中关于人与自然和谐共生思想的精髓。

中国古代"天人合一"观念产生于先秦时期，随后逐渐演化，到北宋时期作为一个明确的命题提出来了。按照季羡林先生的解释：天，就是大自然；人，就是人类；合，就是互相理解，结成友谊。"天人合一"就是人与大自然要合一，和谐共处，尊重自然，而不与自然对抗。"天人合一"的突出特征，即人是自然界的一部分，人要服从自然规律，人性即天道，道德原则与自然规律一致，人生理想就是天人协调。在古代中国人看来，自然过程、历史过程、人生过程、思维过程在本质上是同一的。这一思想特征贯穿了"天人合一"观念源起与演变的基本过程，贯穿于古代政治、文化、哲学、伦理、制度等多领域、多层次。

在人与自然的关系上，中国古代的儒家和道家的基本观点是一致的，就是强调人与自然的和谐统一。儒家和道家都从不同角度、不同方面提出"天人合一"的观念。无论是积极的还是消极的，他们都强调了"人"必须与"天"相认同、一致、和睦、协调。

道家主张"法自然"。老子认为"人法地，地法天，天法道，道法自然"，"道法自然"就是指宇宙万物都要遵循自然的法则，人也要依循"道"的自然本性，顺应自然规律。

庄子强调顺应天性,"不以人助天",追求"天地与我并生,而万物与我为一"的境界,强调人与自然共生共处,"与天为一"。《庄子·达生》云:"弃事则形不劳,遗生则精不亏。夫形全精复,与天为一。"抛弃世事,忘怀生命,使形体健全、精神饱满,从而达到与天合为一体的自然无为境界。

儒家更是提出了著名的"与天地合德"的精湛的天人合一思想,《易传·文言》载:"与天地合其德,与日月合其明,与四时合其序,与鬼神合其吉凶,先天而天弗违,后天而奉天时",强调人要与自然界相互适应、相互协调。也就是说,人对自然的实践活动要顺时而为、顺势而为,更要顺应万物本来的样子,遵从自然规律,从天而动。《易传·系辞上》记载:圣人立身行事,"与天地相似,故不违;知周乎万物而道济天下,故不过;旁行而不流,乐天知命,故不忧;安土敦乎仁,故能爱。范围天地之化而不过,曲成万物而不遗,通乎昼夜之道而知,故神无方而《易》无体"。即圣人认为人道与天道是同一的,所以通晓阴阳变化规律的圣人,周知万物的情态,以道匡济天下又能坚持原则,乐天知命而又能发挥德行的作用,制约天地的变化而无过失,成全万物而不会有遗漏。如《易传·系辞下》:"古者包牺氏之王天下也,仰则观象于天,俯则观法于地,观鸟兽之文,与地之宜,近取诸身,远取诸物,于是始作八卦,以通神明之德,以类万物之情。"即从自然现象的体认中揭示社会人生的玄机。

尊重自然规律,取之有度。孔子说,"伐一木,杀一兽,不以其时,非孝也",孟子主张"亲亲而仁民,仁民而爱物",《孟子·梁惠王上》说:"不违农时,谷不可胜食也。数罟不入洿池,鱼鳖不可胜食也。斧斤以时入山林,材木不可胜用也。"很明了地说明按照自然规律做事的益处。《荀子·王制》云:"草木荣华滋硕之时,则斧斤不入山林,不夭其生,不绝其长也;鼋鼍、鱼鳖、鳅鳝孕别之时,罔罟毒药不入泽,不夭其生,不绝其长也;春耕、夏耘、秋收、冬藏四者不失时,故五谷不绝而百姓有余食也;污池、渊沼、川泽谨其时禁,故鱼鳖优多而百姓有余用也;斩伐养长不失其时,故山林不童而百姓有余材也"[1],这实际上就是对可持续发展理念的形象阐释。《吕氏春秋》则从反面提到:"竭泽而渔,岂不获得?而明年无鱼。"意为只顾眼前利益,不顾长远利益,违背自然规律,过度索取,自然资源就会耗尽。可见,古代先贤哲人对于自然规律有比较深刻的认识,其中所蕴含的理念基本上是一致的,即要求人类自觉遵守自然规律,反对人凌驾于自然之上。这些观念都强调要把天、地、人统一起来,把自然生态同人类文明联系起来,按照大自然规律活动,取之有时,用之有度,表达了我们的先人对处理人

---

[1] [清]王先谦撰,沈啸寰、王星贤点校:《荀子集解》,165页,北京,中华书局,1988年。

与自然关系的重要认识。

到了汉代,董仲舒提出"天人感应"的思想,把天、地和人看作是一个同构的体系,一切社会结构、政治现象都与天相对应;人的道德观念、思想感情也是依天意而安排的,天人相通,互相感应。董仲舒是以"人副天数"的观念为基础建立起天人感应的谶纬神学体系。董仲舒《春秋繁露·阴阳义》记载:"天亦有喜怒之气,哀乐之心,与人相副。以类合之,天人一也。"并举例说明:"繇此言之,天人之征,古今之道也。"董仲舒的"天人感应说"把天人合一的思想推向了神秘和极端,虽然其中有谬误,但客观上也使中国古代天人合一的自然观的地位得以牢固确立。

两宋时期,"天人合一"的思想更趋成熟、精致、完善,并发展成为占主导地位的社会文化思潮,几乎为各种派别的思想家所接受。尤其是张载在中国传统文化中第一个明确提出"天人合一"的命题。张载《正蒙·乾称》云:"儒者则因明致诚,因诚致明,故天人合一,致学而可以成圣,得天而未始遗人。"他强调天人统一,认为人与天地万物都是由气构成的,气是天人合一的基础,其在《正蒙·乾称》中说:"乾称父,坤称母;予兹藐焉,乃混然中处。故天地之塞,吾其体;天地之帅,吾其性。民吾同胞,物吾与也。"这种"民胞物与"的思想,就是认为人民都是我的同胞兄弟,万物都是我的朋友,肯定了人是自然界的一部分,把大自然看成是人类的伙伴,无疑是合理的、有积极意义的。

中国传统文化中"天人合一"的思想最基本的内涵就是充分肯定"自然界与精神的统一",关注人的行为与自然界协调的问题,从这个意义上说,中国古代天人合一的思想无疑是具有历史和现实意义的,是非常有价值的思想。

恩格斯就认为人和自然界是一致的,他在《自然辩证法》中说:"我们一天天地学会更加正确地理解自然规律,学会认识我们对于自然界的惯常行程的干涉所引起的比较近或比较远的影响……人们愈会重新地不仅感觉到,而且也认识到自身与自然界的一致,而那种把精神和物质、人类和自然、灵魂与肉体对立起来的荒谬的、反自然的观点,也就愈不可能存在了"①"自然界与精神的统一,自然界不能是无理性的……而理性是不能和自然界矛盾的"②"思维规律与自然规律,只要它们被正确认识,必然是互相一致的。"③恩格斯的这些论述,深刻地阐明了人类与自然界的统一性,以及自

---

① 恩格斯:《自然辩证法》,159页,北京,人民出版社,1971年。
② 恩格斯:《自然辩证法》,200页,北京,人民出版社,1971年。
③ 恩格斯:《自然辩证法》,203页,北京,人民出版社,1971年。

然界与精神的统一性,阐明了自然规律与思维规律的一致性,揭示了自然过程、历史过程、思维过程遵循同样的辩证法规律的一致性。自然界、社会和人们思维规律的一致性,正是由人类社会和自然界的统一性所决定。由此观之,中国古代的"天人合一"思想是有着深刻的合理性的,正如钱穆在《中国文化对人类未来可有的贡献》一文中所言:"'天人合一'论,是中国文化对人类最大的贡献。"

总体来说,中国传统文化中"天人合一"的观点体现了以下基本思想:人是自然的一部分,是自然系统中不可缺少的因素之一;自然界有普遍规律,人也要服从这一普遍规律;人性即天道,人的道德原则与自然规律是一致的;人生的最高理想是天人的协调,与天地精神相往来,达到天人和谐统一的境界。自然的发展与人类的发展是互相影响、互相作用的,人们应根据自然的变化来调整并规范自己的言行。纵观中国的历史,天人合一思想不仅影响制约着政治,同时也影响了当时的社会生活,因而它是古代文化思想的一个重要组成部分,也是中国传统文化精神的主要内容之一。

第二节 以 人 为 本

中国传统文化一直贯穿着"以人为本"的思想,这是中国传统文化基本精神的重要内容。"以人为本"就是以人为根本,把人看作宇宙万物的中心。在天、地、人之间,人为尊,如《说文解字》所言:"人,天地之性最贵者也";在人与神之间,人为本。中国传统文化价值体系的确立始终围绕着人的自我价值的实现展开的,认为人为万物之灵,天地之间人为贵,这是中国传统文化的基调。

中国古代统治者很早就有"爱民""重民""尊民""亲民"的意识。早在商代就提出"重我民""罔不为民之承"。《尚书》有云:"安民则惠,黎民怀之""天聪明,自我民聪明。天明畏,自我民明威""民之所欲,天必从之""天视自我民视,天听自我民听""人无于水监,当于民监"等,即"民惟邦本,本固邦宁"。

周朝统治者更是形成了自觉的民本意识,如周公提出了"保民",并反复提出"用康保民""惟民其康"等思想,又提出要体察民情,"知稼穑之艰难……知小人之依""怀保小民,惠鲜鳏寡"。

春秋时期,民本思想多体现为儒家圣贤思想中。孔子一贯坚持以人为本的立场,如樊迟问知,子曰:"务民之义,敬鬼神而远之,可谓知矣。"季路问事鬼神,"子曰:'未能事人,焉能事鬼?'曰:'敢问死。'曰:'未知生,焉知死?'""子不语怪、力、乱、神",始终将人事和人的生命放在第一位,至于敬奉鬼神之事则放在无关紧要的地位。另外,此时期的《管子》也倡导以人为本,"夫霸王之所始也,以人为本。本理则国固,本乱则国危"。

《左传》中也记载了关于民利及民间疾苦问题,如"天生民而树之君,以利之也""亲其民,视民如子,辛苦同之"。国君是为百姓谋利益,所以国君要亲民,要爱民如子,与民同甘共苦。

战国时期,孟子和荀子直接把民本思潮推向以道德为本位、以教化为己任的高度。尤其是孟子,在他看来,民众是天下的主体,只有民众有德,天下才会安定,社会才能发展。他提出了系统的民本思想,认为:"诸侯之宝三:土地、人民、政事。"而在这三宝中,人民最为重要,"得其民,斯得天下矣",即只有得到人民的支持,土地才会有人耕种,国家才能安宁,政事才能取得顺利进展。因此,孟子又提出:"乐民之乐者,民亦乐其乐。忧民之忧者,民亦忧其忧。"不仅如此,孟子还主张以国民的意见作为评判和决策国事的根本依据,他主张:"国君进贤,如不得已,将使卑逾尊,疏逾戚,可不慎与!左右皆曰贤,未可也;诸大夫皆曰贤,未可也;国人皆曰贤,然后察之。见贤焉,然后用之。左右皆曰不可,勿听;诸大夫皆曰不可,勿听;国人皆曰不可,然后察之。见不可焉,然后去之。左右皆曰可杀,勿听;诸大夫皆曰可杀,勿听;国人皆曰可杀,然后察之。见可杀焉,然后杀之。故曰国人杀之也。如此,然后可以为民父母。"[①]在此基础上,孟子进一步提出了"民为贵,社稷次之,君为轻"的人本思想,认为不能以王道而行的君主是不宜为君主的,将民本思想推向至高点。

孟子之后,荀子也提出许多颇有见地的民本思想。他认为:"庶人安政,然后君子安位。《传》曰:'君者,舟也;庶人者,水也。水则载舟,水则覆舟。'此之谓也。故君人者欲安则莫若平政爱民矣。"又曰:"天之生民,非为君也。天之立君,以为民也。"

以儒家为代表的人本思想,在中国古代社会得到了广泛的认同和创造性的发展,后来的历代君主都有着不同程度的重民思想,且出现了一大批关心民众、重视民生疾苦的思想家、文学家和政治家。

东汉思想家仲长统明确提出"人事为本,天道为末"的观点。仲长统认为人们的行为是关乎社会治乱的主要因素,灾异祥瑞的所谓天道则居于无足轻重的地位。他从正反两方面论证了这一观点。如果人事修正,天下自然大治:"王者官人无私,唯

---

① 十三经注疏整理委员会:《孟子注疏》,51页,北京,北京大学出版社,1999年。

贤是亲。勤恤政事,屡省功臣。赏赐期于功劳,刑罚归乎罪恶。政平民安,各得其所。则天地将自从我而正矣,休祥将自应我而集矣,恶物将自舍我而亡矣。求其不然,乃不可得也。"①如果人事悖乱,天下自然败亡:"王者所官者,非亲属则宠幸也;所爱者,非美色则巧佞也。以同异为善恶,以喜怒为赏罚。取乎丽女,怠乎万机,黎民冤枉类残贼。虽五方之兆,不失四时之礼;断狱之政,不违冬日之期;蓍龟积于庙门之中,牺牲群于丽碑之间;冯相坐台上而不下,祝史伏坛旁而不去,犹无益于败亡也。"②由此他得出结论:"人事为本,天道为末,不其然与?"③仲长统非常精辟地概况了儒家人本思想的精髓,后来的进步思想家基本都继承和发展了这种思想。

开创贞观盛世的唐太宗李世民更是深谙民贵君轻、民水君舟之道,认定"君依于国,国依于民"。《贞观政要·务农》载,贞观二年(628),唐太宗对侍臣说:"凡事皆须务本。国以人为本,人以衣食为本,凡营衣食,以不失时为本。"

中国传统文化中人本思想的确立,不仅增强人的主体意识,而且有助于抵制宗教神学的侵蚀,使中国成为了非宗教性的国家。佛教传入中国,宣传生死轮回的观念,但是遭到进步思想家的辩驳,南北朝时期的何承天在其《达性论》中批判佛教神不灭论和轮回学说,宣扬人本思想,他认为:"人非天地不生,天地非人不灵""生必有死,形毙神散,犹春荣秋落,四时代换,奚有于更受形哉!"有生必有死,形朽神消,不可再生,这是自然现象,否定了佛教灵魂不灭、三世轮回的神学思想。南朝范缜的《神灭论》更是提出"形存则神存,形谢则神灭",进一步捍卫了人本思想。宋明理学同样提倡以人为本,张载主张世界万物不过是气的聚散而已;朱熹认为万物是"理"的体现,陆九渊、王阳明则认为万物不过是人"心"的外化而已。尽管他们的思想有种种不同,但是都强调了人的主体性。

直到现代中国,我们依然强调以人为本,为人民谋幸福。中国共产党之所以取得了最后的胜利,主要原因就是民众的支持,毛泽东在《论持久战》中强调"战争的伟力之最深厚的根源,存在于民众之中"。④ 毛泽东认为:"动员了全国的老百姓,就造成了陷敌于灭顶之灾的汪洋大海,造成了弥补武器等缺陷的补救条件,造成了克服一切战争困难的前提。"⑤毛泽东把民众作为推动社会变革的最巨大力量。中国共产党当

---

① 张发祥、柯美成主编:《群书治要》,1810页,北京,中国财政经济出版社,2001年。
② 张发祥、柯美成主编:《群书治要》,1810~1811页,北京,中国财政经济出版社,2001年。
③ 张发祥、柯美成主编:《群书治要》,1811页,北京,中国财政经济出版社,2001年。
④ 《毛泽东选集》,第2卷,511页,北京,人民出版社,1991年。
⑤ 《毛泽东选集》,第2卷,480页,北京,人民出版社,1991年。

初之所以能打败各种势力,走上执政的位置,一个充分的理由便是,它走了一条把马克思主义普遍真理与中华文化精华相结合的道路。毛泽东提出的中国共产党的宗旨是全心全意为人民服务,这是马克思主义的"人民创造历史"唯物史观的运用,同时也延续了中国"民惟邦本""民为贵"的民本思想。

今天实现中华民族伟大复兴也体现了中国传统文化的"人本主义"精神。十九大报告指出:"全党必须牢记,为什么人的问题,是检验一个政党、一个政权性质的试金石。带领人民创造美好生活,是我们党始终不渝的奋斗目标。必须始终把人民利益摆在至高无上的地位,让改革发展成果更多更公平惠及全体人民,朝着实现全体人民共同富裕不断迈进。"实现我们的中国梦就是要实现国家富强、民族振兴、人民幸福,目的都是满足人民对幸福的追求,体现的就是以人为本的思想。

第三节 刚柔相济

在总结中国传统文化的基本精神时,每每都总结为刚健有为、自强不息的精神,这固然是正确的,但是人们往往忽略了中华文化一种隐性的精神,就是"清静无为"的阴柔思想。这种柔性精神虽然不占主导地位,但是其作用也是不可忽视的,正如哲学家张岱年先生所认为:中国传统哲学中长期有动静之辩。但是,辩论的结果,还是刚健有为的思想占上风,成为中国文化中的主导思想,柔静思想不过是一种补充。也就是说,中国文化的主流是刚健有为、自强不息的,中国文化中主静、阴柔的一面处于从属的地位。刚健有为是中国文化的基本纲领,处理各种关系的人生总原则,我们赞同这一观点。中国传统文化具有辩证的思想,一直贯穿着刚柔、动静、有为与无为等一系列相互对立又相辅相成的思想。儒家的刚健有为、积极进取精神,与道家的"知雄守雌""柔弱胜刚强"的思想,共同构成了中国传统刚柔相济、动静有常、进退有据的文化精神。

首先占主导地位的是刚健有为、自强不息的进取精神,这是中国人积极人生态度的最集中的理论概括和价值提炼。与西方文化相比,中国传统文化骨子里就有一种自强不息的精神,这种精神从神话传说时代就产生了。

在西方的神话里,火是上帝赐予的;在希腊神话里,火是普罗米修斯偷来的;而在中国的神话里,火是我们的先民以坚忍不拔的精神钻木摩擦出来的,这说明我们有敢与自然作斗争的自强不息精神。在远古时代,人类都遭遇过洪水的侵袭,但东西方应对洪水的方式不同,西方人躲在诺亚方舟里的时候,中国的先民用凿山疏导的方式治理洪水,确保百姓安宁。大禹治水的故事告诉我们,中国人有敢与灾难作斗争的自强不息精神。当一座大山挡在了家门前,选择搬家还是移山,中西方的理念是不同的,对西方人来讲搬家恐怕是最好的选择,但是对中国古人来讲,家永远是温馨的港湾,是心灵的归属,所以中国的愚公开始移山,且"子子孙孙无穷匮也",他人坚信只要持之以恒最后一定会完成移山的壮举。愚公移山的故事告诉我们,中国人有与不可战胜的困难作斗争的自强不息精神。每个国家都有太阳神的传说,在部落时代,太阳神有着绝对的权威,纵览所有太阳神的神话我们会发现,只有中国人的神话里有敢于挑战太阳神的故事。在黄帝时期,因为太阳直射在大地上,烤死庄稼,晒焦树木,河流干枯,百姓热死,于是部落首领夸父开始追逐太阳,誓死要把太阳摘下,最后在奔于大泽路途中渴死,于是有人会笑中国人不自量力,但夸父在中国人的心目中却是有担当的英雄。在另一个故事里,为了拯救被太阳炙烤的人类,后羿张弓搭箭,终于把多余太阳射下来了,只留下一个太阳,每天早晨从东方升起,晚上从西边落下,温暖着人间,普照万物生存,人们安居乐业。挑战太阳神的故事告诉我们,中国人可以输,但绝不屈服。

抛开神话或传说的故事情节,其背后蕴藏着深层次的内核,即刚健有为、自强不息。中国人听着这样的神话或传说故事长大,刚健有为、自强不息的精神逐渐成为我们的遗传基因,代代传承。

早在春秋时期孔子就已经提出了刚健有为的思想,他认为刚毅的表现是"三军可夺帅也,匹夫不可夺志也",主张有志向、有德行的人,既要刚毅又要有历史责任感和时代使命感。"士不可以不弘毅,任重而道远。仁以为己任,不亦重乎?死而后已,不亦远乎?"强调君子要有担当道义,有不屈不挠的奋斗精神,并且要有理想信念,努力实践自己的人生价值,要有"发愤忘食,乐以忘忧,不知老之将至"的人生态度。上述内容都是刚健有为、自强不息精神的体现。

对刚健有为、自强不息民族精神的最经典的表述来源于《周易·象传》中的"天行健,君子以自强不息",意思是天按照一定规律运动,刚劲强健,健动不止,生生不已,君子为人处世,也应效法天,运行不息,修德敬业,不断进步,尤其要发愤图强,刚毅坚卓,不屈不挠,永不停息。在这里,效法天的是人,自强不息的还是人,儒家始终将人置于积极的、主动的、核心的地位。整个中国传统文化将人放在宇宙万物的中心,强调人可以"赞天地之化育",与天地"相参"的旨趣完全一致,这是中国传统文化中最优秀,最有积极性、普遍性的成分。自强不息的精神是中国传统文化的思想主旋律,中国传统文化凸显了积极有为、自强不息的精神,强调革故鼎新、创造进取,即人要向天地学习。

这种刚健有为的民族精神,体现为"为天地立心,为生民立命,为往圣继绝学,为万世开太平"的入世开拓精神,"居庙堂之高则忧其民,处江湖之远则忧其君"的家国情怀,"先天下之忧而忧,后天下之乐而乐"的高度社会责任感,"富贵不能淫,贫贱不能移,威武不能屈"的大丈夫气概。

刚健有为、自强不息的精神历经几千年,在其发展传承的过程中深入人心,从普通民众到知识分子再到上层人物,可以说为全社会所认同,起到了教化民众、激励民心、凝聚民族的重要作用。《史记·太史公自序》中有一段经典的记载:"西伯拘羑里,演《周易》;孔子厄陈蔡,作《春秋》;屈原放逐,著《离骚》;左丘失明,厥有《国语》;孙子膑脚,而论兵法;不韦迁蜀,世传《吕览》;韩非囚秦,《说难》、《孤愤》。"①反映了中国的知识分子上层人士越是遭受挫折越是奋起抗争,这种积极有为的思想就是自强不息的精神。

张载曾说,"贫贱忧戚,庸玉女于成也",意思是要想成功,必须经过艰难困苦的磨炼。孟子云:"故天将降大任于斯人也,必先苦其心志,劳其筋骨,饿其体肤,空乏其身,行拂乱其所为。"将要成就一番大事业的人,其内心和身体都要经受一番苦难和磨炼,以此来使他们内心警觉、性格坚定、增长才干。经受过挫折,经历过苦难,在艰苦的环境中奋斗,才能自强不息、奋发有为。

中华民族之所以能在 5 000 年的文明进程中生生不息、发展壮大,历经挫折而不屈,屡遭坎坷而不馁,自强不息发挥了独特且不可替代的作用。任何民族发展都不缺少拼搏进取的精神,但 5 000 多年的中华文明史,作为中华民族拼搏奋斗的历程和收获,有着自强不息的独特内涵。中国传统文化是以人为主体的文化,长期占主导地位的是人学,而不是神学;国人相信,命运掌握在不断学习提高、不断拼搏奋斗的人手中,发奋图强、坚韧不拔、与时俱进的精神激励着中华民族奋勇前行。

曾国藩对自强不息修养的认识富有新意。他要求,人要有一股韧劲,受得磨难,能吃苦,稳得住;必须"从明字做出",心头要明白,头脑要清楚;慎独是自强的关键环节。他还提出自强三原则:主要在自我修养,而不在"胜人";在修养中,应"以能立能达为体,以不怨不尤为用";持之以恒也很重要。与古代人相比,近代国人更多地偏重

---

① [汉]司马迁:《史记》,3300 页,北京,中华书局,1959 年。

于思考国家的富强建设问题,寻求国家迅速摆脱困境的富强之术。

刚健有为、自强不息的思想,集中反映了中华民族朝气蓬勃、奋发向上的顽强生命力,表现了中华民族百折不挠的开拓精神、反抗恶势力的斗争精神、完善自我的进取精神以及在日常生活中的勤劳刻苦的美德。中华文明延续了几千年而没有中断,靠的就是这种自强不息的精神;中华民族屡遭异族入侵而不屈服,历经磨难而不倒,靠的也是这种自强不息精神。这种精神铸就了中国人百折不挠、愈挫愈勇的民族品格。

刚健有为的精神不仅在我们民族强盛时期起到过巨大的积极作用,更重要的是在我们民族危难之际,这种精神成为国人起来反抗侵略的强大精神力量。无数的仁人志士奋发前行,不屈服恶劣的环境、势力与外来侵略者的凌辱压迫,从犯我中华者"虽远必诛",到"苟利国家生死以,岂因祸福避趋之",无时不在体现刚健有为、自强不息的精神。

回顾中华民族 5 000 年文明史,我们先民创造了辉煌的农业文明,通过精耕细作和优秀传统文化的维护,在有限自然资源的基础上养活了比其他国家多得多的人口。虽然也饱经战乱、朝代更替,但总体上几千年既没有换人也没有换地,直到清中叶还是信心满满,享受着康乾盛世的太平祥和。但是当古老的农业文明遭遇到了强大的工业文明,西方的坚船利炮打开中国大门,近代中国开始了令人痛心的屡战屡败、屡败屡战的历史,从洋务运动到维新变法、新文化运动,再到辛亥革命不断的探索,这100多年中国人有太多的辛酸和血泪。但是我们一直没有屈服,中国共产党的诞生,使中国从人为刀俎、我为鱼肉的困境中走出一条奋发图强、振兴中华的道路。

中国共产党通过艰苦卓绝的奋斗,五次反"围剿"、两万五千里长征、抗日战争、解放战争、抗美援朝战争等,排除千难万险。这些行动汇聚在一起,使中国共产党这股力量成为最敢于斗争、最英勇顽强的中国历史上一支前所未有的力量。中国共产党领导中国人民,独立自主,自力更生,经过新民主主义革命、社会主义革命、社会主义现代化建设以及社会主义改革开放等一系列实践探索出来的正确道路,是对近代以来100多年中华民族自强不息、奋发有为的革命和建设发展历程的深刻总结。中国特色社会主义道路正是中国共产党领导中国人民,在"刚健有为,自强不息"民族精神指导下,克服重重困难,一往无前,不懈奋斗的结果。

在中国传统文化中,刚健自强思想的重要表现,就是坚持独立的人格,崇尚高尚气节,重视使命担当,具有家国情怀。孔子主张杀身成仁,孟子主张舍生取义,为了家国大任宁可牺牲生命,也绝不苟且偷生。孟子云:"生亦我所欲也,义亦我所欲也,二者不可得兼,舍生而取义者也。生亦我所欲,所欲有甚于生者,故不为苟得也。死亦我所恶,所恶有甚于死者,故患有所不辟也。"①生存和道义都很可贵,但当二者不可兼得时"舍生取义",他认为大丈夫就应该有"贫贱不能移,威武不能屈"的气概。这种顶天立地的精神成为了照耀中华民族奋勇前行的强大力量。

只要智者中的智者、精英中的精英不甘心沉沦,我们这个民族就总有希望。当我们处在亡国威胁的时候,我们民族的脊梁、社会的精英奋起抗争。比如在抗日战争中涌现出了无数的民族英雄,杨靖宇、赵尚志、左权、赵一曼等,他们为民族大义与救亡图存,同仇敌忾,前仆后继,舍生忘死,挽救了民族的危亡。

在东北抗日战场上,一直有"南杨北赵"之说,"南杨"指的是在东北东南部抗战的杨靖宇,"北赵"则是东北北部地区的赵尚志。对这两位著名的抗联领导人,日本人恨之入骨。东北抗日联军第一路军总司令杨靖宇给日本人有力打击,但由于兵力悬殊,到1940年2月,在日军的疯狂围剿下,杨靖宇身边只剩6名战士,其中还有4人负伤。杨靖宇下令伤员转移,他说"咱们多活一个人,中国就多一线希望,你们就是爬也要爬出敌人的包围圈",而他只带领两名战士,向着伤员转移的相反方向进发,目的是引开敌人追兵,不久这两名战士也牺牲了,杨靖宇孤身一人穿着被树枝划破的棉衣和一双早已损坏的棉鞋艰难地辗转在深山老林之中,与数百敌人周旋了五天五夜。此时的东北是最寒冷的季节,根据当时的气象资料记载,杨靖宇所处的濛江地区最低温度已是零下42摄氏度。1940年2月22日,筋疲力尽、饥饿难耐的杨靖宇在保安村以西的山里遇到几个打柴人。其中一个叫赵廷喜,杨靖宇请求赵廷喜,"你们几个能不能进村给我买点吃的,再给我买双棉鞋,我多给你们钱。"赵廷喜见杨靖宇脸上、手上、脚上都是冻疮,说:"我看你还是投降吧,如今日本人不杀投降的人。"赵廷喜哪里知道,岂止是不杀,如果杨靖宇投降,日本人还打算让他出任日本傀儡政权伪满洲国军政部长,利用杨靖宇制服东北抗日联军。杨靖宇对赵廷喜说:"老乡,我们中国人都投降了,还有中国吗?"这些细节都清清楚楚地记载在日伪当局的档案资料里。杨靖宇对赵廷喜说的这句话惊天动地,中国人即使剩下一个也绝不屈服。赵廷喜下山后,将杨靖宇的行踪告诉了日本人,最后杨靖宇等来的不是食物和棉衣,而是敌人的包围,经过激烈的战斗,最后壮烈牺牲。

杨靖宇的老对手,伪通化省警务厅厅长岸谷隆一郎听说杨靖宇被击毙,下令解剖

---

① 十三经注疏整理委员会:《孟子注疏》,363页,北京,北京大学出版社,2000年。

杨靖宇的尸体,他要看看杨靖宇这么多天是靠什么活下来的。当杨靖宇的胃被切开之后暴露出来的只有草根、棉絮、树皮,在场的日本军官都不自主地立正站好,甚至是落泪。1945年日本投降前夕,岸谷写了一封遗书,而最让人意想不到的是,在他的遗书中有这样一句话:"天皇陛下发动这次战争或许是不合适的,中国拥有像杨靖宇这样的铁血军人,一定不会亡国。"岸谷隆一郎最后剖腹自杀。杨靖宇作为我们中华民族的脊梁,他的自强不息给敌人强烈震撼。中华民族自古至今就是靠着自强不息的精神屹立于世界民族之林的。正如习近平主席所指出:"中华文明源远流长,孕育了中华民族的宝贵精神品格,培育了中国人民的崇高价值追求。自强不息、厚德载物的思想,支撑着中华民族生生不息、薪火相传,今天依然是我们推进改革开放和社会主义现代化建设的强大精神力量。"①

与儒家刚健有为思想相辅相成的是道家主张的清静无为。但是这种"无为"却不是消极遁世,而是以退为进,从而达到"无为而无不为"的一种人生策略。老子主张"柔弱胜刚强",他以水为喻:"天下莫柔弱于水,而攻坚强者莫之能胜,以其无以易之。弱之胜强,柔之胜刚,天下莫不知,莫能行。"②水是至柔的,但滴水可以穿石。所以老子认为为人处世要谦虚谨慎,甘居柔弱,又譬之如水:"上善若水。水善利万物而不争,处众人之所恶,故几于道。"③他以"不敢为天下先"为人生三宝之一,主张"知其雄,守其雌",虽有雄健之势,却居于雌柔之地。这其中包含着丰富的人生策略和人生智慧。

道家的"无为而治""恬淡虚静"等思想对士人阶层的生活、心态的影响,是不可估量的。儒家救世,道家救心。中国士大夫总是走着入仕以儒、出世以道的路线,"穷则独善其身,达则兼济天下",在积极进取时,总是提倡治国平天下的儒家思想;在失势退隐时,便津津乐道于老庄之学,修身养性。在中国传统文化中,道、儒两家一阴一阳、一柔一刚、一静一动、一退一进,以其鲜明的个性差异,各自为中国传统文化建构了一个支点,以其巨大的创造力和支撑力,塑造了中国传统思想文化的两大主流,犹如长江和黄河。

---

① 习近平:《习近平谈治国理政》,158 页,北京,外文出版社,2014 年。
② 陈鼓应.《老子注释及评价》,337 页,北京,中华书局,1984 年。
③ 陈鼓应.《老子注释及评价》,86 页,北京,中华书局,1984 年。

第四节　贵和尚中

贵和尚中是中国传统文化的基本精神之一，它以中庸思想为途径，以和合思想为目标，把统一、稳定、和谐视为最高追求。这种思想理念经过系统化与理论化，成为一种客观的精神力量，使得在这种理念孕育下的中国人十分注重和谐局面的实现和保持，以整体为本位，着力维护整体利益，做事不走极端，求大同存小异，保持人际关系和谐以及社会和谐。这种民族精神的凝聚和扩展，对于统一的多民族政权的维护是极其重要的。

中国传统文化崇尚和谐，可以说"和"在中国古代历史上被奉为最高价值，是中华文化的精髓，蕴涵着天人合一的宇宙观、协和万邦的国际观、和而不同的社会观、人心和善的道德观等。

"和""合"二字均见于甲骨文和金文。和合，就词义本身而言，"和"指和谐、和平、祥和；"合"是结合、合作、融合。和合是实现和谐的途径，和谐是和合的理想实现，也是人类古往今来孜孜以求的自然、社会、人际、身心、文明中诸多元素之间的理想关系状态。

在中国，以广泛深厚的和合文化为基础的追求社会和谐的思想源远流长。"和合"概念在先秦时期基本形成，随着"和合"概念的形成，中国的原创文化也经过百家争鸣，逐渐和合，形成儒、道两大显学，并且在两汉之际和合地接纳了由印度原创的崇尚"因缘和合""缘起性空"的佛教文化。在中国传统文化中，儒道互补，儒佛相融，佛道相通，儒道佛三教合一，在历史上也产生了重要影响。从此，"和合"概念被中国传统文化的儒道佛所通用，并成为其概括本身宗旨的核心概念，同时也被其他文化流派的思想家普遍接受并广泛运用。

和谐统一，提倡以和谐为最高原则来处理人与人的关系、国家民族间的关系。在人与人的关系上，注重和睦相处、相互尊重、相互理解和关心，形成友爱互助的人际关系；在民族之间的关系上，主张天下一家，协和万邦，热爱和平，反对侵略，并通过对中庸原则的体认和践行，化解人间的冲突与紧张，缓和人际关系。中国人很早就提出构建"天人合一，天下为公"的理想社会。中国传统文化的最高境界是和谐，追求人际和合、天人和合、身心和合是中华民族的最高理想。

文献记载，第一个谈论"和"的人是西周末年的史伯，他当时就已经认识到，不同要素、元素相配合,才能均衡统一,得到和谐。他认为,五味相和才能产生可口的食物,六律相和才能形成悦耳的音乐,尤其是史伯把"和与同"提升到了治国安邦的战略高度。《国语·郑语》中记载了郑桓公和史伯讨论国事的对话,郑桓公曰:"周其弊乎?"史伯曰:"殆于必弊者也……去和而取同。夫和实生物,同则不继。以他平他谓之和,故能丰长而物归之。若以同裨同,尽乃弃矣。"①郑桓公问史伯周王朝是否会衰落,史伯的回答是周必定要衰败,原因是周天子"去和而取同",而"和实生物,同则不继",只有"和",即多样性的统一,不同事物达到均衡,才能够促使万物生长,生成新事物。如果一味追求"同",那就只有量的增长,不会有质的变化,不会产生新事物,发展就停滞了。正如《周易·系辞下》:"天地絪缊,万物化醇;男女构精,万物化生。"天地、男女是阴阳相对的两极,具有不同的性质,是相互冲突、矛盾的。絪缊、构精,是指天地、男女的阴阳两极融合、结合,然后化生新事物、新生命等和合体。这便是由冲突到融合再到新生命的和合体的产生。由近及远,由男女构精而诞生新生命,由天地絪缊,便生天地万物。史伯作为第一个对和谐理论进行探讨的思想家,他对"和"与"同"的认识既深刻又生动。

到春秋末年,齐国的晏婴又用"相成""相济"的思想丰富了"和"的内涵,将其用于君臣关系和政务处理上,他认为:"君所谓可而有否焉,臣献其否,以成其可;君所谓否而有可焉,臣献其可,而去其否。"②即君主有对的地方,也有不对的地方,臣指出君不正确之处,以便事情向好的方向发展,这样才叫作"和";如果君认为正确的,臣也认为正确,君认为错误的,臣也认为错误,这叫"同",而不是"和",这一思想是非常深刻的。

孔子继承和发展了史伯和晏婴的"和同"思想,总结出"君子和而不同,小人同而不合",即君子很亲和但不会苟且赞同,小人曲从人意,却不能做到中正和平。儒家主张"礼之用,和为贵",遇事以礼为规范,协调各种对立、差异的矛盾因素,使之和谐共处于统一体中,保持事物的稳定。

一直以来,在和合思想的指导下,我们主张国家之间、民族之间、人与人之间和谐共处;不同文明之间和谐共存;人与自然和谐共生。"和而不同"是中国人民奉行的崇高价值,在中国历史上曾经起了促进民族团结,增强民族凝聚力,实现睦邻友好的积极作用。

---

① [春秋]左丘明撰,鲍思陶点校:《国语》,253页,济南,齐鲁书社,2005年。
② 十三经注疏整理委员会:《春秋左传正义》,1613页,北京,北京大学出版社,2000年。

中国传统文化十分重视人与自然的和谐，特别是人与人的和谐。孟子说"天时不如地利，地利不如人和"，强调人与人之间团结合作，合则两利，斗则俱伤。在先贤看来，大到一个国家、一个民族、一个社会，小到一个家庭，乃至于个人，最好都要进入"和"的状态，即天和、地和、人和、己和。首先，天地必须要和谐，天地不和谐，万物就很难生存发展。如天崩地裂、海啸地震、火山爆发、大旱不雨、洪水横流，那样就五谷不生、六畜不长，人也无法生存，所以中国人讲的风调雨顺，就是天地和谐。其次，人与人之间也要和谐，古人云："天作孽，尤可为；自作孽，不可活。"上天降下自然灾害，人类还可以采取各种措施救灾，但人类如果自己不和谐那就无法生存了。例如，自有人类以来，发生过无数次战争，仅世界大战就发生两次，人类的自相残杀，使无数人失去生命和家园。另外还有人为的环境污染、吸毒、艾滋病等也给人类带来了巨大伤害，这些都是人类不和谐的表现。中国人讲的国泰民安，就是人与人的和谐，"礼之用，和为贵"。最后，个人也要和谐，自己身体里的各种机能恰到好处地发挥作用，六脉调和，身体健康，并且思想上不焦虑、不纠结，即身心和谐、身体健康、人品健全，性格阳光是己和的体现。只有天和、地和、人和、己和，我们的世界才能和谐。

儒家认为"和谐"的最高境界是达到太和的状态。《象传》云："保合太和，乃利贞。"太和就是天地万物最好的和谐状态。《中庸》记载："万物并育而不相害，道并行而不悖"，这就是儒家所构想的太和境界。北宋理学家张载在《正蒙·太和篇》中更加明确地提出："太和所谓道，中涵浮沉、升降、动静、相感之性，是生絪缊、相荡、胜负、屈伸之始。"[①]张载认为"太和"就是"道"，而"道"是中国传统哲学的最高范畴。也就是说，太和就是最高的理想追求，是整体和谐的最佳状态。太和蕴含着浮沉、升降、动静等相互消长、相互作用、相互转化的和谐，这种"相感"而生万物的整体、动态的和谐，推动着事物的变化发展，启示人们要胸怀宽阔、广纳百川，在和谐的自然、社会环境和心态下奋发进取。

世界上的事物千差万别、各种各样，和就是多样的统一、复杂的平衡。种种不同的事物，聚到了一起，能够协调和谐，交互共生，彼此促进，这就是中和境界，是中国各派思想家都追求的。道家也主张和谐，《道德经》载："道生一，一生二，二生三，三生万物。万物负阴而抱阳，冲气以为和。""一"是道，"二"是阴阳，阴阳交合，即生为"三"，这个化生万物的"三"，就是"和"。老子解释说，万事万物都有"阴"和"阳"两种属性，即所谓"负阴而抱阳"；阴阳二气相互冲突激荡，交互影响，彼此消长，从而达到

[①] 章锡琛点校：《张载集》，7页，北京，中华书局，1978年。

一种平衡状态,生成和谐之气,即所谓"冲气以为和"。这种阴阳调和而形成的"和气",则是万物生成和转化的根本原因和依据,万事万物在和谐中生成,在和谐中变化,在和谐中发展。

中华民族历来爱好和平,注重亲仁善邻,讲求和睦相处。"以和为贵""亲仁善邻""协和万邦"是中华民族与世界各国人民友好相处的传统道德基础。早在《尚书·尧典》中就记载:"克明俊德,以亲九族。九族既睦,平章百姓。百姓昭明,协和万邦。黎民于变时雍。"主张人民和睦相处,国家友好往来。从中国先秦时期老子主张"大邦者下流",到西汉董仲舒主张"治四国",唐高祖李渊主张对周边邻国行"宏仁恕之道"等。和睦相处、消弭战祸、"化干戈为玉帛"始终是中华民族的美好愿望和实践目标。在"和合文化"的影响下,中国数千年的历史中极少对外用兵,成为了一个不远征的国家。

中国人在对外关系中始终秉承"强不执弱""富不侮贫"的精神,主张"协和万邦"。孔子提出"和而不同"的主张,对于解决当今不同国家与民族之间的纠纷,有着十分重要的意义。在不同国家与不同民族之间,由于文化、宗教信仰、价值观念上的不同必然会引起各种矛盾和分歧,"和而不同"的原则,虽不能解决当今社会存在的人与人之间关系的全部问题,但作为调节人与人之间关系的准则,扩而大之到民族与民族之间、国家与国家之间的和谐相处,无疑是有意义的。今天,中国高举和平、发展、合作的旗帜,奉行独立自主的和平外交政策,坚定不移地走和平发展道路,既通过维护世界和平来发展自己,又通过自身的发展来促进世界和平。中国坚持实施互利共赢的对外开放战略,真诚愿意同各国广泛开展合作,真诚愿意兼收并蓄、博采各种文化之长,以合作谋和平,以合作促发展,推动建设一个持久和平、共同繁荣的和谐世界。"和谐"成为我国对外政策的核心思维。

钱穆先生说:"中国人常抱着一个天人合一的大理想,觉得外面一切异样的新鲜的所见所值,都可融会协调,和凝为一。这是中国文化精神最主要的一个特性。"[①]文化中发生冲突,只是一时之变,要求调和,乃是万世之常。中国文化的伟大之处,乃在最能调和,使冲突之各方兼容并包、共存并处、相互调剂。西方人好分,是近他的性之所欲,中国人好合,亦是近他的性之所欲。注重和合是中国文化乃至中国人的特性。

---

① 钱穆:《中国文化史导论》,162页,上海,上海三联书店,1988年。

2002年，江泽民主席访美时在布什总统图书馆的演讲中说："中国先秦思想家孔子就提出了'君子和而不同'的思想。和谐而又不千篇一律，不同而又不相互冲突。和谐以共生共长，不同以相辅相成。和而不同，是社会事物和社会关系发展的一条重要规律，也是人们处世行事应该遵循的准则，是人类各种文明协调发展的真谛。"[①]把君子小人之间推广为社会、国家、文明之间的和谐共生共长、相辅相成的关系，以及社会事物、人的处世行事、文明发展的规律、准则和真谛，体现了经典诠释的"与时偕行"的本质特征。

中国的"和合文化"始终是家庭和睦、国家统一、人际友善、民族团结、文化繁荣、社会进步的思想基础和精神源泉。家庭和睦相处讲求"家和万事兴"，生意兴隆讲求"和气生财"，农业丰收讲求"风调雨顺"，事业有成讲求"和衷共济""内和外顺"，治国理政讲求"政通人和"，处理国际关系要"协和万邦"，人和自然要"天人和谐"。

中庸之道是"和合文化"在为人处世方面的具体准则，它在儒家乃至整个中国传统文化中被视作一种人生和道德的至高境界和追求目标。

"中庸"最早见于《论语》，孔子曰："中庸之为德也，其至矣乎！民鲜久矣。"何谓"中庸"，据宋儒说，不偏不倚谓之中，恒常不易为之庸。儒家文化的这种中庸之道塑造了中国人的中庸之德，使中国人形成了中庸的思维与行为方式、处事作风和人格境界。面对现实人生很多具体的两极选择，人们试图有效地在对立的两极之间找到了一个均衡的支点，并使对立双方归于统一。在生活实践中，守中、不走极端，成为古代中国人固守的人生信条。在今日的语境下，"中庸"就是要正确把握度并协调好各种关系，以益于社会的和谐稳定持续进步。中庸之道的真谛在于：坚守中正，寻求适度，不偏不倚，无过无不及。

如果说，"和"是最高的理想追求，那么"中"就是实现"和"的途径。即要达到"和"的理想，就要持"中庸之道"。"中"指事物的"度"，强调"适度"，即"不偏不倚，无过无不及"。办任何事情都要有一个标准，不能超过这个标准，也不能达不到这个标准，而应该是完全合乎标准的中正不偏，准确适度无过无不及，儒家对中庸的最经典的解释来自于孔子师生的一段对话。《论语·先进》记载："子贡问：'师与商也孰贤？'子曰：

[①] 《江泽民文选》，第3卷，522页，北京，人民出版社，2006年。

'师也过,商也不及。'曰:'然则师愈与?'子曰:'过犹不及。'"[1]子贡问孔子,颛孙师和卜商这两个同学谁做事更好点儿,孔子回答说,颛孙师做事比较激进,总是过头,而卜商做事优柔寡断,总是不到位。子贡接着问,按老师讲的,那颛孙师还是比较好一点吗?孔子回答,过头和不到位是一样的,没有高下之分。也就是说中庸不能过头,也不能不到位,要恰如其分,恰到好处,这是最准确的度。

事物对立的两端是客观存在的,对于对立的两个方面,正确的态度是"允执厥中",即孔子所说的"去其两端,取其中而用之"。中庸之道的真谛是不为拘泥,不为偏激,寻求适度、适当,不是模棱两可,而是真理之道、中正之道。

掌握分寸才能恰到好处,就如宋玉在《登徒子好色赋》中所写:"东家之子,增之一分则太长,减之一分则太短",这就是适度,恰到好处。中庸之道又被比作豪猪哲学,即一群野生豪猪,身上长满尖利的刺,在寒冷的冬天要挤在一起取暖。如果离得稍远,互相借不着热量,但凑近了,尖利的刺就会扎到彼此,经过无数次的磨合之后,豪猪们才终于找到了一个最恰如其分的距离,那就是在彼此不伤害的前提下,保持着群体的温暖。

孔子的学生子游说:"事君数,斯辱矣;朋友数,斯疏矣。"数是烦琐、密集的意思。如果一个人总是跟在国君旁边,虽然表示亲近,但离自己招致羞辱就不远了;一个人总是跟在朋友旁边,虽然看起来亲密,但离彼此疏远也就不远了。人与人之间,每个人都有自己的独立性,都必须相互尊重才行。钱穆先生的解释是事君交友,见有过,劝谏逼促,或过于烦琐,必受辱,或见疏。或求亲昵于君友,以逼促烦琐求之,亦必受辱,或见疏。若依教说义,于君友前数说已劳己长,或数说君友之短及其不是,亦将受辱觅疏。

儒家思想中最好解释中庸之道的是《礼记·中庸》:"中也者,天下之大本也。和也者,天下之达道也。致中和,天地位焉,万物育焉。""中"是天下最根本的东西,"和"是天下最行得通的道理,达到了中和,天地作用到位了,万物就健康成长了,这是非常正确的。万事万物都是天地共同作用、相互配合而健康成长的。

《中庸》把中庸之道作为做人必须达到的一种境界,即"极高明而道中庸"。孔子强调要达到中庸的境界,就必须注重自我修养,要克制自我、严于律己、宽以待人;行忠恕之道,推己及人。中庸之道渗透于中国的政治、文化和社会生活的各个层面乃至

---

[1] 十三经注疏整理委员会:《论语注疏》,166页,北京,北京大学出版社,2000年。

中国人的人格塑造和价值取向上，其表现形式具有相当的普遍性。中庸思想的特点有三个方面：一是调和折中的处理方法；二是温良和顺的人格特征；三是重安定、忌动荡的社会心态。中庸思想的正面效应有三个方面：一是辩证看问题的思想；二是主张和平、知足常乐的生活态度；三是刚柔相济、有理有节的处世之道，达到行为有致和社会有序。

贵和尚中的思想，作为中国传统文化的基本精神的一部分，体现了中国人的处世之道和生存智慧，也培育了中华民族的群体心理。经过长期的历史积淀，和谐精神逐渐泛化为中华民族普遍的社会心理习惯，由于全民族在贵和尚中观念上的认同，使中国人十分注重和谐局面的实现和保持，做事不走极端，维护集体利益，求大同存小异，保持和谐的人际关系，是中国人普遍的行为准则。"贵和尚中"的思想规范了人们的行为，平和了人们的心理，维护了社会秩序的和谐稳定，对中国社会长期的稳定和发展起到了积极作用。

中国传统文化的基本精神除了上述内容外，还包括"天下为公"的社会理想，"君子慎独"的自警意识，"居安思危"的忧患意识，"经世致用"的务实作风，"天下兴亡，匹夫有责"的担当意识，"宁为玉碎、不为瓦全"的民族气节，"己所不欲，勿施于人"的处世之道，"精忠报国"的爱国情怀，"舍生取义"的牺牲精神，"革故鼎新"的创新思想，"扶危济困"的公德意识等。这些宝贵的精神价值，经过数千年的积淀，形成了中华民族的风骨和气度，造就了中华民族的精神追求，构建了中华民族的精神家园，培育了中华民族的精神品格。在历史的长河中起着教化民众、激励民心、凝聚民族的重要作用，增强中国人的骨气和底气，是我们最深厚的文化软实力，是中华民族治国理政的思想渊源。

中国优秀传统文化为人类的文明进步做出了巨大贡献。它以博大的胸襟面向世界，因兼容并包而丰富多彩，因推陈出新而永葆活力，因特色鲜明而远播四方。今天，中国传统文化更是在整个人类社会发展中处于重要的地位，发挥着重要的作用。截至2019年12月，中国已在162个国家（地区）建立550所孔子学院和1172个中小学孔子课堂。孔子学院自创办以来，累计为数千万各国学员学习中文、了解中国文化提供服务，在推动国际中文教育发展方面发挥了重要作用，成为世界认识中国的一个重要平台。可以说，今天中国传统文化已经走向世界，并且它的"以人为本""贵和尚中"等思想对世界产生了重要影响。

※思考提要

1. 中国传统文化的基本精神包括哪些？
2. 中国传统文化人本思想的影响有哪些？
3. 什么是中国传统文化的贵和尚中思想？
4. 什么是中国传统文化天人合一的理念？

本章参考文献

[1] 陈鼓应注译. 庄子今注今译. 北京：商务印书馆，2007.

[2] 黄寿祺，张善文译注. 周易译注. 上海：上海古籍出版社，2007.

[3] [清]王聘珍撰. 王文锦点校. 大戴礼记解诂. 北京：中华书局，1983.

[4] 十三经注疏整理委员会. 孟子注疏. 北京：北京大学出版社，2000.

[5] [清]王先谦撰，沈啸寰，王星贤点校. 荀子集解. 北京：中华书局，1988.

[6] 张双棣等注译. 吕氏春秋译注. 北京：北京大学出版社，2011.

[7] 苏兴撰，钟哲点校. 春秋繁露义证. 北京：中华书局，1992.

[8] [汉]班固撰. 汉书. 北京：中华书局，1964.

[9] 章锡琛点校. 张载集. 北京：中华书局，1978.

[10] [德]恩格斯. 自然辩证法. 北京：人民出版社，1971.

[11] 钱穆. 中国文化对人类未来可有的贡献. 中国文化. 1991(4).

[12] [汉]许慎. 说文解字. 北京：九州出版社，2001.

[13] 十三经注疏整理委员会. 尚书正义. 北京：北京大学出版社，2000.

[14] 十三经注疏整理委员会. 论语注疏. 北京：北京大学出版社，2000.

[15] 黎翔凤撰，梁运华整理. 管子校注. 北京：中华书局，2004.

[16] 十三经注疏整理委员会. 春秋左传正义. 北京：北京大学出版社，2000.

[17] 张发祥，柯美成主编. 群书治要. 北京：中国财政经济出版社，2001.

[18] [宋]司马光编著. [元]胡三省音注. 资治通鉴. 北京：中华书局，2013.

[19] [唐]吴兢编著. 贞观政要. 上海：上海古籍出版社，1978.

[20] 李敖主编. 朱子语类·太平经·抱朴子. 天津：天津古籍出版社，2016.

[21] 毛泽东选集. 第二卷. 北京：人民出版社，1991.

[22] 张岱年，方克立主编. 中国文化概论. 北京：北京师范大学出版社，1994.

[23] [汉]司马迁. 史记. 北京：中华书局，1963.

[24] [清]曾国藩.曾国藩家书.北京:北京燕山出版社,2010.

[25] 习近平.习近平谈治国理政.北京:外文出版社,2014.

[26] 周绍良主编.全唐文新编.长春:吉林文史出版社,2000.

[27] 钱穆.中国文化史导论.上海:上海三联书店,1988.

[28] 江泽民文选.第3卷.北京:人民出版社,2006.

[29] 骆玉明,刘强.楚辞选.上海:同济大学出版社,2017.

[30] 十三经注疏整理委员会.礼记正义.北京:北京大学出版社,2000.

第二章　中国哲学思想

　　中国传统哲学是以儒释道为主线的思想体系,其中儒家思想是中国哲学的核心,在长达2 000多年的中国封建社会中一直占据着正统地位,儒家思想对中国传统文化产生了广泛而深刻的影响。同时道家思想在传统文化中的地位和影响也是不容忽视的。儒家主张刚健有为、自强不息,道家则偏重于道法自然、无为而治。它们相互对立,又相互吸收融合,一动一静,共同影响了中国古代社会的发展和中华民族性格的形成。佛教在两汉之际传入中国,佛教以人生为苦,把追求人生的解脱作为最高理想,以其独特的思维方式和生活方式影响和改造着中国的学术思想、道德观念、艺术审美、风俗习惯等。经过中国本土化转化的佛教文化与儒家文化、道家文化一起成为中国传统文化的三个重要源流,在历史的长河中和谐相处并且形成一种互补的结构,共同成为中国思想的柱石。这种思想状态反映了中国传统文化的开放包容态度以及多样化特征。同时,儒释道思想也适应于传统农业社会结构,提供了传统社会的理想人格和民族精神,是物质文明和精神文明的基础。

第一节　儒家及其思想

　　儒学在2 500年前的百家争鸣中脱颖而出,在其发展和演变过程中具有时代特点。在近代中国,儒学经受了"五四"民主自由思想的冲击,被视为吃人礼教,"文革"时期批林批孔使得儒学跌落至最低点。20世纪80年代以来中国改革开放取得巨大成就,儒学对现代化的推动作用受到重视。不同时期儒学有不同命运,但其前后一贯地以道德为中心,从敦睦家族关系,到指导人以身作则感染和带动天下百姓,共勉奋斗,明廉耻、知礼义、民用和睦的大同社会目标的学派理念,鼓舞中国历代知识分子为国家和民众福祉前仆后继。儒家哲学分先秦孔孟荀思想、魏晋玄学、宋明理学几个阶段。

一、先秦儒学

(一) 时代背景

德国思想家雅思贝尔斯提出距今2 500年前后,东西方不约而同地出现了思考族群命运、反思人性的先哲,实现了文化上质的飞跃,东方就以中国的儒道和印度的佛教为代表。这些哲人能够从物质生活和小共同体的环境束缚中走出来,对更广泛的人类社会、人类命运、人地关系问题进行深入系统的反思,奠定了人文学科的基石。早期中国宗周礼乐文明的瓦解,在学术上突破了官方知识垄断的壁垒,而整体性下移,点燃了百家争鸣的火焰,所谓"大师挚适齐,亚饭干适楚,三饭缭适蔡,四饭缺适秦。鼓方叔入于河,播鼗武入于汉,少师阳、击磬襄入于海"。经历400年政治和思想的博弈和互动,到汉初就有了儒道争雄的局面:

辕固,齐人也。以治《诗》孝景时为博士,与黄生争论于上前。黄生曰:"汤武非受命,乃杀也。"固曰:"不然。夫桀纣荒乱,天下之心皆归汤武,汤武因天下之心而诛桀纣。桀纣之民弗为使而归汤武,汤武不得已而立,非受命为何?"黄生曰:"'冠虽敝必加于首,履虽新必贯于足。'何者?上下之分也。今桀纣虽失道,然君上也;汤武虽圣,臣下也。夫主有失行,臣不正言匡过以尊天子,反因过而诛之,代立南面,非杀而何?"固曰:"必若云,是高皇帝代秦即天子之位,非邪?"于是上曰:"食肉勿食马肝,未为不知味也;言学者毋言汤武受命,不为愚。"遂罢。①

能够从诸子百家中脱颖而出而成为官方意识,说明儒道两家的价值,在长期的文明演进中,发挥了愈久弥醇的效果。经过这次有关汤武革命正义性的辩论,儒家的作用愈发被统治者重视,并在汉武帝"罢黜百家,表章六经"后,成为2 000余年的正统思想。道家成为儒家的有益补充而存在。在这个关键的思想转折点上,司马迁的父亲司马谈敏锐地捕捉到儒道两家有别于其他流派的长远意义:

道家使人精神专一,动合无形,赡足万物。其为术也,因阴阳之大顺,采儒墨之善,撮名法之要,与时迁移,应物变化,立俗施事,无所不宜,指约而易操,事少而功多。儒者则不然。以为人主,天下之仪表也,主倡而臣和,主先而臣随。如此,则主劳而臣逸。至於大道之要,去健羡,绌聪明,释此而任术。夫神大用则竭,形大劳则敝。形神

---

① [汉]班固撰,[清]王先谦补注:《汉书补注》卷88《儒林传》,5445页,上海,上海古籍出版社,2012年。

骚动,欲与天地长久,非所闻也。①

司马谈敏锐地看到,人类都有进取事功,获得社会认同的一面,也有独处逍遥,获得舒适的一面,儒家捕捉到古代中国小农社会聚族而居的特征,由此总结出君臣、父子、夫妇、兄弟、朋友等以血缘为基础的社会网络"五伦关系",提倡的忠孝原则虽然朴素,却既能节省成本,又符合情感而深入人心,维护社会稳定。道家发现社会关系对个体的束缚和改造,使得个人愈发远离自然的纯真,矫饰和劳累地为关系网络奔波,于是提倡自我的空间和价值,包容对待各种思想以为己用,而不为躯壳感官的得失所缚。正是这两种最根本、最长远的思想远见,影响深远。"尽管儒家和道家各自主张的最高价值——道的内容正好相反,但两家都承认存在超越个体生命的非功利的道,都强调只有依靠个体的觉醒去认识这个道,并以此为人生意义和追求,才能使自己的生命与天地沟通,即获得永恒的天人之际的价值。"

(二)孔子思想

儒的来源,很可能与早期国家巫术官员有关,也或许脱胎于某个早期国家机构。儒作为职业也早为人习知,如晏婴曾说"崇丧遂哀,破产厚葬,不可以为俗",《礼记·曾子问》记录孔子问学老子丧礼之事。儒能从政教合一的早期国家职能中独立出来,与宗教、助丧职业划清界限,具备积极的人文关怀精神,就要归功孔子。孔子"述而不作",整理古代的文化遗产,在教学中激活了文化遗产中人文关怀意义,使得个人价值突破以往受等级制的束缚,礼与庶民无关的局面;突破以往受贵族宗法的束缚,普通人不与族事的局面;突破以往知识是奢侈品的范畴,贵族以礼乐为玩物的局面。

"吾十有五而志于学,三十而立,四十而不惑,五十而知天命,六十而耳顺,七十而从心所欲、不踰矩。"这是孔子对自己一生思想历程的概括。我们用心体会孔子生平,就能理解这句话所反映的普通人奋斗成才最终实现人生价值的道理,孔子之所以伟大,除了周知的文化意义,还有就是贴近常人,为凡人指出一条只要努力效仿也可以希贤希圣之路,并且引导人思考生命的价值不仅是为求生存而学本领,还有更重要的学习目的,成为一个对社会有担当的角色,而不是徒为稻粱谋。故而司马迁由衷地赞叹孔子,"'高山仰止,景行行止。'虽不能至,然心向往之"。学习圣人只是看齐榜样,而不是顶礼膜拜。孔子早年曾想凭借贵族血统保障生活,但血统不被承认的形势逼

---

① [汉]司马迁撰,[日]泷川资言考证:《史记会注考证》卷130《太史公自序》,4304~4305页,上海,上海古籍出版社,2015年。

迫他不得不寻找谋生手段。他根据兴趣所好,选择读书求学的道路,"孔子师郯子、苌弘、师襄、老聃",求学多师,又勇于放下身段,谦虚地向一切人学习,"入太庙,每事问"。同时还能勤工俭学,做一行是一行,"孔子尝为委吏矣,曰:'会计当而已矣。'尝为乘田矣,曰:'牛羊茁壮,长而已矣。'"付出艰辛的努力后,仅用三年的时间,博闻的名声尽人皆知,三十岁就开始开办私学,以此谋生。孔子没有被物质生活所约束,他认为幸福应当是谋求百姓的福祉。学生有穷困者,他免学费,甚至周济,"君子周急不继富"。泰山之行使他确认消除苛政为民谋利的信念,并为之矢志不渝地奔波一生,"小子识之,苛政猛于虎也"。因得罪政要,他赋闲在家,与学生切磋学问,廓清世俗的迷惑,多次阐发和谐社会的理想,"老者安之,朋友信之,少者怀之"。他五十岁时有了理论付诸实践的机会,折冲御侮,利国利民,但统治者不思进取,耽于享乐,孔子从此走上浪迹之途,列国统治者对他又敬又惧,用高薪雇用他粉饰门面,又提防孔门师徒;民众和隐士对其冷嘲热讽,使他"累累若丧家之狗"。他绝粮陈蔡,也没有顺从子贡的建议,降低标准投人所好,当得意门生都怀疑他脱离实际时,无疑是人生最孤独抑郁之际,可他仍能坚信自己,"君子忧道不忧贫",担忧的是自己道德学问没做好,他人不识货是世无伯乐,不足为惧,这是弥足珍贵的品质,对于质疑与嘲讽声,孔子也能淡然处之。他的学生们也浸润老师的言行,允文能武,坚守原则,"弒父与君,亦不从也"。面对侵略,"冉有用矛于齐师",家乡父老组织报国敢死队"有若与焉",子路救主抵抗恶徒濒危,"君子死,冠不免"。孔子晚年归国,经历了太多风浪和人间冷暖,他逐渐放下执着,整理古代经典,不仅保存了中国早期文明的精髓,成为后世制礼作乐的准则,而且寄托了自己对世道的关怀,"拨乱世反之正,莫近于《春秋》"。

提及中华文明的代表,孔子一定名列其中,即便不考虑孔子的思想以及历代对他的崇拜,只看他一生的作为也能看出他的伟大。一是确立以文化和师道为核心的"道统",制衡君主独断的"治统"。孔子以大小六艺教学,大六艺即为"六经",小六艺即为礼乐射御书数,从孔子及其门徒的仕途来看,皆能学以致用。而大六艺在当时"皆先王之政典也",小六艺皆贵族实用技能,这些体用兼备的学问被孔子教授,好比将火种偷往人间的普罗米修斯,因为孔子毕生的活动主要是教学,而他的学生绝大多数是平民甚至贫民,于是知识从贵族的玩物成为民众的甘霖。时代的走向也是淘汰世袭贵族而呼唤才能之士,故而孔子传授了平民自力更生的钥匙,"先进于礼乐,野人也"。而孔子的学生并非仅是学习才艺知识,教育的意义首次在孔子身上体现通透:教育是全方位塑造人格的过程。正因为"君子不器",所以孔门弟子不把自己当作被使唤的工具,有独立的人格,要修齐治平以至于"天下兴亡,匹夫有责",这使统治者有所顾忌,一方面需要人才治国,另一方面人才并非为统治者家天下的私利而存在。孔门弟子一代代在传授知识的同时,也把孔子的社会"大同"理想传递下去,使历代知识分子有了"从道不从君"的信念。汉高祖刘邦将要屠鲁地时,惊诧于鲁地父老非但不为保命乞降,反而浸润于孔子去世后弟子代代沿袭的礼乐习惯,汉高祖刘邦在高祖十二年以太牢祭祀孔子。"沛公不好儒",喜好侮辱书生的刘邦,市井气息较重,并不为孔子的道德文章所折服,而秦始皇太子扶苏就在焚书政策进行得如火如荼时上疏:"天下初定,远方黔首未集,诸生皆诵法孔子,今上皆重法绳之,臣恐天下不安。"儒学通过师生代代传授,已经走出地域和三千弟子的范围,而成为全国性的不可忽视的政治力量,而这些儒生,尽管在历代不乏富贵就淫乱、贫贱就气馁、威武就委屈的,但大多数人如鲁迅所说的舍身求法者、为民请命者而成为"民族的脊梁",因为他们的理想是"大道之行也,天下为公,选贤与能,讲信修睦。故人不独亲其亲,不独子其子,使老有所终,壮有所用,幼有所长,矜寡孤独废疾者,皆有所养,男有分,女有归。货恶其弃于地也,不必藏于己;力恶其不出于身也,不必为己。是故谋闭而不兴,盗窃乱贼而不作,故外户而不闭。是谓大同"。① 文天祥的遗言作证"孔曰成仁,孟曰取义,唯其义尽,所以仁至。读圣贤书,所学何事?而今而后,庶几无愧"。② 这种以江山社稷为重的精神构成了中国人民的骨气,自此统治者不得不"外儒而内法",不敢滥用民力,儒学文教固然作为文饰政治而存在,可同时统治者也被这旗号所束缚不敢恣意妄为。中国传统讲究"天地君亲师",老师在中国有崇高的地位,不能不说这是孔子在时代大潮下,以一己之力,开启私人学校普及知识的结果。

二是知识改变命运的传统。孔子就是通过刻苦求学成才的,也因为他的学识而被破格录入仕途。在传统中国,士农工商四民社会的环境,个人的出路是十分有限的。尽管学术应当独立于政治,但在传统农业社会,知识分子想改变命运,不能寄希望于当一辈子农民,或从事受歧视的工商"奇技淫巧","学而优则仕"也是不得已的道路。春秋战国提供了乱世出英雄的机遇,单凭祖上血统谋生的日子一去不返了,而随着一统帝国的建立,"居马上得之,宁可以马上治之乎?"文臣有利于维护秩序,而筛选人才需要客观标准,从军功爵制到察举制,再到科举制的选拔制度的演变,反映了标准的日益可操作化。固然科举制有种种弊端,但却是传统中国对世界的贡献,是百姓

---

① 李学勤主编:《十三经注疏·礼记正义》卷22《礼运》,658~659页,北京,北京大学出版社,1999年。
② [元]脱脱等撰:《宋史》卷418《文天祥传》,12540页,北京,中华书局,1977年。

改变命运的跳板,是政权上下流动保持活力的钥匙,而科举教材无疑就是孔子当年的教学内容。孔子所在的时代,人们以为其学无用,而在后世却成为必备知识,这就是历史的辩证。司马迁敏锐地看到这种时代变化对个人的影响,"王侯将相宁有种乎",不仅仅是大泽乡起义的口号,也喊出了历史上所有民众的心愿,即人不是生来高贵或贫贱的,如果民众通过在王朝体制内的努力没有被承认,他们就可能会铤而走险。故而我们对"敬惜字纸"这种民俗有了更深的理解,这背后包含的就是对孔子"斯文在兹"传统的敬重,甚至是对文化神明般的崇拜。

从孔子开创私学教育的影响反观孔子思想,愈发感到孔子思想的高度。仁爱思想,其基础是聚族而居的小农社会结构,血缘和姻缘人群团结和睦,是提高农业生产和保持社会安定的最有效途径。周礼的血缘和政权相结合的制度已经为宗族团结的形态与结构奠定了基础,而把团结宗族总结成规律性认识并推广到深入人心,就是孔子开创儒学的贡献,"弟子入则孝,出则悌,谨而信,泛爱众,而亲仁,行有余力,则以学文"。"孝弟也者,其为仁之本与!"基于同代和代际的血亲本能之爱,纵向推广到政治秩序层面,横向推广到人际交往层面,就是五伦关系,即君臣、父子、夫妇、兄弟、朋友。在当时的列国统治者看来,确实推广亲亲之爱不切实际,不能带来财富与霸权,而从长远看,实与中国独特的地理和历史环境相契合,所以儒学有持久的影响力。

"不学礼,无以立",在五伦关系网络中,人际交往的表现形式需要得当,于是礼自然孕育而生,"夫礼,天之经也,地之义也,民之行也"。孔子在周礼已经奠定的等级制、宗法制的基础上,把礼乐制度大大世俗化了。他把"君子"从"君之子"的概念转变为"有德之士"的概念,把礼从祭祀场合引入日常生活细节,"师冕见,及阶,子曰:'阶也。'及席,子曰:'席也。'皆坐,子告之曰:'某在斯,某在斯'"。"席不正,不坐。乡人饮酒,杖者出,斯出矣。乡人傩,朝服而立于阼阶。"并且把礼与内心真情实感联系起来,突破了礼的物质约束,完成了心灵与外在的统一,"礼,与其奢也,宁俭;丧,与其易也,宁戚"。"礼云礼云!玉帛云乎哉?乐云乐云!钟鼓云乎哉?"从此礼的外延扩大,除了早期基于祭祀的礼制、陈设祭仪的礼器、国家政策的礼法之外,动容周旋的礼貌和本乎人心的礼敬这两者的意义更突出。

中庸之道是一种不偏不倚、无过无不及的过程性体验和分寸的把握,人际之间的相处需要根据具体环境践履,而非拘泥于固定原则,或者不分是非的两点取中,"求也退,故进之;由也兼人,故退之"。做事坦荡,面对关键时刻会挺身而出,坚持原则,而不是平时一副人畜无害的面貌,关键时刻临阵脱逃甚至落井下石,前者是中庸,后者乃"乡愿","君子和而不流,强哉矫!中立而不倚,强哉矫!国有道,不变塞焉,强哉矫!国无道,至死不变,强哉矫!"孔子在实践哲学和文献整理两层意义上为中国后世思想和学术研究奠定了方向,他的忠恕观念为世界人性理论做出适用于今的贡献,美国联邦法院的礼堂上就刻绘了孔子像,表明世界人民对孔子的认同和敬仰。

孔子的核心思想包括如下四个方面。

首先,仁爱的思想。仁就是人心对自己和他人发自真诚的尊重和关爱。若想实现仁,就要推己及人,不可强人从己;要见贤思齐,三省吾身,在日常生活中省察内心,反映在行动中就是非礼勿动。

其次,礼治的思想。礼不仅仅是外在规范,同时还是内心的表现,而且后者更重要。个人修治礼仪,推及国家,可以因时势变化而调整,逐渐实现社会的改良。

再次,人性论。孔子少谈性与天道,他认为"天何言哉,四时行焉,百物生焉",通过体悟自然赋予的德性,来践履人生,落实仁爱礼治。在现实层面,每个人气质不同,性相近,习相远,所以要因材施教,导向仁爱。

最后,中庸之道。中庸之道是处事方法,寻求事物因地因时的恰到好处,是一种日常践行的平常知识和态度,不是抽象费解的理念。

(三)孟子及荀子思想

孟子和荀子作为完善孔子理论的双璧,在历史上的地位是不平衡的。这和两人接续孔子理论的不同方向密切相关。孟子完善了孔子的内省理论,以发明本性之善,推广仁政,实现王道;荀子完善了孔子外在修为的理论,通过自上而下,利益按等级分配,以及劝导个体,通过化性起伪的方式,伪就是人为、后天习得,养成君子人格,进而实现王道。朱元璋因为《孟子》有挑战君权的因素,曾试图禁毁该书。谭嗣同批评荀子说:"两千年来之政,秦政也,皆大盗也;两千年来之学,荀学也,皆乡愿也。惟大盗利用乡愿,惟乡愿工媚大盗,二者交相资,而罔不托之于孔。"[①]尽管言论有偏激之处,但揭露了帝制时代后,儒者成为国家官吏,很难坚持儒家为民请命的原则这样的困境。

孟子热情而激烈,但口舌之胜并非他的本意。"我亦欲正人心、息邪说、距诐行、放淫辞,以承三圣者。岂好辩哉?予不得已也。"在他看来,人类皆有徙善改过之心,犹如水性向下的必然趋势,从生活实际可见,孩童不慎失足,即便路人,此刻也有惊恐

---

① [清]谭嗣同:《仁学》,96页,北京,华夏出版社,2002年。

怜悯之心，这是人之常情和本能，由此可见人可以成为好人，"恻隐之心，仁之端也；羞恶之心，义之端也；辞让之心，礼之端也；是非之心，智之端也"。在面对极端情况时，人皆有维护尊严的本能，譬如嗟来之食的事例，固然生命濒危，但放弃尊严换取食物，人皆心有不甘。甚至宁死不食，这是有比生命更重要的东西值得去守护，"生亦我所欲，所欲有甚于生者，故不为苟得也。死亦我所恶，所恶有甚于死者，故患有所不辟也"。就如人人厌恶自己被侮辱一样，自己受到恩宠，可能也是对自己人格的侮辱，自己只是被收买作为爪牙和工具，并非独立的人格受到尊重，利禄享受就可以让人移志，那些人怎么就看不见这种对人格变相的侮辱呢！那些没有变成好人的人，都是后天培育不当，好比种子，理论上可以成为植株，却把它扔在荒漠中，不给它雨水阳光，"若夫为不善，非才之罪也"。

对统治者来说，重视民生，对于战乱中的黎民犹如甘霖，牛因恐惧被屠宰的眼泪都可以让齐王回心转意，何况推行仁政，就是给老人行礼那么简单，"不为也，非不能也"。天下有三种高贵的标准，权贵只是其一，不可以权势蔑视任何人的人格，如果君王践踏民生，必然受到民众的制裁，"君之视臣如手足，则臣视君如腹心；君之视臣如犬马，则臣视君如国人；君之视臣如土芥，则臣视君如寇雠"。孟子认为民意就是天意的代表，"天视自我民视，天听自我民听""得乎丘民而为天子"。

荀子推崇制度文明，不相信孟子对人性良知的预设，他认为人性的趋势是扩充欲望，注定会陷入弱肉强食的无序状态，"从人之性，顺人之情，必出于争夺，合于犯分乱理而归于暴"。故而需要制度进行人性的规范以及利益的分配，这种制度是礼，"先王恶其乱也，故制礼义以分之，以养人之欲，给人之求。使欲必不穷于物，物必不屈于欲。两者相持而长，是礼之所起也"。① 从制度而非道德的角度论述社会秩序是相当难得的人类认知的进步。荀子从人类社会历史组织渊源的角度论述礼的形成："水火有气而无生，草木有生而无知，禽兽有知而无义；人有气、有生、有知亦且有义，故最为天下贵也。力不若牛，走不若马，而牛马为用，何也？曰：人能群，彼不能群也。人何以能群？曰：分。分何以能行？曰：义。"② 他看到了人类社会组织的力量，并提出整顿社会秩序"分"需要"义"来维护。相比孟子对人性论的抽象和类比的论述，荀子显然更为实际。遗憾的是，荀子并没有从人性恶推出制度上对君主制的限制。按照常理，君主应当是最有机会、最有资源扩张欲望的人，而且按荀子理论君主也当是性

---

① 楼宇烈主撰：《荀子新注》，375 页，北京，中华书局，2018 年。
② 楼宇烈主撰：《荀子新注》，156 页，北京，中华书局，2018 年。

恶的,但荀子对君王却充满信任,仅仅出于对资源有限的恐惧,这就把社会分成不同的阶层,把君王建立的等级秩序看作治安之本,"势位齐,而欲恶同,物不能澹则必争,争则必乱,乱则穷矣。先王恶其乱也,故制礼义以分之,使有贫、富、贵、贱之等,足以相兼临者,是养天下之本也。《书》曰:'维齐非齐。'此之谓也"。① 荀子反对挑战君权,因为这会重新陷入无序状态,"试去君上之势,无礼义之化,去法正之治,无刑罚之禁,倚而观天下民人之相与也。若是,则夫强者害弱而夺之,众者暴寡而哗之,天下之悖乱而相亡不待顷也"②。在这种情况下,被唐太宗称赞的"君者,舟也;庶人者,水也。水则载舟,水则覆舟",与孟子的民本思想相比,思路并不顺畅,力度大打折扣。庶人在荀子看来,改变命运的主要途径就是努力学习礼乐,上升为"君子"阶层,人可以学习社会规范掩盖性恶,"圣人化性而起伪,伪起而生礼义,礼义生而制法度",故而通过劝学"学恶乎始?恶乎终?曰:其数则始乎诵经,终乎读礼;其义则始乎为士,终乎为圣人",最终"涂之人可以为禹"。孟子奠定了中国"人之初,性本善"的信念,形成与人为善的民族性格,相信人是可以改进自身的,尤其重视道德完善;荀子迎合了大一统政府统治秩序的需要,儒学从竞争走向独尊的需要,促进了中华民族求学求知性格的形成。

孟子的核心思想包括性善论、仁义、修身养性、民本论等。性善论指人性不仅是吃饱穿暖的生理属性,人因为具有社会属性才可贵。每个人都可在日常生活中见到人性四端,即仁义礼智,根据四端扩充和推广,普通人老吾老以及人之老,统治者发政施仁,使民众能五亩之宅树之以桑,八口之家不饥不寒;仁义思想指仁的关爱需要落实,有当然之准则"义",因此"居仁由义",个人不行仁义不保其身,统治者不行仁义不保四海,道义和利益是有别的,反对统治者为一己私利不顾整体民众长远利益;修身养性的方法指要通过内省方式维持本身的性善"反身而诚",培养内在的浩然正气,对抗物欲的诱惑,面对客观环境的威逼利诱"动心忍性";民本论指民众是国家的基石,"民贵君轻",获得民众的支持是统治者合法性的来源,轻视甚至践踏民意,民众有权力进行革命推翻统治者。

荀子的核心思想包括人性恶、化性起伪、群学、天人相分等。人性恶指人生来对外物的依赖是人的自然本性,容易有追逐外物的倾向,如果不加限制,社会就会陷入混乱,故而性恶;化性起伪指的是人可以通过学习礼义的方式人为地习得社会属性

---

① 楼宇烈主撰:《荀子新注》,145 页,北京,中华书局,2018 年。
② 楼宇烈主撰:《荀子新注》,480～481 页,北京,中华书局,2018 年。

"伪",使得人人遵守礼义,避免社会混乱,实现社会安定和谐;群学是人能组成社会"群",只有通过"明分"才能组成群,一方面社会要有分工,另一方面社会需要伦常等级关系;天人相分指自然运行和人事无关,人的命运由自己决定而不是由神秘的天命决定。人要学会顺应和利用客观规律,"制天命而用之",为人类造福。

二、魏晋玄学

魏晋时期,大一统政治崩坏,战乱频仍,统治者表里不一,做作的禅让戏码接连上演,士人对于天命和儒学的信念产生了怀疑,"时无英雄,使竖子成名"的悲凉失望状态使得士人更多把思想置于玄远清谈;灾荒疾疫,即便"建安七子"的王粲也未能幸免,生命无常,又刺激及时行乐潇洒人生的实践。鲁迅的《魏晋风度及文章与药及酒之关系——九月间在广州夏期学术演讲会讲》对名士风度进行了揭示,衣冠不整,饮酒长啸,服食药散,借助清谈和放达表现对礼教和秩序的不满。后世学者多把政权的败亡归罪为这种名士清谈,实际上这时的学术正因为暂时不纠结政治,才有了对儒学的反思和融合释道学说后的升华,借着经典的外衣表达道家的认识,或借助道家的外衣表达对社会秩序的追求。如王弼关于言意关系的论述揭示了经典文本与意蕴的辩证关系:"言者所以明象,得象而忘言;象者所以存意,得意而忘象。"向秀、郭象解"逍遥",反映了士人对现实秩序的理解和认同:

《庄子·逍遥篇》,旧是难处,诸名贤所可钻味,而不能拔理于郭、向之外。支道林在白马寺中,将冯太常共语,因及《逍遥》。刘孝标注云:向子期、郭子玄逍遥义曰:"夫大鹏之上九万,尺鷃之起榆枋,小大虽差,各任其性,苟当其分,逍遥一也。然物之芸芸,同资有待,得其所待,然后逍遥耳。唯圣人与物冥而循大变,为能无待而常通。岂独自通而已!又从有待者不失其所待,不失,则同于大通矣。"①

向秀、郭象谋求在乱世中找寻固定的社会秩序,借用庄周的话语抵制崇尚老释的士林风气,努力追寻秩序和个性的和谐,恢复统一时代的稳定。《庄子·逍遥游》有大鹏和燕雀的小大之辩,重要的是看出大小形态虽有别,人的生存状况有别,但只要找到自己所处位置的意义,就都是超脱和自在,不必隐匿山林或者遗世独立,身在朝野也可以心在桃源。

玄学代表人物王弼的核心思想,首先是以"无"为本:"无"是万事万物存在的依

---

① [南朝宋]刘义庆著,(南朝梁)刘孝标注,余嘉锡笺疏:《世说新语笺疏》卷上之下《文学第四》,192~193页,北京,中华书局,2011年。

据,不与"有"相对。"无"成就万物又长养万物;其次是以"无"为用:"无"和"有"相辅相成,比如器皿中空,故而能呈具,"无"能介入事物的成就过程,体用不二;其三是言不尽意:意是抽象的、本质的,言是具体的、有限的,应该通过有限的言体悟无限的意,甚至得意忘言、得鱼忘筌。最后是名教本于自然:名教作为具体的"有",产生于"无",所以针对社会名教流于形式的弊病,应当崇本息末,抓住名教的本源即,自然、无为而治。

郭象的核心思想,首先是万物自然而然产生,不要追问造物者是"有"还是"无",万物块然自生,独化于玄冥;其次是万物相待而生,互相以对方为自己存在的前提,相互联系,鲁酒薄而邯郸围,矛盾是成对同时出现的;再次是万物具备相互联系的可能,因为自身天生被赋予这样的资质;最后是名教就是自然:因为万物本身带有相待而生的资质"自性",所以万物的现实表现都是自然赋予的,万物本来就是而且必然是自然的,"天性所受,各有本分,不可逃,不可加",尽到本性、安于本性就是逍遥,不必绝弃尘世。这为论证现实秩序的合理性提供了理论依据。

三、宋明理学

宋代面临周边民族政权的强劲挑战,内部又有"三冗"、内重外轻之患,自唐中期以来的佛教盛行和"华夷之辨",逼迫宋代士大夫必须重振以纲常名教为核心的儒学,以应对政治上和思想上的极大挑战。受到佛教《传灯录》谱系的影响,儒者觉得有必要回归孔孟源头,从头整理,廓清学术,于是一个有谱系、有内容,由先王和学者组成的"道统"逐渐构建出来,由唐代韩愈发轫,程颐、朱熹逐渐完善的道统:尧、舜、禹、汤、文、武、周公、孔子、颜回、曾参、孟子,孟子以下跨越千年到唐宋,除韩愈勉强可算入道统外,宋儒不同派系有自己的代表人物加入谱系。"四书"发扬内圣外王之道,阐明心性之学的意义被发现,从诸子传记上升为经中之经,"退之首先发现《小戴记》中《大学》一篇,阐明其说,抽象之心性与具体之政治社会组织可以融会无碍,即尽量谈心说性,兼能济世安民,虽相反而实相成,天竺为体,华夏为用,退之于此以奠定后来宋代新儒学之基础"。理学就是以"天理"作为宇宙本体来解释世界的形成和社会秩序的理论,"理"在不同的理学家中,又可以表述为"太极""气""心",在每个学者的理论体系中,心、性、理、气、意、情都是体系的有机组成部分。理学内部大体可分为突出"尊德性"色彩的陆王心学和突出"道问学"色彩的程朱理学以及气本论的张载的关学几个主要流派。其中尤以理学和心学的矛盾较多,以朱熹和陆九渊鹅湖之会前后的诗文可见一斑：

陆九渊：

墟墓兴哀宗庙钦，斯人千古不磨心。

涓流滴到沧溟水，拳石崇成泰华岑。

易简功夫终久大，支离事业竟浮沉。

欲知自下升高处，真伪先须辨只今。①

朱熹：

德义风流夙所钦，别离三载更关心。

偶扶藜杖出寒谷，又枉篮舆度远岑。

旧学商量加邃密，新知培养转深沉。

却愁说到无言处，不信人间有古今。②

在维护社会秩序、坚持伦常方面，理学、心学是没有矛盾的，区别在于世界的本源究竟是独立于人的终极存在，还是只是意识。于是相应的认识世界的方法也不同，承认前者就需要格物致知，不断地占有分殊之理加上自己的读书穷理和静坐内省，最终"豁然贯通"实现质变，通达事物本末精粗。承认后者就不需要心驰外物，因为知识的扩充未必会带来道德的改善，只需要不断地发明本心端正念头，就可以与尧舜较量道德的纯度而非计较事功的数量。

正因为理学家的体系确实宏大，都自信窥探到宇宙的奥秘，所以他们论述道德学问，也都鞭辟入里，"一棒一条痕，一掴一掌血"。如张载横渠四句："为天地立心，为生民立命，为往圣继绝学，为万世开太平。"今天仍能使我们心情激动，感悟个体与自然和社会的融合与互通，明了一己之重任。张载的《西铭》是最具代表性的关于个体与宇宙、国家、民众同体血脉的文章。

乾称父，坤称母，予兹藐焉，乃混然中处。故天地之塞，吾其体；天地之帅，吾其性。民吾同胞，物吾与也。

大君者，吾父母宗子；其大臣，宗子之家相也。尊高年，所以长其长；慈孤弱，所以幼吾幼。圣其合德，贤其秀也。凡天下疲癃残疾，惸独鳏寡，皆吾兄弟之颠连而无告者也。于时保之，子之翼也；乐且不忧，纯乎孝者也。违曰悖德，害仁曰贼，济恶者不

---

① [宋]陆九渊著，钟哲点校：《陆九渊集》卷34《语录上》，427～428页，北京，中华书局，1980年。

② [宋]朱熹：《晦庵先生朱文公文集》卷4《鹅湖寺和陆子寿》，见朱杰人等主编：《朱子全书》（二十），365页，上海、合肥，上海古籍出版社、安徽教育出版社，2002年。

才,其践形,惟肖者也。①

　　知化则善述其事,穷神则善继其志。不愧屋漏为无忝,存心养性为匪懈。恶旨酒,崇伯子之顾养;育英才,颖封人之锡类。不弛劳而底豫,舜其功也;无所逃而待烹,申生其恭也。体其受而归全者,参乎!勇于从而顺令者,伯奇也。富贵福泽,将厚吾之生也;贫贱忧戚,庸玉女于成也。存,吾顺事;没,吾宁也。①

　　乾坤阴阳二气乃是生生不息的原动力,万物无不体现天地大道的规律,只因气质聚散不同而形态物种有异,但皆是天地所生。明白此理,就会有普世无偏的大心,包容万物而不以本我为中心。君臣之别或士民之差,无非是天父地母家中的不同身份,都一样是天地的儿子,不过是长幼职责的不同,那些鳏寡孤独不幸的人,是我们家族中的弱势群体,俱为天地父母所生,怎能不见亲情血缘,更不能袖手旁观。正是有了君臣父子夫妇长幼,才会各安其分,各安其乐,互相救济,和衷共济,和气合力求发展。朱熹和王守仁无疑是宋明理学最有代表性的人物。

(一) 程朱理学

　　程指的是"二程"兄弟程颢、程颐,都是河南伊川人。程颢号明道,程颐号伊川,主要活动于北宋仁宗、神宗、哲宗三朝,他们的理学思想很可能是在他们年少时受到周敦颐教导形成的,后又在与表叔张载的互动中完善。时人认为程颢亲善随和,思想也比较飘逸自由,多从个人感悟的角度论述本体的"理";程颐严肃谨慎,思想也比较严密成体系,多从天人的互动论述本体的"理"。所以后世一般认为程颢启发了陆王心学,程颐直传朱熹理学,但在"二程"的时代,二人彼此并不认为理论有异同。二人曾参与过王安石变法,但很快站在与司马光一致的反对新法的立场上,也因此遭到政治贬谪,他们对新法中的激进政策的批评是有一定合理性的。

　　程颢的主要思想,一是构建了孔子以来的心传道统,认为世间存在独立于人的意志的真理"道",历史上掌握真理的只有少数圣王和圣贤,如尧、舜、禹、汤、文、武、周公、孔子,孔子死后道统失传,直到二程兄弟发明理学,算是接续了道统,提供了学术独立于政治、批评政治的合法性,以及宣传二程理学的正宗性;二是在旧有词汇"天理"上注入了真理的内涵,天理不依赖于世间兴替、人类意志,亘古至今恒久不息,放之四海皆准;三是伦理秩序是天理的应有之物,存在于每个个体的自身;四是道和气的辩证关系,形而上的道需要形而下的气来体现,阴阳的矛盾运动构成道,道和气不

---

① [宋]张载著,章锡琛点校:《张载集》,62～63页,北京,中华书局,1978年。

能截然分开；五是感而遂通的仁学，程颢作《识仁》篇，说明天地万物源于一本之理，对人来说，一物不得其位犹如肉身之痛的感触，就是仁，人应当常怀惺惺之心接人待物，是为恻隐之心；六是诚敬以涵养，但又不失心灵的活泼。其《定性》篇认为，"动亦定，静亦定，无将迎，无内外"，不牵挂于外物，以恰当的态度在外事出现时对待外事，外事过去后无所牵挂、无所留恋。

程颐的主要思想，一是道器相即的理气观，道寄宿于阴阳之中，起决定作用，但道只能通过形下之器来体现，体用一源，显微无间；二是性情论，仁是爱之理，公正无私是其特征，规范感情的发露，性即理也。人伦五常的仁义礼智信，是理的应有之物，恻隐、羞恶、辞让、是非之情，受理的规范。人性是气禀所生，气禀有杂糅、清纯之别，相同之性表现出的实际人格不同，有善有恶，故而不能简单论定人性是善是恶，而当分析其本质之善与气禀之拘束。性情都通过心来表达，心是分为寂然不动、感而遂通的两个状态的，所以在涵养上要居敬以保持心的不动状态，主一之谓敬，无适之谓一，就是心始终警惕着要处于一个无所执着的状态；三是格物穷理，即通过各种求知、实践、道德内省来体悟天理。

朱熹是程颐的四传弟子，幼时有天外之物为何物之问，有沙滩画卦、写《孝经》自勉之行。14岁时父亲朱松去世，托付其于好友刘子羽、刘子翚、刘勉之、胡宪，受到初步理学教育。19岁中进士，出任同安主簿，受学李侗，长期绝意仕进，与吕祖谦、张栻交流并讲学岳麓等书院，号称东南三贤。1175年与陆九渊兄弟论辩理学、心学异同于上饶鹅湖书院。1179年知南康军，兴修水利，赈济荒民，蠲免税钱，重修白鹿洞书院，订立严密的学规：

父子有亲，君臣有义，夫妇有别，长幼有序，朋友有信（五教之目）。

博学之，审问之，慎思之，明辨之，笃行之（学习顺序）。

言忠信，行笃敬，惩忿窒欲，迁善改过（修身之要）。

正其义不谋其利，明其道不计其功（处事之要）。

己所不欲，勿施于人。行有不得，反求诸己（接物之要）。

1181年提举浙东常平茶盐公事，连续六奏弹劾前任台州知州唐仲友假公济私、盘剥百姓、有染营妓、制造假币等罪状。1182年在历史上首次合刊"四书"。1185年与陈亮展开王霸义利之辩。1189年知漳州，正经界，减轻农民受兼并之苦的负担。1194年，除知潭州、荆湖南路安抚，稳定湖南瑶民，开展少数民族地区的汉语教育。同年除焕章阁待制兼侍讲，在宁宗前反复陈谏修身的必要性，得罪权臣韩侂胄，在朝为官46日被罢免。1196年韩侂胄借打击政敌赵汝愚,继而迫害朱熹之学为伪学,进行党禁,朱熹门人多有受流放下狱者,政敌给朱熹制造的通奸儿媳、虐待生母等流言纯属乌有之词,乃恶意中伤。朱熹隐居直至去世,临终前尚注释《大学·诚意》章。

朱熹的核心思想,一是理气观,天理是万事万物存在的依据,气是构成万事万物的条件。理气相须而生,但逻辑上理在气先。在理论上,万事万物理相同而气质不同;理搭着气落实在现实以后,则是气质相近而理绝不同。这就是"理一分殊",将抽象的本源之理和具体形而下的物理合一。二是未发已发的修养论,心灵在未与外物交接时就是未发阶段,心灵的状态是寂然不动的。接触外物后,就是已发阶段,就会产生喜怒哀乐。所以要静处涵养,动处体察,慢慢把心灵培养成中和状态,故而实践中静坐和读书相须而行。三是心统性情,存理灭欲。心是容器,又是主宰,包容天理之性和现实情感,心灵要时刻警惕自己被情欲主宰,滑向不合理的或过分的需求,用性制约情,比如饮食男女是天理,是性理本然,但奢侈浪费、三妻四妾甚至为非作歹就是人欲。存理灭欲的观念主要是针对统治阶层的,但客观上也是社会名教固定化的投影,并没有绝对禁欲的意思。四是格物致知,接触事物,扩充知与识以至于极点。因为天理分殊于现实万物,所以万事万物都有天理,人要接触事物去体会去研究,一点点认识更多的天理,最后与天理合一。五是知先行后,即知识和实践的关系是先后关系,只有先认知了解事物,才能去实践,知识是行为的指导。

朱熹是孔子以后千年历史中的第二位道儒,他面对出世的释老之学的挑战,重振儒学的入世意义,并赋予儒学完备的贯通形上形下解释世界、人生、社会、历史的宏大理论架构。在朱子生活的时代,他的学术最为博大且样样精深,并且以朱子的长寿,使他在与其他洛学传人的竞争中脱颖而出,并能汲取众长。他构建了个人和宗族、国家关联性的新体系,他的《朱子家礼》适应了后世平民团结宗族的需要,他的《仪礼经传通解》不用自《周礼》的五礼结构,代之以家礼、乡礼、学礼、邦国礼、王朝礼,与《大学》修齐治平结构相呼应,适应了宋代以后平民出身的精英参政议政的潮流;他把《论语》《孟子》《中庸》《大学》四部经典从传记中抽出单独注释,并注入理学内圣外王、格物致知的内涵;提出存理灭欲的主张以批判统治阶层的掠夺和淫逸,虽不幸为投机者抹黑,但在道德学说和政治运作中产生巨大作用。元代以降,科举考试四书义全按朱子章句集注,成为读书人的晋身必读。"经学与理学相结合,又增之以百家文史之学。至其直接先秦,以孟子学庸羽翼孔门论语之传而使当时儒学达于理想的新巅峰,其事尤非汉唐以迄北宋诸儒之所及。故谓朱子乃是孔子以下集儒学之大成。"①

(二) 陆王心学

陆(陆九渊)王(王阳明)心学侧重个体思维和道德的决定作用,渊源可追溯到孟子,把尽心知性知天联系在一起,禅宗有明心见性之说,在程朱理学中"心"也扮演枢纽性的能动角色,程颢提出过心是理的说法。但只有陆九渊将心的地位上升到等同于理的地步,开启了勇于自信、挑战权威的陆王心学,宋元之际产生了心学之名。

陆九渊,江西金溪人,家族因谨守礼仪获得皇帝褒奖。1172 年 34 岁中进士,他曾先后任靖安主簿、国子正、荆门军知军。擅长在书院演讲伦常之道、礼仪秩序、夷夏之防等,感人肺腑。他的核心思想,一是心即是理。心是做人做学问之前必须确立的前提,"先立其大者"。心树立古往今来、宇宙万物的价值,它不虑而知日用伦常的法则,不必从身外探索什么理,心就是理。二是求放心。因为心是世界秩序形成的根本,所以要使心时刻居于本位,不迷失于世俗利欲,故而就要剥落物欲,办法是师友教导和自我反省。三是六经注我的知识论。向外求知格物不是成为人格的必要条件,甚至会起到支离破碎、牵于物欲的效果,在明了本心的基础上读书才是有益的。以自我为主,用知识印证心中之理。

王守仁,号阳明先生,浙江余姚人。13 岁就有学圣人乃天下第一要紧事的议论,15 岁出游居庸关,17 岁成婚之日与道士对坐忘归。18 岁按照朱熹格物致知之法静坐格竹七个日夜而病,从此怀疑理学。28 岁中进士,1506 年在任兵部主事时因论救同僚,得罪刘瑾被杖责,贬为贵州龙场驿做驿丞,用计逃避刘瑾刺客追杀。在贵州与少数民族相处,进行讲学教化,形成自身的心学体系。刘瑾被诛后,1516 年王阳明转迁为正四品都察院左佥都御史,巡抚江西多地,推广自创的乡村自治管理制度乡约,率兵平定多处占山为王的反政府组织,展示军事才华,但难免杀戮过多。1519 年宁王朱宸濠叛乱,王守仁独身便衣躲避叛军追捕,在吉安募集义兵,在朝廷军出动前,虚假造势迷惑叛军,迅速攻克敌巢南昌,在鄱阳湖大战中消灭军心不稳的叛军主力,俘获宁王。在武宗炫耀式亲征时,不卑不亢地挫败武宗宠臣跋扈之师,并保护南昌免于抢劫,又以公正态度周全布置将宁王转移给武宗亲信张永,避免被佞臣诬陷。嘉靖初加封新建伯,嘉靖七年(1529)在平定广西土民叛变后,返途中病逝,时年 57 岁。

阳明心学的核心思想,一是心外无理。天理不外乎在于每个人的心灵,心就是

---

① 钱穆:《朱子学提纲》,30 页,北京,生活·读书·新知三联书店,2002 年。

理,不需要在心灵之外寻找物理,心灵会在不同场合提示和展现天理。比如遇见长辈,心灵自然会想到如何使长辈欢喜,寻思晨昏定省、冬温夏清的道理。忠孝的道理不是在忠孝的对象身上,而是在自己的心中,自己起心动念出于至善,表现出的就是忠孝言行的道理。正是心灵具备纯洁至善的价值,才能赋予现实行为以知识论和伦理学的意义。二是心外无物。"身之主宰便是心,心之所发便是意,意之本体便是知,意之所在便是物。"身、心、意、知、物,只是心灵活动不同侧重的表现,但本体都是一个,与意念搭上的物件才具备意义,否则物件与自己毫无关系,"物"必须受到心灵的关照才对个体有意义。三是格物致知,存理灭欲。既然心外无理、心外无物,所以心灵意念的活动至关重要,格物就是正念头,不要让过分的欲望支配心灵。四是知行合一。只有实实在在地落实人间的道理才是真知,以为自己知道了却不去实行不是真知,知和行不可打作两节,故而高谈仁义道德要求别人不要求自己的,就是假道学;一发动恶念就已经是恶行了,所以心灵时刻警惕着"必有事焉",以防止心灵受到人欲的污染。

王阳明身处朱子理学盛极而衰的明朝中叶,当时的大儒如薛瑄都说朱熹把知识发明极尽,士人只须躬行即可,可见当时思想界的停滞与沉闷。王阳明经过长期的思考以及在险象环生的仕途中体会到,成圣成贤的根本不在外逐事物,知识未必导致道德的充沛,村民鄙夫意念端正都可以是圣贤,做发明本心的工夫,何等简易直截。

后世不知作圣之本是纯乎天理,却专去知识才能上求圣人。以为圣人无所不知,无所不能,我须是将圣人许多知识才能逐一理会始得,故不务去天理上着工夫,徒弊精竭力,从册子上钻研,名物上考索,形迹上比拟,知识愈广而人欲愈滋,才力愈多,而天理愈蔽。正如见人有万镒精金,不务锻炼成色,求无愧于彼之精纯,而乃妄希分两,务同彼之万镒,锡铅铜铁杂然而投,分两愈增而成色愈下,既其梢末,无复有金矣。①

王阳明揭示了良知作为主观境界对认知事物、改变人生状态的重要意义,万事万物固然客观存在,而正是有了人的良知,客观世界才会产生意义,犹庐山山石林松,只有在人的观赏下才被感觉成状物奇景。把端正的念头扩充推广到万事万物,使其各得适宜,这就是"致良知",社会就会得到良好治理:

我的灵明,便是天地鬼神的主宰。天没有我的灵明,谁去仰他高?地没有我的灵明,谁去俯他深?鬼神没有我的灵明,谁去辨他吉凶灾祥?天地鬼神万物离却我的灵

---

① [明]王守仁撰,吴光等编校:《王阳明全集》卷1《语录一·传习录上》,28页,上海,上海古籍出版社,1992年。

明,便没有天地鬼神万物了。①

阳明心学对于中晚明的思想解放有巨大意义,尤其是其讲学的覆盖面有更多的基层民众,其中何心隐、李贽等思想家对专制权威的批判和对基层民生的关注,汤显祖、袁宏道等在文艺创作上对真挚情感的表彰和对礼教桎梏的批判,对于思想的启蒙有巨大推进意义。

总体上,儒学是一种"博学于文,行己有耻"的学问,有一个积极入世、勇于担当的士大夫群体和流派来承载它。"修身、齐家、治国、平天下"的宗旨,2 000余年未曾改变。儒学扎根于中国血缘亲情社会,主张敦重亲族、造福百姓、选贤与能、不私一姓。儒者于国家行政训练有素,又把大量精力投入于诗文讲学之中。在儒学塑造下的传统知识分子,如阎步克所说:

君子不器的士大夫政治传统,始终把人自身当做目的而不是手段,所以中国士大夫,特多既能精研经史,又能建功立节,复又有出色诗赋文章传世者。传统中国的文士学人,融知识、道义与美于一体,视人格完成、文化创造和社会责任为一事。学而不厌,不知老之将至的格物致知,并不是单纯枯燥的知识积累,那也被理解为一种超越的人生意境,时时渗透出无尽的画意诗情,并在事事关心的信念之中,与天人之际那与恶永恒对立的大善融会贯通。那种仁以为己任,为天地立心的宏大气象,那种横而不流,九死不悔的凛然节操,那种说大人则藐之,勿视其巍巍然,志义修则骄富贵,道义重则轻王公的自尊自重,那种定臧否,穷是非,触万乘,陵卿相,自置于必死之地而不辞的政治抗争,确实也培育滋养了无数的志士仁人。特别是,那种传统还赋予了读书人以如下无可推卸的使命,一种守夜人的庄重使命。②

第二节 道家及其思想

道家与入世的儒家风格截然相反,儒家担负了所有的世俗责任,这对于个体的身心是有巨大道德和社会压力的,高调的理想主义又刺激投机分子寻机成为表里不一的伪君子。而摆脱世俗的困扰,亲近自然,远离世间苦痛,是每个个体都有的潜在意识。所以倡导清静无为的道家在传统社会有广阔的空间。道家当然是以追求"道"为

---

① [明]王守仁撰,吴光等编校:《王阳明全集》卷3《语录三·传习录下》,124页,上海,上海古籍出版社,1992年。
② 阎步克:《士大夫政治演生史稿》,455页,北京,北京大学出版社,2015年。

最终目的,而道家的"道",具备非世俗的特征,和其他诸子关切现实形成对比,而与西方抽象的"本体"哲学概念非常接近,这是以老子、庄子为代表的道家对中国哲学的巨大贡献。

一、老子及其思想

(一) 老子其人

老子的身份颇为神秘,《史记》就有老聃、老莱子、太史儋三种说法,近代以来有了老子时代晚于孔子,甚至到战国时代才出现之说。根据近年来的马王堆帛书、郭店楚简、北大所藏西汉竹简本《老子》,基本能确定司马迁所书不差,老子应是孔子之前的人物,早期道家和儒家的思想差异并非如后世显著。《老子》的文本应当是逐渐形成,而并非一次性成书的。老子有浓厚的史官文化色彩和楚文化色彩,对历史的深厚认识和对南方巫术文化的神秘信仰是老子学说的显著特征。在孔子看来,老子好比龙,难窥涯际。太史公也未能确切考证出老子的身世,以至于老聃身份有三种假设。老子晚年西出函谷不知所终,后世附会成"老子化胡"点化释迦牟尼之说。他的著作《道德经》历代被认为是战国时人所作,而马王堆帛书《老子》和郭店楚简《老子》的发现,基本证明老子应该是孔子之前的学者,而《道德经》的形成应当是一个漫长的过程,儒道之别在郭店简中并不突出,故而道家思想应当是逐渐增添内容而成为今天众所周知的样子。

(二) 老子思想

老子的核心思想体现在《道德经》中,道主要指的是客观的规律或者自然的法则,德主要指的是按照道的指示怎么做的方法论。《道德经》核心思想,一是道是具有本源意义的"道"。道是万事万物存在的依据,派生万物,又生长万物;不可用言语描述,只能通过现实的有形无形的万物去感知;二是道是无为的。道不干预万事万物的生长,"天地不仁,以万物为刍狗",正因为它的不干预,所以万物遂其成长;三是道是矛盾运动不息的,有无之间不是绝对的,是可以相互转化;是非祸福也不是绝对的,也可以相互转化;四是道是无为而治。统治者应当效法道,不参与、不干预、少干预民众的活动,最好让百姓不知道有统治者的存在。小国寡民,安其居美其食,民至老死不相往来的原始村落状态最理想。

"道"在老子那里具有多个含义,既有朴素的日常的含义,也有引申的普遍性的含义,如道路、道说、道精、道一、道德等内涵,既反映了先民认知世界一般性的原始思维,也反映了春秋时期智者的思辨性思维的极大发展。"天下万物生于有,有生于无","有无相生","道"的外延包括了有形和无形、存在和不存在、有限和无限。世界充满了各种各样的存在,但当它们已诞生,其形态、个性、功能就已经固定不变了,是为"有",而当它们尚未产生时,其形态、个性、功能就孕育无限的可能性。"三十辐,共一毂,当其无,有车之用。埏埴以为器,当其无,有器之用。凿户牖以为室,当其无,有室之用。故有之以为利,无之以为用。"车轮能前进不能忽视轮轴之间的缝隙的力学支撑,容器因为中空所以才能盛东西,房屋因为内空才能住人,有限和无限是相辅相成的,老子指出一种东西只说它是什么,这是比较肤浅的,但想指出这种东西不是什么却有无限的可能,而有限和无限都统一于一个物体上。由此可以理解,有无相辅相成,皆有合理处,而无因为有无限的可能,所以暂时的困穷不必气馁,因为存在反败为胜的可能性,"刚亡而弱存"。水最接近道的德性,以其最为柔弱卑下,"上善若水。水善利万物而不争,处众人之所恶,故几于道。"按照推崇柔弱、卑下、细小、无名的趋势,道体本身难以描述"道常无名朴","大方无隅,大器晚成,大音希声,大象无形,道隐无名"。道是普通的,同时又是超出常识的,最宏大的声音却听不见,最宏大的景象却看不见。其中暗合科学认识,比如人眼只能区分固定波段色彩反映的景象,所以人类看见的世界只是真正世界中的一部分,人眼中的世界和昆虫眼中的世界必然不同。所以不必执着于感知所见的事物、利益,因为它们都远离真理,甚至只是一个个具体的"有"而已,沉迷其中就会让生命愈发低劣,难以辨别真伪,去道益远,"五色令人目盲;五音令人耳聋;五味令人口爽;驰骋畋猎,令人心发狂;难得之货,令人行妨。"适应道的就是德,德的境界就是无为而治,人类执着"有"的过程产生了仁、义、礼,甚至完全依靠法律统治,"上德不德,是以有德;下德不失德,是以无德。上德无为而无以为;上仁为之而无以为;上义为之而有以为。上礼为之而莫之应,则攘臂而扔之。故失道而后德,失德而后仁,失仁而后义,失义而后礼。"结果"法令滋彰,盗贼多有"。无为是减少刻意的文饰,把握关键,减少控制,则国家自然治理,民众自然和睦,"治大国,若烹小鲜","侯王得一以为天下正"。

老子以道观万物,故万物虽有"有"的层面的不同,但价值都是同一的,"长短相形,高下相盈,音声相和,前后相随"。庄子在这个基础上,从老子强调的道的立场转向个体生命意义立场体验道,等贵贱、齐生死,追求个体的逍遥。

二、庄子思想

（一）庄子其人

庄子是战国中期宋国漆园吏，和孟子同时，但二人活动区域一南一北，竟终身未见彼此，而且未在书中提到对方。庄子淡泊名利，多次有好机会成为大国官员，但他都设法拒绝了。名家的惠施是庄子的好友，庄子引之为理解自己的人，因为惠施能启发庄子从玄远的角度思考问题。庄子的日常活动多在僻乡，观察自然，了解民间疾苦，使他更多地从消解下层民众个体承受的苦痛与压力这一角度思考立论。

（二）庄子思想

一是"道"为宇宙的本源。道是不可描述、无所生灭的法则和依据，"在太极之先而不为高，在六极之下而不为深"，遗世独立。人的追求应当是与道同一，"天地与我并生，万物与我为一"；二是心灵的宁静不需要依赖外部事物的评价或制约，"若夫乘天地之正，而御六气之辩，以游无穷者，彼且恶乎待哉"。尘世有很多规矩，好像马掌一样戕害自然的本性；又有很多险恶，好像螳螂捕蝉一样需要时刻提防他人，有用者会像大树一样被砍伐，无用者会像不会叫的鹅一样被宰杀。这些都是太在意外界的限制，依赖他者的评价，而真正的自由就是能放下这一切纠缠而着眼鲲鹏般的视野；三是事物等价的相对论。在绝对的道面前，一切事物的价值都是独特的，都是等值的，不存在理论上的尊卑贵贱。

庄子固然承认道的绝对性，"夫道，有情有信，无为无形；可传而不可受，可得而不可见；自本自根，未有天地，自古以固存；神鬼神帝，生天生地。"庄子更关注的是个体如何认识和把握道，化作生命体验。世间生命有贫贱富贵、早夭长寿、跌宕顺利的分别，是不是低劣的应当被淘汰；世间评价有风马牛不相及之别，是不是有权势的力量议论就正确。这就是齐物论的两个着眼点，齐"物论"和"齐物"论。世间众生好比天地间的孔窍，"吹万不同，而使其自己也，咸其自取"，状态和价值取向不同是自然造化的结果。拘泥成形，所见就狭窄，"大知闲闲，小知间间；大言炎炎，小言詹詹"，以自然观之，都是以自己的成心判断世物，彼此辩论，输赢就能说明赢家就对吗，支持者多就能压制寡小吗，不站在全局之外，以超然各方利益的角度观之，就看不到事件的全面：

是亦彼也，彼亦是也，彼亦一是非，此亦一是非……是亦一无穷，非亦一无穷也。故曰莫若以明……道行之而成，物谓之而然。……物固有所然，物固有所可。无物不然，无物不可……圣人和之以是非而休乎天钧，是之谓两行。

其分也,成也;其成也,毁也。凡物无成与毁,复通为一。①

任何个体都不是徒劳来到世间的,都有自己的长处和短处,就是自己的特点,犹如世界没有两片一样的树叶一样,都是独一无二的,不可替代的,勉强做他人优胜之事不会带来幸福,"凫胫虽短,续之则忧;鹤胫虽长,断之则悲。"何况事物的分散,必定有所生成,成就另一新物,任何事物的生成,必定有所毁灭,从事物发展过程来看皆有其用、皆有其废,在这个意义上所有个体都是平等的,谁也不比谁有特权而不受规律制约。"天下莫大于秋毫之末,而大山为小;莫寿于殇子,而彭祖为夭。"万事万物的不同差别都是相对的,宋人卖不龟手药于买家,买家转手让不龟手药在战争中起作用,换个角度无用、小用的东西就会变成有用、大用的东西。所谓用处,重要的是适合自己,适合自然所赋予的资质,人生即使只有十年寿命,努力生活得有意义,也丝毫不逊色于有八百岁寿命的彭祖,而凡人在优越条件下往往会懈怠而虚度光阴,由"齐物"以推"物论",人睡在泥鳅住的地方,人会半身不遂,泥鳅则不会;人吃肉,乌鸦吃老鼠,都认为是美味;沉鱼落雁,在动物看来,难道不是见到怪兽一般躲起来吗,人却以自己的美丑标准以为美貌使生物自觉羞涩。对于勉强改变天然以就功利的做法,庄子以为这是对天性的戕毒,好比迫害马驹的撒欢自由,而鞭策它成为千里马一样,"毁道德以为仁义,圣人之过也"。庄子据此以推出等贵贱,"以道观之,物无贵贱",甚至得出齐生死之论,还借助梦蝶之说,得出近似科学的平行世界的认识,这对于民众罹于战火的祸难,具有悲天悯人的慰藉色彩。

据《齐物论》来看《逍遥游》,可知其中鲲鹏与燕雀的意象符号,燕雀嘲笑鲲鹏飞得又高又远,庄子说"之二虫又何知"。这并非是说应像鲲鹏一样志向远大,嘲笑小鸟近视,或者说鲲鹏不如蜩与学鸠知道满足当下,或者说不论鲲鹏还是小鸟飞多高都没意义,庄子不会在小大之辩中袒护任何一方,因为他认为大小都是不可替代的。庄子没有从功利的角度论述差异,他举出有小德慧者、宋荣子、列子的例子,都是为说明心灵的境界不能被客观存在所束缚,凡人安住在常识层面的价值与规范的世界,好比井底之蛙,将一孔之见当作世界之全,好比盲人摸象,站在每个个体的角度去理解全貌是无法得到真理的。同时代的逍遥都是形体的徘徊,而庄子追求的是精神的安闲自得,与现代意义的"自由"是不同的。想窥见真理全貌,就要改变自己的认知,进行准备和扩充,"今世俗之君子,多危身弃生以殉物,岂不悲哉!"不再"既自以心为形役",以世俗价值评价自身。"夔怜蚿,蚿怜蛇,蛇怜风,风怜目,目怜心",独脚兽羡慕毛毛虫有

---

① [清]郭庆藩撰,王孝鱼点校:《庄子集释》,50-70页,北京,中华书局,1961年。

很多脚跑得快,毛毛虫羡慕蛇没有脚跑得快,蛇羡慕风形体都没有却跑得快,风羡慕眼睛只须目力跑得快,眼睛羡慕心灵想象的空间无垠。卑微贫贱不是问题,症结在于因为贫穷而否定自己的全部,以至于不快乐,即便贫贱忧戚,亦能安贫乐道。

老庄摒弃世俗的名利而回归自然和本真,道家提供了后世士人身在朝野心在山林的境界,为个性发展和自由提供了申辩理论,清静无为的主张为后世所继承,提出创业之君必须与民休息的目标,与儒学的进取合并为君子人格。

第三节　佛家及其思想

佛教是世界三大宗教之一,其传播范围虽主要在东亚与东南亚,但信仰人口却是一切宗教中最多的。佛教不仅是宗教,其哲学思想也具备深刻内涵。佛教在两汉之际传入中国,经历了中国化的历程,逐渐在与儒道思想对话的过程中洗却了自己外来学说的身份,极大程度地化解了传统"华夷之辨"对佛教的歧视,又积极配合儒家和统治者对名教伦常的维护,走向三教融合。佛教对于传统中国思想和文化有着重要影响。

一、佛教的起源

在公元前6—前5世纪,南亚次大陆也发生了与中国类似的百家争鸣,与印度的种姓制度和地理环境相适应,古印度思想家往往有通过苦行以换取轮回后优等种姓的观念,在这种氛围下,佛陀继往开来地创建了佛的教诲,之所以是教诲而不是宗教,原因是在原始佛教中,尚未有大乘佛教对佛陀的神话崇拜以及三身佛三世佛的神话构建,原始佛教对神灵崇拜是排斥的。

乔达摩·悉达多就是释迦牟尼(意即释迦族的圣人),在四门游观见到人世的生老病死等苦难之后,能放弃刹帝利种姓以及迦毗罗卫国净饭王太子的身份,投身于人类的生命救赎中,是非常无私的精神。他在苦行之后认识到这不是解脱的办法,35岁在毕钵罗树(菩提树)下觉悟,初转法轮(讲授佛法之义),传教45年,在当时东西方的大哲中是唯一一位接收女弟子的哲人,奠定了脱离世俗、坐禅静思、仰给供养的共和众(僧伽团体)的生活方式,即戒律的雏形。佛在世时,经义未形成文字,他去世后弟子凭记忆结集,故而佛经首皆有"如是我闻"表明确有其事、言之有据之意,并交代时间、地点、事件、言论。

由于经典建立的基础是记忆,所以容易产生文字和文义的分歧,甚至于出现伪造经典;对经典的理解不同以及实践的区别,容易产生派别。佛灭百余年后僧团就围绕是否索取布施而分裂成上座派和大众派,他们对于世界是否是真实的,佛是人还是神等问题都有争议,两派逐渐演化成小乘佛教和大乘佛教,大乘佛教中的龙树、提婆创立的"自性空"和"假名有"的中观学说,肯定出世入世不二,影响最大。

二、佛教在中国传播

(一)两汉:佛教传入期

释迦牟尼逝世四百年中,弟子们对佛经有四次结集,最重要的是公元前250年孔雀王朝阿育王的结集,他把佛骨分成八万四千份,让僧团分九路传播,两个主要方向,一个是东南亚,是为南传佛教;另一个是中亚,是为北传佛教。霍去病于公元前121年俘获匈奴休屠王祭天金人,有学者怀疑是对佛的崇拜,而且在西域和匈奴盛行。公元前2年,大月氏王使伊存口述《浮屠经》给西汉一位博士弟子,视为佛教传入中国内地之始。东汉明帝夜梦金人,遣使往天竺或月氏求法,请得僧人来洛阳译经,建白马寺。总体上两汉之际佛教在内地有了初步的传播。汉桓帝时,有安息国安世高在洛阳译经,有《安般守意经》《十二门经》等著作,系统介绍了小乘经典,行禅数之学,用四谛五蕴十二因缘解释教义,用意念集中于呼吸,守持意念,专心而不考虑他事,依附于道教的吐纳仪式进行宣传。后来中国人也开始编纂佛学著作,如汉末编辑的《四十二章经》,最著名的是《牟子理惑论》,运用儒道经典印证佛教,维护佛教非夷狄之术,修道德仁义是大孝大仁等,力求弥合佛学与本土学说的矛盾。

(二)魏晋南北朝:佛教大发展时期

佛教在魏晋南北朝时期获得了迅速的发展,在乱世给试图摆脱苦难的民众以念想,民众出家为僧又能逃避赋役;这一时期儒学低微,玄学风气喜欢思辨玄远,佛教的因明学给中原的士大夫们以极大的新鲜感,甚至盲目地崇拜与欢迎。

支道林、许掾诸人共在会稽王斋头。支为法师,许为都讲。支通一义,四坐莫不厌心。许送一难,众人莫不抃舞。但共嗟咏二家之美,不辩其理之所在。[①]

故而佛教大兴,所谓"南朝四百八十寺,多少楼台烟雨中",甚至有梁武帝舍身出家,被臣下巨款赎回之事,北朝的佛寺更是南朝的十倍、百倍之多。十六国多个政权

---

① [南朝宋]刘义庆著,(南朝梁)刘孝标注、余嘉锡笺疏:《世说新语笺疏》卷上之下《文学第四》,198页,北京,中华书局,2011年。

以抢夺高僧鸠摩罗什为荣,鸠摩罗什借势大规模翻译佛经。

魏晋南北朝是佛教逐步中国化的时期。佛典翻译最初是借助中原学术进行格义,如以"无"解释"空",这容易埋没经典本义。在实践上,本于印度佛教教义,最初高僧们是反对给世俗君主行礼跪拜的,如东晋净土宗创始人慧远作《沙门不敬王者论》;对于中国以为根本的孝悌之道,高僧们并不如此注重,比如剃度和不娶妻生子问题就有争议。儒道的精英多次驳难,以为佛教乃夷狄之教,又有范缜作《神灭论》抨击佛教的灵魂不灭思想。中土僧众开始结合中国现实为佛教发展开辟道路,如释道安说,"不依国主,则法事难立",指出佛教要依附于统治者。孙绰《喻道论》、刘勰《灭惑论》把出家出世,向大孝祈福方向或者老子弃俗反真方向解释。从中国非天下唯一文明地区,以及蛮夷可以通过文化变成中华这种当时士人可以接受的方式来抵抗夷夏之辨。通过理论反思应对神灭论,如释慧琳作《白黑论》否认精神不朽,向原始佛教回归。

佛教的中国化过程其实伴随着儒释道的冲突与融合,道教有老子化胡说,佛教人士就制造《老子大权菩萨经》等书,说老子、孔子都是佛祖弟子、菩萨化身。另外,有识之士开始寻找三教沟通、和谐相处之方。

魏晋南北朝时期,佛教发展出"六家七宗"的思想区别,鸠摩罗什弟子僧肇作《肇论》,予以批判扬弃。六家七宗反映了乱世环境下高僧对教义的分歧,"自我的失落感强化了人们对'因缘'说和'无我'说的兴趣,然而又必须在现实世界中找到一个安身立命之所,这就使'即色'和'无心'等思想更易于被人们接受。"[①]所以当时和后世不断有高僧前往中亚甚至天竺取经,其实就是确认经典原文原义以便理清汉佛学各宗派的分歧。东汉三国时小乘经典已经传入,但大乘经典很快传入并翻译,如鸠摩罗什翻译的《法华经》《般若经》《金刚经》《维摩诘经》《百论经》《大智度论经》等,玄奘取经主要是为学习纯粹的佛学知识,再重新校对翻译经典。

(三) 唐代:佛教鼎盛期

唐代佛教臻于鼎盛,以武则天为代表的多位皇帝对佛教是宽容甚至鼓励的,唐代佛教的宗派很多延续至今,如三论宗、唯识宗、天台宗、华严宗、净土宗、律宗、密宗、禅宗。

三论宗创始人是隋朝的吉藏大师,主张"二藏三法轮",根据声闻藏和菩萨藏两种

---

① 杜继文主编:《佛教史》,117页,南京,江苏人民出版社,2006年。

佛学入门方式进行教派区分"判教",不离性空谈假有。

唯识宗,亦名慈恩宗,玄奘大师创立,提出第八识"阿赖耶识"和"转识成智"的主张,唯识宗是最具理论深度和逻辑思维的宗派,但脱离群众,所以后世未能延续。

天台宗,创立者智顗大师,以"一念三千"(一念可以影响三千世界)、"一心三观"(性空、幻有、中道统一于一心)为主张。

华严宗,创立者法藏大师,为武则天说解《华严经》,成《华严金师子章》,用总相、别相、同相、异相、成相、坏相六相圆融说明整体和部分的关系"无碍",为程朱理学"理一分殊"提供了思想资源。

净土宗,创立者是东晋慧远大师,追求往生西方极乐净土,只要勤念"南无阿弥陀佛"就可往生,简易直接,后来与禅宗顿悟思想合流,极受民众欢迎。

律宗,创立者唐代道宣,以持戒律闻名。

密宗,源自印度密教,唐开元时印度僧人善无畏、金刚智、不空,引进提倡手印和法术,比如著名的六字真言"唵、嘛、呢、叭、咪、吽",乃是"如意宝,莲花"的意思,据说有封闭六道轮回的功效,所以《西游记》中孙悟空没有跳出五指山,是因为被封锁了六道变化的缘故。又如莲花指就是手印,表示自性清净无染。

禅宗的影响最大,被认为是佛教中国化的代表。

禅宗是中国佛教的一个新阶段,以专修禅定为主,追求止息杂虑。南朝末年由天竺僧人菩提达摩创立,慧可、僧璨、道信、弘忍相继传授,六祖慧能开创新说。慧能站在中国本土思想基础上,指出众生皆有佛性,与佛没有绝对界限,只在于迷还是悟,一旦明心见性,就能顿悟成佛。

禅宗是佛教中国化的最典型代表。禅宗有漫长的谱系,自释迦牟尼拈花示意摩诃迦叶,作为不立文字、明心见性的禅宗创立的标志,在西土传二十七祖,二十八祖菩提达摩在南朝梁时一苇渡江,于嵩山少林寺修行,少林寺成为后世禅宗的祖庭。达摩到五祖弘忍中土传承脉络基本属实,六祖慧能本是岭南的文盲,但有对佛教虔诚的信仰,在回答弘忍带有地域歧视色彩的试探时,他精彩地表达了佛性具有普遍性的特点,令弘忍惊奇。

大师遂责慧能曰:"汝是岭南人,又是獦獠,若为堪作佛?"惠能答曰:"人即有南北,佛性即无南北;獦獠身与和尚不同,佛性有何差别?"

此言不仅是佛教众生平等的体现,还表明慧能对"一阐提能否成佛"这个佛教东来以后的经典问题的中国式回答,契合中国传统思想中"圣凡质同"的倾向。

弘忍筛选衣钵继承人,僧众看好的"教授师"神秀作偈"身是菩提树,心如明镜台,时时勤拂拭,莫使有尘埃",弘忍认为未见本性,而慧能作的偈语"菩提本无树,明镜亦非台。本来无一物,何处有尘埃?"得到了弘忍的认可。于是弘忍遂密付慧能衣钵及《金刚经》义,使其避祸岭南。这两个偈文反映了禅宗南宗顿悟和北宗渐悟的区别,神秀的理论其实比较符合原始佛教的实践,通过坚忍心性远离欲望,实现心灵平静。慧能抓住了神秀及以往修炼方式的理论漏洞,而这漏洞也是原始佛教的固有张力,就是既然一切皆空,那么所谓的性空本身也应当是空的"本来无一物",再勤奋刻苦的修行,本身实际也是空的,既然如此,反不如无所执着:无念(念但不执着于念)、无相(承认性空幻有但不执着区分)、无住(不滞留于事物),这就把传统佛教很大部分的功夫论和实践都化解于无形,并促进了怀着出世的心做入世的事的观念。既然无所执着,就不立文字,化解语言对理解的阻碍,故而禅宗机锋公案往往多见,如宋代释道原在《景德传灯录》中说:"百丈竿头不动人,虽然得人未为真。百丈竿头须进步,十方世界是全身。"俗语"百尺竿头更进一步"就由此而来,并非是在竹竿顶端物理距离更向上的意思,而是能如"指月之指"一般从指向看见所指的月亮,不拘泥于自然社会框架,而是"顿悟",顿悟出物理之外质变性的道理。

慧能隐居十余年,在广州的法性寺分辩风动幡动,受到印宗法师的推崇并为慧能剃度拜其为师。所谓风动或幡动都是停留在现象界,执着于不同的"假有"。慧能说"心动",既包括现象层面的意识察觉到客观事物的变化一面,在深层次更是对性空幻有的体会,当意识注意到事物时,就构成了一个主观体会到的有意义的世界。在这点上,禅宗为心学尤其王学的兴起提供了资源。

慧能以后,禅宗由神会发展到北方,逐步衍生出沩仰、临济、曹洞、云门、法眼五宗。禅宗把禅定引向见性成佛,故而禅宗的生活不是书斋式或者遗世独立的,而是"担水砍柴皆能悟道",直至内心化解戒律经典的权威和约束,甚至渐渐发展出"佛挡杀佛""酒肉穿肠过,佛祖心中留""酒色财气不挡菩萨路""放下屠刀立地成佛"的理论和实践,对于打破权威、解放个性具有积极意义,加强了佛教对民众的吸引力,但某种程度也使得某些道德败落现象发生,拉低了佛教信仰的门槛。禅宗配合净土宗成功地使佛教在中国长成参天大树,它们符合传统人性论中"人人都能成为圣人"的思维习惯,以人皆有佛性为基础,"不悟即佛是众生,一念若悟,即众生是佛。"这已经结构性改变了佛教的理论起点;简单易行的"体—用"结构不排斥世俗生活,可操作易上手,立即成佛的说法又充满了诱惑力,故而佛教虽在发源地印度衰微,却在邻居中国开花结果成为第二故乡,无疑是历代高僧适应本土化努力的产物。

禅宗的核心经典是《六祖坛经》,传统上认为该经是慧能所说,由其弟子法海记录整理而成。《六祖坛经》的核心思想,一是不立文字,即要体悟言语和文字以外的意义,好比指月之指,不可执着于手指,应当看到手指的指向所在。好比"百尺竿头更进一步",并非欲人无限攀高,而是在高处尽头体悟道理;二是教外别传,即通过独特的参禅方式,比如当头棒喝,言不对题等方法,非正规教学来以心传心。三是直指人心,即一切参禅都是为了明心见性、迷途知返。四是见性成佛,即通过顿悟而非渐悟的方式,一念觉悟,即是佛途,放下屠刀,立地成佛。因为人性、佛性本然状态是相同的,只要自己能觉悟,凡人也可以成为圣者。这是符合中国传统思想人皆可以为尧舜思维结构的。

(四)宋至清:佛教本土化时期

从宋至清,佛教的理论体系和门派趋于稳定,并无更多思想创新。儒释道在思想上合流,在社会教化中互相赞襄;净土宗思想对于宋以后的民间结社甚至白莲宗等民间信仰有巨大推动作用;藏传佛教在宋以后民族关系上扮演着举足轻重的作用。这三个趋势是宋以后佛学发展的显著特征。

宋初官府多次派遣僧人游历西域,宋太宗时设立译经院,整个北宋翻译了近三百部佛籍,三教合流的趋势日益明显。大相国寺的住持解释说现在佛不拜过去佛以讨好赵匡胤,换取政权对佛教的支持;奉敕撰《宋高僧传》的赞宁提出佛法据王法立的主张;北宋高僧契嵩、智圆等强调儒释表里,修身以儒,治心以释,履行忠孝就是积善。庐山圆通寺居讷禅师善兵法,增补《孙子魏武注》。"宋代佛教引进'天下国家'和'忠君忧时',开辟了古代佛教爱国主义和民族主义一途。"[①]南宋初金兵攻占杭州等城市,僧侣诵经以保国安民。宋代禅宗还编纂灯录,说明本宗师承关系,史论并重,反映以心传心的禅宗思想;编纂语录,如赜藏的《古尊宿语录》集唐宋慧能后学大宗南岳一派36家禅师语录;编纂"公案",如临济宗的克勤编《碧岩集》;以颂、垂示、著注、评唱等形式,表述大德言行范例。宋代的净土信仰和禅宗、天台宗结合,以念佛和愿力的内外结合,往生净土为内容,在民间有极大市场,民间的水陆道场就是其表现,有着超度

---

① 杜继文主编:《佛教史》,310页,南京,江苏人民出版社,2006年。

亡灵、孝养父母、往生净土等多功能。

元代萨迦派有极大权力，喇嘛出任帝师，为新帝受戒，管理全国佛教事务，有极高的特权，著名者如盗窃宋代陵寝的杨琏真迦。元代江南地区流行白莲教和白云宗，在实践上坚持菜食，理论上以为心的尘染程度决定了托生净土的程度。

明代三教合一趋势向民间深入发展，通过善书、宝卷的形式将伦理规范和业报联系起来，有广泛影响。明宪宗的《一团和气图》反映的"虎溪三笑"：陶潜、陆修静、慧远三位儒释道代表晤面一处，反映了三教合一的倾向。不过佛教的"入世"倾向日益加深，更多参与政治，明末四大高僧——云栖袾宏（莲池大师）、紫柏真可、憨山德清、蒲益智旭游说士大夫以至于皇室，扩大佛教影响力，推动民间法会的秩序管理，救济弱势群体，提倡孝道。明清之际很多士人剃度为僧以表示对故国的追思，对文化的信仰，以及对清朝的反抗，如方以智、吕留良等。

三、佛教理论思想

佛教分为小乘（Hinayāna）、大乘（Mahāyāna），乘就是交通工具，佛教的目的就是解脱即"彼岸"，故而小乘好比独木船只能装一个人，大乘犹如豪华巨轮，可以"普度众生"。根据众生"根性"以及与佛法的契合程度，有三种解脱法门：声闻乘、缘觉乘、菩萨乘。

（一）小乘佛教

声闻乘就是听到佛讲的道理，即通过教学觉悟，觉悟的方法就是四谛说。

苦谛。一切生命都有生、老、病、死、爱别离、怨憎会、求不得、五取蕴八苦。生理上的种种局限和不便，心理状态的捉摸不定，"人有悲欢离合，月有阴晴圆缺，此事古难全"，这是生命的局限，是难以避免的。而生理心理上的不如意，又可以概括成生命的感觉和知觉器官的作用，即"五取蕴"：色（名色，存在本身）、受（能接触、感知名色）、想（通过感知认识事物的综合特征）、行（根据感知的状态去行动，比如饥食渴饮）、识（分别心、比较心，比如见异思迁、喜新厌旧）。因为八苦的存在，所以从宏观来看，生命就是不稳定的由生而灭的过程，也就是从生命的不完美得出佛教四法印中三大法印，法印就是判教标准。第一法印：诸行无常。万事万物都存在生、住、异、灭的生存规律，无有幸免，即便佛教生命系统中的天人，尽管"天上一日，人间一年"，也无法避免这个规律。从这个角度看，原始佛教是反对偶像崇拜的，后来民间对佛像的偶像崇拜是宗教发展壮大的必然趋势。由诸行无常推出第二法印：诸法无我。既然没有恒定不变的事物，所以也就没有恒定不变的自性。所以后世对佛教灵魂不灭、投胎转世的看法本来是错误的。因此得出第三法印：有漏皆苦，就是不完美的存在都是有局限的。

集谛。就是产生苦的深层原因。这里引入佛学的因果、轮回两概念。佛教认为人生是永无止境的一条直线，一生只是直线上的一条线段。每条线段结束后会进入下一线段，永无止境。在此生根据身、口、意三业，思想和行动做的事情的善恶都会有一个数据，就是"业"，好比种子，种豆得豆，此世的"作业"可能会此世报，也可能会来世或更下次的来世报，如俗语云"善有善报，恶有恶报，不是不报，时候未到"。身、口、意三业容易受到贪、嗔、痴三毒的蛊惑，犯下恶业。善业、恶业在此生结束后会被总体估量，分配进入下一世的角色，角色在"六道"（天道、人道、阿修罗道、地狱道、饿鬼道、畜生道）中选出，看过重庆大足石刻的《报父母恩重经变相》和《地狱变相》会有触目惊心之感，可见轮回说对于百姓信仰影响之深。

灭谛。解脱的目的是消除烦恼果报，灭苦。实现形式就是"涅槃"。涅槃分为有余涅槃和无余涅槃，都指的是不受果报轮回的束缚，不生不灭的状态，并不是死亡的意思，佛教更反对自杀，自杀是作恶业仍受果报，入不了涅槃。由此得出第四法印，即涅槃寂静。

道谛。实现灭谛的方法，主要是八正道和戒、定、慧三学，八正道是正见、正定、正慧、正精进、正思维、正语、正念、正命；戒就是戒律，俗知的猪八戒的八戒就是戒杀生、戒偷盗、戒淫、戒妄语、戒饮酒、戒着香华、戒卧好床、戒非时食；定就是禅定，结跏趺坐；慧就是智慧，通过无我的智慧来观察世间名色，理论上学习世俗知识也属于慧的外延。

在大乘佛教看来，声闻乘就是小乘，只能解脱自己，修成正果就是罗汉，品阶最低，比如《西游记》中的沙和尚最后成正果就是金身罗汉。

（二）大乘佛教

菩萨乘。菩萨就是"觉有情"的意思。大乘佛法就是以普度众生为志愿的菩萨们主要通过"六度""四摄"来救济世人。六度就是度己度人的方法，"度"的梵语谓"波罗蜜多"，涵义是"从此岸度到彼岸"，使众生脱离苦海，了脱生死，圆证佛果。"六度"即为布施、持戒、忍辱、精进、禅定、智慧；"四摄"就是四种引导众生皈依佛的方法，即布施、爱语、利行、同事。《贤劫经》说佛具体度人的方法有八万四千法门,观《西游记》唐僧经常说"与人方便",就是说以百姓喜闻乐见的形式来度人。由此产生的诸如法术、变化的说法,也是与人方便的说法,比如千手观音,并非说一个人长一千只手,而是说菩萨能以百姓喜闻乐见的方式来助,比如见义勇为,就会说这就是菩萨下凡。大乘佛教中由龙树、提婆建立的中观学说影响最大,如《金刚经》中的经典名句:"一切有为法,如梦幻泡影,如露亦如电,应作如是观",一方面承认现实的各种现象是时刻存在的,是多彩缤纷的,是具备人理的重要意义的;另一方面又说明世间现象时刻都在运动不息,旧貌新颜,转瞬即逝,犹如梦幻,并非真实,应当统一和辩证看待世间法的这两个方面。

玄奘翻译的《般若波罗蜜多心经》是了解佛教基本概念和理论体系基础的入门经典。

观自在菩萨,行深般若波罗蜜多时,照见五蕴皆空,度一切苦厄。舍利子,色不异空,空不异色,色即是空,空即是色,受想行识,亦复如是。舍利子,是诸法空相,不生不灭,不垢不净,不增不减。是故空中无色,无受想行识,无眼耳鼻舌身意,无色声香味触法,无眼界,乃至无意识界,无无明,亦无无明尽,乃至无老死,亦无老死尽。无苦集灭道,无智亦无得。以无所得故。菩提萨埵,依般若波罗蜜多故,心无挂碍。无挂碍故,无有恐怖,远离颠倒梦想,究竟涅槃。三世诸佛,依般若波罗蜜多故,得阿耨多罗三藐三菩提。故知般若波罗蜜多,是大神咒,是大明咒,是无上咒,是无等等咒,能除一切苦,真实不虚。故说般若波罗蜜多咒,即说咒曰:揭谛揭谛,波罗揭谛,波罗僧揭谛,菩提萨婆诃。①

《般若波罗蜜多心经》介绍了五蕴皆空、色空不二、四法印、十二因缘、十二处六尘六识十八界、四谛等说,不仅反映了概念,也反映了概念在实践中的状态,以及无上正等正觉的目的。

(三) 佛教对中国文化的影响

文化上佛教带来的影响十分丰富,刹那、世界等许多词汇都是佛教传入后产生的。佛家经典有很多传说故事,也丰富了中国的神话体系,在《西游记》中,我们看到天庭儒释道的合一。在艺术创作上,佛教兴起带来的寺、塔、石窟的建筑样式,敦煌莫

---

① 陈秋平译注:《金刚经·心经》,140~154 页,北京,中华书局,2010 年。

高窟壁画的飞天等都丰富了传统艺术,佛教带来了中国不曾注重的立体绘画雕塑风格。观念上佛教的轮回和解脱思想深入人心,对于维护社会稳定起到作用。

虽然历史上有"三武一宗"的灭佛运动,但都是国家与佛教在经济资源上的争夺,最终没有在根本上触动佛教的普及和宣传。菩萨崇拜,尤其是观世音菩萨及其女性化,为古代女性禁闭的生活增添了信仰以及外出活动的机会。佛教慈悲为怀的精神鼓励人们从更高的角度体悟人生和救济弱小,引用楼宇烈先生的话就是"觉悟人生,奉献人生"。

※ **思考提要**
1. 谈谈儒家的思想及其影响。
2. 谈谈老庄的思想及作用。
3. 讲一讲佛教的理论及对中国的影响。

本章参考文献

[1] 阎步克. 士大夫政治演生史稿. 第三版. 北京:北京大学出版社,2015.

[2] 陈鼓应. 老子注释及评介. 修订增补本. 北京:中华书局,1984.

[3] [晋]皇甫谧撰. 刘晓东校点. 高士传. 卷上. 沈阳:辽宁教育出版社,1998.

[4] [清]郭庆藩撰. 王孝鱼点校. 庄子集释. 北京:中华书局,1961.

[5] [晋]陈寿撰. 卢弼集解. 钱剑夫整理. 三国志集解. 上海:上海古籍出版社,2012.

[6] [南朝宋]刘义庆著. [南朝梁]刘孝标注. 余嘉锡笺疏. 世说新语笺疏. 北京:中华书局,2011.

[7] [南朝]慧皎撰. 汤用彤校注. 高僧传. 北京:中华书局,1992.

[8] 葛兆光. 中国思想史. 上海:复旦大学出版社,2001.

[9] 杜继文主编. 佛教史. 南京:江苏人民出版社,2006.

[10] 金观涛,刘青峰. 中国思想史十讲. 北京:法律出版社,2015.

[11] 陈秋平译注. 金刚经·心经. 北京:中华书局,2010.

[12] [唐]慧能著. 郭鹏校释. 坛经校释. 北京:中华书局,1983.

[13] [宋]释道元著. 妙音,文雄点校. 景德传灯录. 卷10. 成都:成都古籍书店,2000.

[14] [德]卡尔·雅斯贝斯. 历史的起源与目标. 魏楚雄等译. 北京:华夏出版社,1989.

[15] [汉]班固撰. [清]王先谦补注. 汉书补注. 卷88. 上海:上海古籍出版社,2012.

[16] [汉]司马迁撰. [日]泷川资言考证. 史记会注考证. 上海:上海古籍出版社,2015.

[17]　金观涛,刘青峰.中国思想史十讲.北京:法律出版社,2015.
[18]　[唐]韩愈撰.马通伯校注.韩昌黎文集校注.上海:古典文学出版社,1957.
[19]　李学勤主编.十三经注疏.北京:北京大学出版社,1999.
[20]　楼宇烈主撰.荀子新注.北京:中华书局,2018.
[21]　鲁迅.鲁迅全集.北京:人民文学出版社,2005.
[22]　[魏]王弼著.楼宇烈校释.王弼集校释.北京:中华书局,1980.
[23]　陈寅恪.陈寅恪集.北京:生活·读书·新知三联书店,2001.
[24]　[宋]陆九渊著.钟哲点校.陆九渊集.北京:中华书局,1980.
[25]　[明]王守仁撰.吴光等编校.王阳明全集.上海:上海古籍出版社,1992.
[26]　[宋]张载著.章锡琛点校.张载集.北京:中华书局,1978.
[27]　钱穆.朱子学提纲.北京:生活·读书·新知三联书店,2002.
[28]　[清]张廷玉等撰.明史.北京:中华书局,1974.
[29]　刘笑敢.庄子哲学及其演变.修订版.北京:中国人民大学出版社,2010.
[30]　[清]章学诚著.叶瑛校注.文史通义校注.北京:中华书局,1985.
[31]　[宋]朱熹撰.朱杰人等主编.朱子全书(六).上海,合肥:上海古籍出版社,安徽教育出版社,2002.
[32]　[元]脱脱等撰.宋史.北京:中华书局,1977.
[33]　[清]谭嗣同.仁学·二十九.北京:华夏出版社,2002.
[34]　[唐]房玄龄等撰.晋书.北京:中华书局,1974.
[35]　葛兆光.古代中国文化讲义.北京:人民文学出版社,2020.
[36]　李锐.新出简帛的学术探索.北京:北京师范大学出版社,2010.

第三章 中国传统经学

经学是中国传统文化的重要组成部分,因我国历代王朝把经书作为治国理政的依据,统治者将其视为"圣人之作",有着重要的指导意义,汉代就有"以《禹贡》治河,以《洪范》察变,以《春秋》决狱,以三百五篇当谏书"的传统。

第一节 经学发展脉络

"经"在传统学术中排在首位,是"四部"之首。历代治国理政、制定典制都是以经典作为立论的依据甚至是模型。传统上被奉为经典的就是儒家整理的"六经",经过先秦儒学的教育实践和传播,作为夏商周三代政典的"六经"成为学者共享的教材,以及阐发理论的库藏。经过大一统皇朝的扶持,经典中支持名教伦理的成分得到确认并推广,奠定了历代尊经的局面。朝野学者对于经典意义的阐发,或是从字形字义的训诂角度入手,或是从字句的引申意义入手,构成了不同时期经学发展的面貌。与哲学不同,经学依赖于经典文献,不能随意阐发思想,由于文本的体裁和内容限制,需要大量的文献学基础,与西方奉宗教经典为经典不同,中国传统经学并不信奉人格神,而是推重上古三代的治理典范,认为典范背后存在普遍的真理——"道",追求上古三代和谐秩序在现实的开展和恢复。故而中国传统经学体现出浓厚的人文关怀、坚实的文献训练功底和在此之上的形上思辨。

一、"经"与"经学"的含义

经,从《说文》"织从丝"来看,原指织机的经线,引申为恒常不变的意义。在战国晚期,诸子都把某些公认的以及自己学派独尊的重要文献用经来称呼,写在简策上,且这些文献用的竹木长度要比其余类型的文献长很多,凸显重要。儒家最早推崇文献为公共经典,就是熟知的"六经",这些文献在帝制时期被统治者奉为不可置疑的权威。

经学就是对"六经",即《易》《书》《诗》《礼》《乐》《春秋》六种文献研究的学问。经学是儒学的重要组成部分,不同于哲学、艺术、文学,主要从训诂或者诠释经典的角度得出文献意义上的真实,以及致用意义上的求善,是一门小到锻炼智力记诵,大到修身养性、治国理政的独特学问。

二、经学发展阶段

(一) 六艺与孔子

孔子以前经典没有"经"的名称,那时只有作为官方档案的文献,以及以这些档案文献为教材的贵族技能教育既包括阅读的"六经",也包括实践上的礼、乐、射、御、书、数,二者是统一的。东周时期礼坏乐崩,官方政典流传至民间,时代的浪潮注定要推出整理典故之人,那就是孔子。

孔子对六种文献进行删定整理。"六经"形成后,由于春秋时代礼崩乐坏,文献散失并下沉民间,孔子对六经有整理保护之功,根据《汉书·艺文志》《史记·孔子世家》记载,孔子作十篇《易传》,编订《尚书》篇次,删定古诗,口授《士丧礼》,作《春秋》。原来官方垄断的政典,现在经过修订变成了孔子教学的课本。根据师门的口耳相传,到西汉由大儒们用隶书写定成书,是为今文经,加上躲过秦火的出土文献,是为古文经。

(二) 焚书与经典

秦始皇统一六国后,为了思想文化上统一,采纳李斯"焚书"建议,"非秦记皆烧之。非博士官所职,天下敢有藏诗、书、百家语者,悉诣守、尉杂烧之。有敢偶语诗书者弃市。以古非今者族。吏见知不举者与同罪。令下三十日不烧,黥为城旦。"[①]秦始皇的焚书使大量典籍遭到浩劫。由于书籍分为"六经"、百家语(子书、传记)、史记三部分,就法令看,《易经》以其卜筮特点而保全,《诗经》《尚书》因有焚毁令必然有很大损失,仅有少部分被藏于墙壁或者靠记忆留存,故而导致了《诗经》《尚书》流传版本的区别,《春秋》以其原本史书也被禁毁,故而今"三传"经文文字多有区别,《易传》《礼记》、"三传"因为是百家语,容易以古非今,所以可能在不同程度也有缺失。这种文本口头记述和藏之屋壁的区别,奠定了西汉今古文经的区别,但这种区别在于个别字句以及传授渊源的问题,并未形成旗帜鲜明的尊周公的古文经学派和尊孔子的今文经学派。

---

① [汉]司马迁撰,(日)泷川资言考证:《史记会注考证》卷6《秦始皇本纪》,356~357页,上海,上海古籍出版社,2015年。

(三) 汉代经学

由于秦代焚书和早期书籍流传保存制度不完备,逐渐形成了从口传到隶书写定的经典文本及其研习学派——今文经与今文经学,以及在考古发掘中出土的经典文本及其研习学派——古文经与古文经学。前者是立于太常而置博士弟子的诸学派:《诗》有齐、鲁、韩三家学,《尚书》有欧阳、大小夏侯三家学,《仪礼》有大、小戴,《易》有施、孟、梁丘、京氏,《春秋》有严、颜二家学;后者是未立于太常而行于民间的《毛诗》、孔安国传壁中《尚书》《逸礼》《周礼》《费氏易》和《左氏春秋》。经学与仕途相关联,"士病不明经术,经术苟明,其取青紫如俛拾地芥耳"。与维护利禄相适应,经学出现高度的门户垄断以及繁芜的章句说解,"说五字之文,至于二三万言。"汉儒另一特点就是利用天人感应议政,自董仲舒建立天人感应论以来,以灾异议政成为汉儒普遍的现象。先后有眭孟、盖宽饶、李寻等以灾异劝说皇帝禅让,又有刘向、谷永等以灾异劝诫皇帝戒备外戚专权,《汉书·五行志》是这种神学观的集中体现,刘歆的五行相生的五德终始说为新莽和东汉提供了神学基础,此后历代辨明本朝的合法性时都是在五德终始说理论下,汉为火德的基础上推演的,俗知的"奉天承运皇帝"中的"运",便是汉儒的政治贡献。东汉末年经学大师郑玄,打破师法家法的门户,遍注群经,奠定了后世经解的训诂学基础。

(四) 魏晋南北朝至隋唐的义疏学和《五经正义》

魏晋南北朝时期出现了把经书编排方式从以往的经传各自单行到合并编排的情况,以适应阅读方便的需求,也改变了经书的面貌。同时出现了罗列众说,按以己意的"集解"解经方法,以及从文献内部逻辑探索义理的科段、义疏方法,内容上有引入佛老思想把经书进行玄学解释的倾向。

王肃对郑玄的解经方式和思想发起挑战,切于现实政治需要和简便易行的需求,两派针对庙制、郊祀天地、丧期、婚期等重要礼制和现实问题有很大分歧,他们的经说各有道理,成为后儒在训诂解经方面的两大来源。

南北朝的分裂也造成经学传承和风格南北的差异,如《诗经》,南朝主《毛传》,北朝主《毛传》《郑笺》;"三礼",南北同遵郑玄注;《周易》,北遵郑玄,南遵王弼;《尚书》,北遵郑玄,南遵伪书孔安国传;《春秋》,北遵服虔注《左传》,何休注《公羊传》;南遵杜预注《左传》。北学主要是汉代师学家、学传统,南学则主要是魏晋时中原的学术创新。

隋代刘炫逐一驳斥前人义疏,认为学者不应自设义例解经,因为所有义例都不能自洽,故而经书无义例。唐初基于统一学术和思想的目的,修订《五经正义》,确立权威的注与疏的标准,作为科举考试的必修书,定下"疏不破注"的传统,对经文的解释只能在注疏规定的范围内进行,约束了经学研究的发展。

(五)宋代注疏学的发展

随着经书研究中解释趋向日益琐碎繁密,学者逐渐怀疑后人注释偏离经典本意,从中唐开始的疑经运动到宋代达到高峰,学者怀疑传承下的经书的字句、篇序、事件多应非"圣人"原意,于《易》以为十翼非孔子所作乃后儒窜入,于《书》怀疑伪孔安国传及序,于《诗》改易甚至删略自认为淫逸的篇次,于《周礼》《仪礼》怀疑非周公所作,改写《大学》排序。于《春秋三传》怀疑作者非左丘明、公羊高、穀梁赤。推崇发挥《春秋》的尊王攘夷思想,形成脱离章句传说直接以胸臆解经的研究风气,以"我注六经"为特征的宋学风格结合八股取士,造成"束书不观,游谈无根"的空疏学风。另一方面以意说经的风气孕育了理学,标志性的"四书"的合集和注释,迎合了道学贯通形上形下世界的要求。

(六)元明时期的经学

元仁宗时将程朱理学的结晶——"四书"列为科举必考内容,"五经"降为选考,"四书"的官方地位首次高于"五经"。明代则完全抄袭朱熹及其门徒的经解著作为《四书大全》《五经大全》,《周易传义大全》用朱熹《周易本义》,《书传大全》用蔡沈《书集传》,《诗传大全》用朱熹《诗集传》,《礼记集说大全》用陈澔《礼记集说》,《春秋集传大全》用胡安国《春秋传》和汪克宽《胡传附录纂疏》。不再在科举考试中承认古注疏,这种权威化的发展趋势培育了大批遵从理学、维护纲常的无个性的士子,在《儒林外史》中就可看出范进等不识典故的迂腐学人。继而明中叶兴起通过字音字义考证经典原意的风气,古注疏得到重视,至清代考据学达到顶峰。同时明代中晚期博学和收藏风气促进了伪书的制造。

(七)清代经学的实事求是之风

清代专制主义空前强化,康雍乾时期的"文字狱"对言论表达是极大的压制,官府组织的编书工程一方面使得既有知识得以整理,另一方面越轨的著作被禁毁。在学界,顾炎武开启了"经学即理学"以考证经典代替驰骋心性的空谈学风,到乾隆、嘉庆时期考证风气蔚为大观,提倡由文字音韵训诂之学重新理解经典,不采汉以后说解,因其距离经典时间遥远并不真实,所谓"凡文之义,多生于形与声。汉人去古未远,其所见多古字,其习读多古音,故其所训诂要于本旨为近,虽有失焉者,寡矣"。"由文字以通乎语言,由语言以通乎古圣贤之心志。"其具体方法,梁启超指出:

  正统派之学风,其特色可指者略如下:一、凡立一义,必凭证据;无证据而以臆度者,在所必摈。二、选择证据,以古为尚。以汉唐证据难宋明,不以宋明证据难汉唐;据汉魏可以难唐,据汉可以难魏晋,据先秦西汉可以难东汉。以经证经,可以难一切传记。三、孤证不为定说。其无反证者姑存之,得有续证则渐信之,遇有力之反证则弃之。四、隐匿证据或曲解证据,皆认为不德。五、最喜罗列事项之同类者,为比较的研究,而求得其公则。六、凡采用旧说,必明引之,剿说认为大不德。七、所见不合,则相辩诘,虽弟子驳难本师,亦所不避,受之者从不以为忤。八、辩诘以本问题为范围,词旨务笃实温厚。虽不肯枉自己意见,同时仍尊重别人意见。有盛气凌轹,或支离牵涉,或影射讥笑者,认为不德。九、喜专治一业,为"窄而深"的研究。十、文体贵朴实简洁,最忌"言有枝叶"。①

  考据学又称"朴学",清朝如顾炎武、阎若璩等学者的学术态度尚开放,兼采汉学、宋学,但目的在于经世致用;到乾嘉时期,考据学分为以惠栋代表的吴派和戴震代表的皖派,确立了宗汉求是的治学目的,以及从小学、名物、典制考证入手的方法论;到清晚期边疆史地之学兴起。考据学的意义在于建立了类似近代科学的方法论和研究态度,系统整理了古代典籍的音读、字形字义、版本校勘等情况。

  在晚清由于康梁变法的需要,以《新学伪经考》《孔子改制考》为标志,出现了在义理和治学方法上截然对立的今文学派和古文学派,传统的说法是今文祖孔子,是经学派,以《王制》为主,以《春秋》为正宗,且信纬书,旨在发挥义理;古文祖周公,是史学派,以《周礼》为主及正宗,斥纬书为诬妄,重在考据事实。这种义理与考据、经学与史学的分门别户的对立,是晚清的现象,非两汉经学之情实。

(八)十三经的形成历程

  先秦时期已经有"六经",即《诗》《书》《礼》《乐》《易》《春秋》,其中《乐》可能早亡,也可能并不形诸文字,故而流行的是"五经"。先秦有解释经的文献,就是"传""记"和子书,"传"如《春秋》三传,"记"如《礼记》,子书如《论语》《孟子》《荀子》。西汉最初诸子传记是和五经并立博士官的,武帝以后,诸子传记博士官逐渐被废。出于宣传宗法的需要,《论语》《孝经》受到重视并被列入经,于是有"七经"的称呼。唐代由于科举考

---

① 梁启超著,汤志钧、汤仁泽编:《梁启超全集》(十)《清代学术概论》,248页,北京,中国人民大学出版社,2018年。

试用书的需求,故而《易》《书》《诗》《仪礼》《周礼》《礼记》《左传》《公羊传》《穀梁传》都列为经书,合称"九经"。唐文宗刻开成石经,将先秦工具书《尔雅》刻列,故而"九经"加上《论语》《孝经》《尔雅》,共为"十二经"。唐中期以后孟子的思想史意义被发现,宋徽宗刻蜀石经,《孟子》被列入,南宋时陈振孙在目录学书《直斋书录解题》中将《孟子》从子升为经,于是"十三经"正式形成。

第二节 "四书""五经"及其思想

段玉裁说:"织之从丝谓之经,必先有经,而后有纬,是故三纲、五常、六艺,谓之天地之常经。"以织布为喻,来说明经书的大本大源作用,以及对社会的根本性规范出于自然。经书有六部,也叫六艺。

一、《周易》及其思想

(一)《周易》作者

《周易》作者历来说法不一。传统有"人更三圣,世历三古"之说,上古伏羲画八卦,中古周文王重卦,下古孔子作《易传》,这是最主流的说法。此外还有神农作八卦、伏羲重卦、神农重卦、大禹重卦、周文王作卦辞、周公作爻辞等多种说法。《周易》最初是卜筮之书,在其前夏商时据说有连山、归藏,到周文王作《周易》。"周易"总共有变易、不易、简易三种意思,由《易经》和《易传》构成,经有64卦,由八卦(乾、坤、震、艮、坎、离、兑、巽)推演而来,传也叫作十翼(《象辞上》《象辞下》《象辞上》《象辞下》《文言》《说卦》《序卦》《杂卦》《系辞上》《系辞下》),好像辅佐经文的十个翅膀,解释补充经文。《周易》以其卜筮作用影响较大,其文字、数字、图像三者结合的表现形式在"六经"中独树一帜,且颇具神秘色彩,如"太极图"展现了阴阳和合、运动不息的《周易》思想。如果从数理和历史的角度看《周易》图像和文字,就会解开神秘的面纱而钦佩先民发达的数理思维。

(二)易经的结构

《易经》是《周易》的主体和最早的样子,由文字和图像组成。图像就是爻,"—"叫阳爻,"— —"叫阴爻。将阴爻阳爻排列组合三叠,形成八个基本图像,就是"卦"。将八个基本卦象两两一组排列组合,共得出呈现六叠的六十四个图像,就是六十四卦。三叠的八卦叫作经卦,六叠的六十四卦叫作重卦。对重卦的每一爻都有文字解说,可能是早期卜筮的断语,叫作爻辞,每一个重卦有个总评性的断语,叫作卦辞。六个爻辞自下而上数,阳爻叫九,阴爻叫六,如初九、九二、九三、九四、九五、上九;初六、六二、六三;初九、六二、九三、六四、六五、上九等。一般来说,阳爻居奇数位、阴爻居偶数位叫做得位,反映比较好的状态。

由卦的图像就可以类推太极的图像。《周易·系辞上》:"《易》有太极,是生两仪,两仪生四象,四象生八卦。"最初的物质是由阴阳两部分组成的,分别以阴爻(黑色)、阳爻(白色)表示,即为两仪;阴阳各自有由弱变强的变化规律,阳中之阳是为太阳、阳中之阴是为太阴,阴中之阳是为少阳,阴中之阴是为太阴,四者就是四象;太阳之阳是为乾卦,太阳之阴是为兑卦,少阴之阳是为离卦,少阴之阴是为震卦,少阳之阳是为巽卦,少阳之阴是为坎卦,太阴之阳是为艮卦,太阴之阴是为坤卦,是为八卦。将八卦首尾接连成圆环,就是阴阳鱼的图像,白色的都是阳爻,黑色的都是阴爻,鱼眼位置的黑白与鱼身位置的黑白颠倒,反映了阴阳互相交融的特点,你中有我,我中有你。从太阳到太阴的八卦依次是乾、兑、离、震、巽、坎、艮、坤,象征着天、泽、火、雷、风、水、山、地,分别位于阴阳鱼的正南、东南、正东、东北、西南、正西、西北、正北,是为先天太极图,据说是伏羲所作,象征事物之间的相对应的关系,所以阴阳鱼的位置是静止的,如《说卦》所说:"天地定位,山泽通气,雷风相薄,水火不相射,八卦相错。"①

后天八卦也来自《说卦》:"帝出乎震,齐乎巽,相见乎离,致役乎坤,说言乎兑,战乎乾,劳乎坎,成言乎艮。"②据说是周文王所作,反映的是运动的八卦五行相生关系,所以阴阳鱼的位置是树立的,表示运动,震是木,木生火(离),火生土(坤),土生金(兑、乾),金生水(坎),水生木(震)。对应天时,震是春分,巽是立夏,离是夏至,坤是立秋,兑是秋分,乾是立冬,坎是东至,艮是立春。由先后天太极图,我们惊叹于古人仰观天时以制定人事准则的成绩,以及希冀以数学揭示命运前途的壮举。

(三)易传的内容

《周易》十翼传统以为孔子所作,实际可能是逐渐形成的,到战国晚期基本定型,是阐述卜筮缘由和卜筮意义的文章。《彖辞》共64条,解释卦辞;《象辞》共450条,总论一卦的叫大象,分论一爻的叫小象,都论述对应卦辞爻辞的象征意义。《系辞》上下两篇各12节,总论《周易》的弥纶天地的意义,以及使用蓍草卜筮的筮法,推测作《易》者身份,八卦起源,更重要的是阐发性与天道的哲理。《文言》二章,专门解释《乾》

---

① 高亨:《周易大传今注》,455页,济南,齐鲁书社,1998年。
② 高亨:《周易大传今注》,456页,济南,齐鲁书社,1998年。

《坤》,多用排比句。《说卦》解释八经卦的性情、方位以及象征意义,如乾象征天,兑象征泽。《序卦》,解释六十四卦次序的相生关系。《杂卦》解释重卦卦义。

(四)周易的理论贡献

四库馆臣对周易发展史进行了"两派六宗"的概括:"汉儒言象数,去古未远也。一变而为京(房)、焦(延寿),入于禨祥;再变而为陈(抟)、邵(雍),务穷造化。《易》遂不切于民用。王弼尽黜象数,说以老、庄。一变而胡瑗、程子,始阐明儒理;再变而李光、杨万里,又参证史事,《易》遂日启其论端。"①说明《易》的发展有强调卜筮作用的图像研究以及强调教育意义的文义研究两方面,但《周易》的最早研究者给出了二者选择的答案:"故君子居则观其象而玩其辞,动则观其变而玩其占。"追求道德修养的人也观察易象的爻变,揣摩卦爻辞的意义,但对于预测命运这样的功能都是一种"玩味"的态度,并不耗费过多精力。马王堆帛书《要》篇解释了孔子晚而好易,韦编三绝的缘由,因为他发现《易》中的德性学说要比命理更重要,"后世之士疑丘者,或以易乎?吾求其德而已,吾与史巫同涂而殊归者也。君子德行焉求福,故祭祀而寡也;仁义焉求吉,故卜筮而希也。祝巫卜筮其后乎?"②

《周易》对后世的理论贡献,一是通变观念。通就是贯通,变就是发现关节点的不同处,并制定适应新形式的策略,《系辞上》:"一阖一辟谓之变,往来不穷谓之通。"人发挥能动性发现自然变化的趋势进行适应,就是顺天应人,如《革》卦的《彖辞》"天地革而四时成,汤武革命,顺乎天而应乎人。"二是辩证统一的思维。阴阳是对立,阴阳相互依存还能相互转化这是统一,所以有矛盾必生变化,《系辞上》"刚柔相推而生变化",变化必然是由简而趋繁的,历史具备了最繁复的经验,值得学习和取鉴,《系辞下》"夫易,彰往而察来,而微显阐幽",不同的观点都有其合理之处,《系辞下》"天下同归而殊途,一致而百虑"。不一定要拘泥一种程式,需要灵活探索,《系辞上》"神无方而易无体"。

二、《尚书》及其思想

(一)《尚书》名称和文体

《尚书》是夏商周三代政事文献,原称《书》,汉初称《尚书》,"尚"同"上",就是上古

---

① [清]永瑢、纪昀等:《四库全书总目》卷1《经部一·易类一》,1页,北京,中华书局,1965年。
② 廖名春:《马王堆帛书周易经传释文》,见杨世文等编:《易学集成》,3044页,成都,四川大学出版社,1998年。

之义。先秦史官有"动则左史书之,言则右史书之"的说法,《尚书》保存虞夏商周君王的政令或议论,后世史家将其视作诏令奏议体裁的始祖。体裁有六:典(常法)、谟(谋)、训(教诲)、诰(晓谕)、誓(诫师)、命(令)等形式。

《尚书》分为今文《尚书》和古文《尚书》。其中全篇内容基本是三代文献的叫今文《尚书》,今存二十八篇,以汉初用当时文字隶书抄写得名,而相传得自孔宅壁中以六国文字写成的《尚书》为古文《尚书》,比今文《尚书》多十六篇,后皆亡佚,东晋梅赜又献今文篇目以外的古文尚书二十五篇,清初阎若璩考证其为伪书:《大禹谟》《五子之歌》《胤征》《仲虺之诰》《汤诰》《咸有一德》《伊训》《太甲上》《太甲中》《太甲下》《说命上》《说命中》《说命下》《泰誓上》《泰誓中》《泰誓下》《武成》《微子之命》《祭仲之命》《武成》《旅獒》《周官》《君陈》《毕命》《冏命》。伪古文尚书与今文尚书合本,虽系后世伪造,但保存一定的古尚书材料。

(二)《尚书》的内容和思想

今文《尚书》二十八篇,《尧典》记录尧舜德行和禅让之事,《皋陶谟》是皋陶和大禹在舜前关于施政的问答,《禹贡》是历史地理学的奠基之作,记录大禹治水对天下分九州,任土作贡的情况;《甘誓》是夏启征讨有扈氏的誓词,《汤誓》是商汤征讨夏桀的誓词,《牧誓》是武王伐纣的誓词;《盘庚》是商中期迁都君王对臣下讲演迁都的必要性和惩劝措施;《高宗肜日》是武丁因飞鸟登临祭鼎受到臣下规训,从而改弦更张行仁政之事;《西伯戡黎》是祖伊因西伯扩张而警惕劝谏纣王之言;《微子》是微子表明对商朝失望决定流亡之言;《洪范》是周武王灭商后访问箕子,得到治国大法九种的回答;《金縢》是成王找到周公表明心迹的金藤之匮,感悟周公对周武王的忠诚,不信流言而迎回周公之事;《大诰》是周公东征时宣告天下,说明叛臣管蔡的罪孽;《康诰》是周公册封康叔之词,《酒诰》是周公告诫臣民不要沉湎于酒,殷遗民安分守己;《梓材》是周王勉励诸侯勤政爱民;《召诰》是召公在周公视察新都洛邑时劝诫成王敬德保民;《洛诰》是周公向成王汇报洛阳卜址吉祥可为新都之词;《多士》是周公对商遗民的怀柔政策;《无逸》是周公告诫成王创业艰难守成更艰难的居安思危的道理;《君奭》是周公勉励召公同心辅政;《多方》是周公安抚四方诸侯之言;《立政》是周公嘱托成王亲政要点;《顾命》是成王临终遗命召公等辅佐康王;《吕刑》是周穆王时吕侯受命颁布的刑罚目的和用刑原则的原则性文告;《文侯之命》是周平王勉励晋文侯之文;《费誓》是鲁侯伯禽讨伐淮夷的誓词;《秦誓》是秦穆公惩戒崤山之败的悔过之言。

在思想上,《尚书》强调敬德保民、取鉴殷商、居安思危的思想,认为夏商以德得天命,以失德失天命,如《多士》"自成汤至于帝乙,罔不明德恤祀……在今后嗣王……罔顾于天显民祗,惟时上帝不保,降若兹大丧",周人要保持自己的德性以维系天命,《康诰》"显考文王,克明德慎罚;不敢侮鳏寡,庸庸祗祗,威威显民,用肇造我区夏"。天命的体现就是保护民生,保民是一项长期的任务,统治者不能松懈,《无逸》:"继自今嗣王,则其无淫于观、于逸、于游、于田,以万民惟正之供。"

《尚书》还提出了用人观念:一方面是使用有见识、有实践经验的人,《盘庚》"古我先王,亦惟图任旧人共政";一方面是陈力就列,《立政》"宅乃事,宅乃牧,宅乃准"中央地方官员皆得其人,皆称其职。

（三）《尚书》的理论贡献

《尚书》突出特点是"周诰殷盘,佶屈聱牙",古人对其的理解就很费力了。《尚书》除了上古档案性质以外,有几点影响后世的理论贡献,一是对五行思维的开启,《尚书·洪范》提出世界构成的五个基本元素及其物理性质,"水曰润下,火曰炎上,木曰曲直,金曰从革,土爰稼穑",并且有把五元素和生活对应的倾向,突出的比如体貌,"敬用五事","一曰貌,二曰言,三曰视,四曰听,五曰思。貌曰恭,言曰从,视曰明,听曰聪,思曰睿。恭作肃,从作乂,明作哲,聪作谋,睿作圣"。据李学勤先生考察,《尚书》可以和《礼记·中庸》、帛书《五行》奠定的传统完美人格"仁义礼智圣"对应。反映了中国传统五行观念不仅是朴素的世界观,而且是普遍的解释方式。二是根据古人对《尚书》的模仿,可推知《尚书》本文原意为何,如《史记》训释《尧典》,《尧典》说"钦明文思安安,允恭克让,光被四表,格于上下",《史记》"其仁如天,其知如神,就之如日,望之如云,富而不骄,贵而不舒"是整句的意译;"克明俊德",《史记》说"能明驯德"阐释字义。又如王莽模仿《大诰》格式作《莽诰》,《大诰》原文"弗造哲,迪民康",《莽诰》曰:"予未遭其明哲能道民于安";《大诰》"肆予冲人永思艰,曰:呜呼!允蠢鳏寡,哀哉!"《莽诰》"故予为冲人长思厥难曰:呜呼!义、信所犯,诚动矜寡,哀哉!"三是所谓"虞廷十六字心传",伪古文《大禹谟》:"人心惟危,道心惟微。惟精惟一,允厥执中。"以此为上古帝王所传修身治世锁钥,实际采自《荀子·解蔽》《论语·尧曰》,在理学兴起后,"人心""道心"成为理欲二分视野下极其精微的概念,虽是伪古文,但具有重要的思想史意义,清代多有知名学者、官僚,如内阁学士庄存与在朝廷辩护《古文尚书》,指出不可因其伪而不讲。四是正史形象的异同。《尚书》说二帝三王之事,突出圣王的以德获命,如尧舜禅让,汤武革命顺天应人,太甲悔过重成贤君等正面形象,而当时流传的上古档案还有其他记载,《韩非子·忠孝》"瞽瞍为舜父而舜放之,象为舜弟而杀之",

孟子怀疑《逸周书·世俘》武王伐纣血流漂杵之言,《今本竹书纪年》有"伊尹放太甲于桐,乃自立,七年,王潜出自桐,杀伊尹"。这些正反形象或许反映了历史书写的原貌与修饰,或者反映了官方正史和民间野史的严谨度的区别,或者反映了上古时代道德观念的变化,具有重要史料价值。

三、《诗经》

(一)《诗经》的作者和时代

《诗经》源于先秦民间采风制度,由王室采风官把民间歌谣采集加工,此外部分贵族也写作诗篇。各篇作者多已失传,只有少数篇章可见作者,有的是《诗经》文字直接表出,如《大雅·烝民》"吉甫作诵,穆如清风。仲山甫永怀,以慰其心";《小雅·巷伯》"寺人孟子,作为此诗。凡百君子,敬而听之";有的是见之其他文献,如《左传·闵公二年》提到郑国舆论把大夫高克逼走,"郑人为之赋《清人》"。今存《诗经》中从时限上可从周太王迁豳之岐山的《豳风·七月》至春秋中期的反映陈灵公淫乱的《陈风·株林》,约公元前12世纪至公元前6世纪,所跨地域主要是黄河流域兼及汉水流域。

(二)《诗经》的结构

《诗经》现存305篇,其中《风》160篇、《大雅》31篇、《小雅》74篇,《周颂》31篇、《鲁颂》4篇、《商颂》5篇。风有十五国风:《周南》《召南》《邶风》《鄘风》《卫风》《王风》《郑风》《齐风》《魏风》《唐风》《秦风》《陈风》《桧风》《曹风》《豳风》,一般以为是民风土乐。雅分大雅、小雅:《鹿鸣》之什、《南有嘉鱼》之什,《甫田》之什,《鸿雁》之什,《节南山》之什,《谷风》之什,《鱼藻》之什,《文王》之什,《生民》之什,《荡》之什,一般认为是贵族燕飨或者史诗,雅有正有变,反映政治的污与隆,民声的颂扬与不满。《颂》分商周鲁之颂,商颂是宋国对先祖的歌颂,有《清庙》之什、《臣工》之什、《闵予小子》之什,《駉》之什等,颂是宗庙祭祀乐曲。春秋时期,读《左传》、断章赋诗是贵族必备素质,不懂就会被人讥笑。《诗经》流传至汉代有齐、鲁、韩、毛四家,后今文三家(齐、鲁、韩)亡佚,今只有清人的辑佚,今天传习的是古文鲁国大毛公毛亨、赵国小毛公毛苌作传的毛诗。毛诗有《大序》,概论全经,相传为子夏作。《小序》在每诗前说明篇旨,相传子夏与大毛公毛亨作,说明每篇意义。

《诗经》六义,"风"是地方创作的民歌,"孟春之月,群居者将散,行人振木铎徇于路,以采诗,献之大师,比其音律,以闻于天子"。采风后和《乐》相配合演奏出来。"雅"是宫廷标准正音,"颂"是宗庙赞美诗,"赋"是直叙,"比"是比喻,"兴"是心中感物而发的象征词汇。六义通过旋律和象征,"具有了我们中国社会文化的某一种语码的性质,能够引起读者的联想,那读者之用心又何必不然"。

（三）《诗经》思想特点

《诗经》有"《诗》三百,一言以蔽之,曰:思无邪"的说法,并非说诗篇全都是严肃的一板一眼的宣传教化,而是说诗篇作者的态度都是纯真的感情。《诗》的本意以及作者对它的解读都构成《诗经》文化,所谓"《诗》可以兴,可以观,可以群,可以怨。迩之事父,远之事君。多识于鸟兽草木之名。"可以表达胸臆,可以见风俗盛衰,可以以文会友,可以婉转讽喻,可以拓宽知识。《诗经》思想特点如下:

一是热恋中人的真切感情。《周礼·地官·媒氏》:"中春之月,令会男女。于是时也,奔者不禁。"反映上古时代制度和礼教的约束尚未严密之时,仍保留不少氏族公社时代自由的气息,如《郑风·溱洧》"维士与女,伊其相谑,赠之以勺药",在郊游中以信物定情;《郑风·褰裳》有"子惠思我,褰裳涉溱。子不我思,岂无他人？狂童之狂也且!"对自己的自信可和《颜氏家训》提到的北方风俗相比,"江南饯送,下泣言离。……北间风俗,不屑此事,歧路言离,欢笑分首。"

二是对于宗教信仰的矛盾心态。《诗经》塑造了至高无上的上帝,他会行使神迹,《商颂·玄鸟》:"天命玄鸟,降而生商。"他具有道德人格,有德的先王死后会上升被选为帝辅,《大雅·文王》:"文王陟降,在帝左右。"上帝会根据德性弃无道就有道,"皇矣上帝,临下有赫;监观四方,求民之莫。维此二国,其政不获;维彼四国,爰究爰度。上帝耆之,憎其式廓。乃眷西顾,此维与宅"。可当世道混乱时,天神又被描述成没有理性不可把握的存在,《大雅·荡》:"疾威上帝,其命多辟",反映了先民由于理性思维的发展,从依赖神灵的支配,到怀疑神灵,渴求自己把握命运,却在多舛的客观环境下无奈的紧张愤懑。

三是有很多补充史书的民间口碑故事。比如《左传》中的郑国太叔段,一个恃宠而骄、不自量力的角色,《郑风·叔于田》"叔于田,巷无居人。岂无居人？不如叔也,洵美且仁",使我们看到太叔打猎的勇武潇洒,被认为是有气质的;《左传》说卫庄姜美而无子以至于国人为其作诗,《卫风·硕人》:"手如柔荑,肤如凝脂。领如蝤蛴,齿如瓠犀。螓首蛾眉,巧笑倩兮,美目盼兮。"后人对这个美女有真切的形象认识,宛如在眼前;《尚书》写出召公奭对于周公摄政的怀疑,但后人不了解召公是怎样的人,《召南·甘棠》记载:"蔽芾甘棠,勿翦勿伐,召伯所茇",写出了为政惠民的召公为民众怀念。纯真的情感有不同的表现形式,思念欲使读者想见而怀之,痛恨或直斥,如《魏风·硕鼠》"逝将去女,适彼乐土",含蓄表达,如《大雅·小雅·沔水》:"嗟我兄弟,邦人诸友。莫肯念乱,谁无父母!"这是《诗经》给后人留下的珍贵遗产。

《诗经》是后世诗歌的鼻祖,在制度上刺激汉乐府采诗的兴起,在文体上又是魏晋五言诗、唐代七言绝句的先驱,成就了一批战国秦汉饱学之士驰骋外交舞台,娴熟辞令交际,表述胸臆又不失婉转,一咏三叹。《诗经》提供了宝贵的先秦民俗资料,觇婚姻之风俗,察兵役之繁苦以及苦中作乐的农家生活。

四、"三礼"及其思想

中国古代礼仪文明离不开奠定礼仪文化的三部经典《周礼》《仪礼》《礼记》,合称"三礼"。整体来说,"三礼"基本都是在中国礼文化初具规模的周代,尤其是春秋晚期以后完成的。

(一)《周礼》

1.《周礼》成书

《周礼》在汉代初名《周官》,王莽居摄时改称《周礼》,此外尚有《周官经》《经礼》《礼仪》《礼经》《正经》等名。最早可能被民间发现于山岩屋壁,呈上河间献王,河间献王赏购所缺《冬官》不得,补充《考工记》而呈上汉廷,此后一直藏于秘府,朝野民间皆不得见,直至汉成帝、哀帝时期刘向、刘歆父子校书内廷时,才得以著录公开。

自《周礼》发现以来,多数学者以为它是周公所作,而由于其师承不明,内容记录官制的特殊性,又有人以为是六国阴谋之书,宋代以后又有刘歆伪造说,代表如康有为《新学伪经考》。此外又有西周、春秋、战国、周秦之际、汉初等成书时代的说法。今天有学者以其制度规整和五行观念等内容确定为战国晚期甚至汉初的著述,但也有学者通过比对金文认为《周礼》言皆有征,当是晚周作品。

2.《周礼》的内容

《周礼》的主要内容是"设官分职,以为民极",通过官制统摄社会一切事务,所分天官大冢宰、地官大司徒、春官大宗伯、夏官大司马、秋官大司寇、冬官大司空。六官共 377 大小官职,模拟一周天是三百六十度和四季运转,将治民、教民、祭祀、军事、司法、事功六个大方面立国大计涵摄其下,赋予天道意义。

通过天官"八法":官属(统属系统)、官职(官员司隶职事)、官联(不同职官协同办公)、官常(日常职务)、官成(执行规章)、官法(官守礼数)、官刑(惩戒法令)、官计(考核办法),使得王畿由中央到地方的六乡(下设州、党、族、闾、比)、六遂(下设县、鄙、鄽、里、邻),九服(王畿、侯服、甸服、男服、采服、卫服、蛮服、镇服、藩服)皆有关联的官守控制,实现职务从高到低、地区由近及远的立体式管理。《周礼》中的治国观念,对后世有积极意义,如国家对民众进行职业培训以免失业,允许民众上访鸣冤和案件上诉,政府主持的婚姻介绍,市场契约勘合管理等。历史上的王莽改制、苏绰改革、王安石变法都是打着《周礼》的旗号,用来摧抑豪强、富国强兵和争取族群认同。

3.《周礼》的价值

在人类文明的轴心时代,中国以《周礼》的发达官制文化为特点,奠定了中国长期官制文化的发达,延续官礼的特征有二,一是官阶等级突出区别,如称谓,有学者指出,"大人"一词,在唐以前很少使用,明代称老先生、先生较多,康熙年间举人称爷,进士称老爷,司院为大老爷。雍正以后,"六部、大小九卿、翰林院侍讲以上、詹事府赞善以上、外而督、抚、藩、臬、运、道,武职都统、副都统、口外大臣及绿营提督、总兵称大人"。[①] 高贵的官称有在实践中逐渐用在低等职务的趋势,并成为民间对官员的尊称。

此外诸如服色、印绶、朝位莫不有等级之别,表明秩序之不可僭越以及升迁的荣耀尊严可以期待。

二是职责和场合的横向分别,如《孟子·公孙丑下》:"天下有达尊三:爵一,齿一,德一。朝廷莫如爵,乡党莫如齿,辅世长民莫如德。恶得有其一,以慢其二哉?"[②] 中国早期官位并不能决定一个人的地位,还有年龄、声望等传统部族因素在身份界定中发挥重要作用。如秦始皇把列国王冠赐予百官,獬豸冠给御史,远游冠给诸王,高山冠给谒者,惠文冠给侍中。又如唐朝开始形成延及后世的祭服、朝服、公服、公事之服、燕服五个服等,祭典用冕服,大典用朝服,小典用公服,日常办公用公事之服,闲居用燕服,这表明中国官制繁多,横向分工细密。

总体上周官官礼的作用,正如学者指出:"它划分类别(文官、武官、宦官)、标志等级(长官、属官、小吏)、限制范围(可以做什么,不可以做什么)、规定关系(君臣、父子、夫妇、上下级、同僚、同年),决定个人及群体的身份。"[③]

(二)《仪礼》

1. 成书和内容

《仪礼》17篇,汉代以前单称《礼》,逐渐有《士礼》《礼经》《礼记》之名,东晋时始有

---

① [清]方浚师著,盛冬玲点校:《蕉轩随录》卷12《官场称谓》,453页,北京,中华书局,1995年。
② 《孟子·公孙丑下》,见朱杰人等主编:《朱子全书》(六),296页,上海、合肥,上海古籍出版社、安徽教育出版社,2002年。
③ 赵冬梅:《法度与人心——帝制时期人与制度的互动》,35页,北京,中信出版集团,2021年。

今名。有周公作、孔子作的说法，孔子的作用应该更大，他把古礼进行修订并用作教材，孔子传授《仪礼》在《礼记·杂记下》是有记载的，很有可能孔子对不成文的贵族礼仪整理而口授和演练。这些仪式很多可以与《论语·乡党》及孔子起居实录相对照，并且有专人对《士丧礼》等口语教程进行记录。今存17篇是历经秦火的残本，汉武帝时在孔壁曾经发掘出《礼古经》，又多出39篇，可惜今已失传。17篇在古代不同版本的篇次是不同的，包括《士冠礼》《士昏礼》《士相见礼》《士丧礼》《既夕礼》《士虞礼》《特牲馈食礼》《少牢馈食礼》《有司》《乡饮酒礼》《乡射礼》《燕礼》《大射》《聘礼》《公食大夫礼》《觐礼》《丧服》。以往有观点以为《仪礼》仅反映了最低级贵族士的礼，缺少天子、诸侯、卿大夫的礼，实际上，先秦书籍的篇名多取每篇篇首几字为标题，"士冠礼"等"士礼"名称，乃泛指各级贵族，并且从每篇内容上也包括了高级贵族的礼。《仪礼》反映了贵族人生历程的重要仪式，成人、结婚、拜访、服丧、祭祖、敬老、燕飨、体育等。《礼记》主要是孔子后学阐发《仪礼》道理论文的汇编，主要记录了孔门弟子的思想分化和逸闻趣事，其中有著名的子思、公孙尼子学派有关性理的作品《大学》《中庸》《乐记》以及嘉言成语。

2.《仪礼》的价值

《仪礼》反映的虽是先秦贵族人生不同阶段的礼仪，但却产生深远影响。《礼记·中庸》说"礼仪三百，威仪三千"，不论这里的"礼仪"指的是《周礼》还是《仪礼》，都反映了中国传统礼仪条文和行为的繁复。繁杂的礼仪场合、参加人员、得体服饰、容貌言行、进退跪拜、拱手步调、饮食器具，无不有讲究，无不有意义，奠定了中国礼仪之邦的理论基石。利玛窦曾说："中国这个古老的帝国以普遍讲究温文有礼而知名于世；这是他们最为重视的五大美德之一，他们的著作中有着详尽的论述。对于他们来说，办事要体谅、尊重和恭敬别人，这构成温文有礼的基础。"

《仪礼》提供了中国家族网络的理论基础，《丧服》篇集中构建了亲亲尊尊的家族关系，一是丧服的五服制度，与死者血缘关系越近，服丧越重，丧服越简陋；与死者血缘关系越远，服丧越轻，丧服越修葺。五等丧服：斩衰、齐衰、大功、小功、缌麻都是麻布，即所谓的"披麻戴孝"。虽然丧主服最重，但主持丧礼的仪式中排位最靠前，相应的，如果是始祖嫡长子这一脉，那么丧主在宗族中权力最大。二是由丧服五服派生出的宗族亲疏关系网络，《三字经》说："高曾祖，父而身，身而子，子而孙，至子孙，自玄曾，乃九族，人之伦。"以父系夫系的血缘纽带为基准，以始祖嫡长子一脉为大宗，始祖旁子为小宗，五世而迁，不再为亲属，即所谓的"五服九族"。

如刘备在《三国演义》中的皇叔形象深入人心,可实际上,刘备的世系是不清楚的,若按照《三国演义》提供的刘备谱系(《三国志》及裴注都指出刘备祖父以上到陆城亭侯刘贞之间不可考),据《演义》增补和两汉书排比出的汉献帝谱系来看,刘协的辈分远高于刘备。刘备能和献帝有关系,是因为他是中山靖王刘胜嫡长子直系这一辈,如果是旁系小宗就不能和皇帝有这样的关系了,根据"庶子不得为长子三年,不继祖也。别子为祖,继别为宗,继祢者为小宗。有百世不迁之宗,有五世则迁之宗。百世不迁者,别子之后也",[①]出了五服就不是亲属,东汉王朝能追溯到景帝子长沙王刘发,刘备能追溯到景帝子中山靖王刘胜,刘发和刘胜是同一辈兄弟可以叙亲属,只有两支的直系大宗才能互相攀上关系,如若刘备是小宗或者普通的刘姓,还宣传自己的始祖是汉高祖刘邦的话,收留刘备的曹操就可以以僭越罪名处死刘备了。

(三)《礼记》

1.《礼记》成书

《礼记》是先秦礼学文献选编,从孔门弟子至汉初,学者不断针对《仪礼》进行阐发,形成众多的《记》文。《汉书·艺文志》就有"记百三十一篇"的记录,汉宣帝时戴德、戴圣叔侄对《礼记》进行采择汇编,分别成书《小戴礼记》49篇,《大戴礼记》85篇,今存39篇。今天传习的是《小戴礼记》。

2.《礼记》的内容

据梁启超《要籍解题及其读法》的分类,包括某项礼节条文的专论:《投壶》《奔丧》《内则》《少仪》《曲礼》;政令专论:《夏小正》《月令》;解释《仪礼》的专论:《冠义》《昏义》《乡饮酒义》《射义》《燕义》《聘义》《丧服》《丧服四制》;孔子孔门言论记录:《表记》《缁衣》《仲尼燕居》《孔子闲居》《曾子问》《檀弓》《杂记》;制度专论:《王制》《玉藻》《明堂位》《礼器》《郊特牲》《祭法》《祭统》《大传》《丧服记》《奔丧》《问丧》《间传》;礼义专论:《礼运》《经解》《祭义》《乐记》《学记》《大学》《中庸》《儒行》。

《礼记》记载很多故事和格言,如《檀弓》记载弟子习惯于模仿孔子行为,以至于把孔子纪念姐姐去世使用的右手在上的拱手礼当作常礼的孔门趣事;苛政猛于虎的故事,不食嗟来之食的故事,吴晗先生借以说明中国人是有骨气的。如"礼尚往来""尊师重道""迅雷风烈必变""天下为公"等语句已经深入国人品格。

3.《礼记》的贡献

《礼记》在理论上的贡献,一是与时俱进,《礼记·礼器》:"礼,时为大。"揭示了礼

---

① 李学勤主编:《十三经注疏·礼记正义》卷34《大传》,1007—1008页,北京,北京大学出版社,1999年。

的内容活变的特性,每个时代、每个地区根据自身特点对普遍原则的道德约束和行为准则进行修正,只要是准于人情的,就是合理的,《礼记·问丧》:"礼义之经也,非从天降也,非从地出也,人情而已矣。"正因为本于人情,所以礼文化贴近生活,生命不息。比如唐玄宗创《开元礼》,可以看到因袭经典的部分是主要的,但因时立制的特色也很鲜明,比如打破礼经对父权的独尊,而提高母系和外家的丧服制度,这是社会逐步走出氏族的表现,意味着社会容纳度的提升,"妇,从夫者也。夫之姨舅,夫既有服,从夫而服,由是睦亲。"二是诠释空间,礼经规定了大的体制,但细节和过程给注疏家留下诠释的空间,南宋的洪迈举例《礼记·檀弓上》子游吊丧一事,卫国官员的哥哥给他去世的弟弟主丧,却不把弟弟的嫡子扶立,孔子学生言偃两次通过自己穿错吊丧服装、坐错位置,才使得这位哥哥意识到自己的错误,于是扶立侄子。洪迈赞叹郑玄三个"讥"字,"此一事傥非注文明言,殆不可晓"。这种对经文细目的讨论往往是后世现实的需要或反映,构成了经学的理论形态。

五、《春秋》及其思想

（一）《春秋》成书与亦经亦史的身份

《春秋》是春秋列国史书通名,墨子称见过百国《春秋》,孟子说各国史书有专名,晋史名《乘》,楚史名《梼杌》,鲁史名《春秋》,《春秋》名称的意义在于包含夏冬取物生长伊始与成熟之时。春秋经文共一万八千多字,始于鲁隐公元年(公元前722年),终于鲁哀公十四年(公元前481年)"西狩获麟"一句。《春秋》据说是孔子所作,或者孔子在鲁旧史基础上修订而成,有的说孔子因西狩获麟而绝笔,有的说文成致麟。据《汉书·艺文志》记载,《春秋》本有五家传记,其中邹氏、夹氏口传无书,今存"三传"——《左传》《公羊传》《榖梁传》,其中后两者以阐释经文微言大义为主,前者主要补充《春秋》史事。

《春秋》是以编年史的形式展现的,具备史学的要素:时间、地点、人物、事件,但其对征伐会盟的标题式记录风格省略了太多细节和过程,使得宋人有"断烂朝报"之说。这种记录史事又叙事严重不完备的特点,为诠释提供了大量空间,所以《春秋》有三传来补充细节,故而《春秋》在解释学的意义上又是经。如何理解《春秋》的内容省略,以及相同的事件用不同的语言表述、不同的事件用相同的语言表述这样的书写格式,就成为《春秋》身份是经还是史的基础。杜预说《春秋》是孔子根据鲁国国史进行保存和编订的产物,主要部分是史书,没有特别的深意;董仲舒、何休则以为完全是孔子根据所处乱世而为未来政体所立之法,就是一部隐喻之书,"仲尼之作春秋也,上探天端,正王公之位,万民之所欲,下明得失,起贤才以待后圣"。"孔子以《春秋》当新王,上黜杞,下新周而故宋。"在经或是史的定性基础上,就是根据经文简略风格进行类比和推理的义例之学,借助史事性的记载和演绎法比较异同,所谓"比事属辞"的办法,搭建了一个精致的解释系统,这个系统是传记和注疏家们层层梳理上一级文本之后,所谓上级文本如传的上级文本是经,疏的上级文本是注,一点点修补和整合成一个,在附加很多条件后,才能大体符合形式逻辑的周延需求。如《春秋·庄公十年》"公败齐师于长勺",《左传·庄公十一年》提到了"皆阵曰战",长勺之战据《左传》记载齐军成阵,与传例矛盾,故而杜预注弥缝其说。"齐人虽成列,鲁以权谲稽之,列成而不得用,故以未陈为文",其实破坏了逻辑的自洽。《春秋》经传之学,主要是由文字到意义的推理之学,与研究客观的春秋史是有别的。

(二)《左传》的内容

《左传》传统认为是左丘明所作,但左丘明究竟是孔子的前辈还是同时代的人,抑或是孔门弟子,这是有争议的。今天一般认为《左传》是战国中前期的作品。由于《左传》以史解经的特点,故而清代有学者怀疑它本是与《春秋》毫无关系的纪事本末体史书,但这种疑点无法解决《春秋》与《左传》事例的高度吻合的问题,而且《左传》在有经无传方面的问题是三传中最轻的,有传无经的问题在叙事归类后也并不严重。可能先秦就存在一种用史事解经的传记之学,《左传》就是其代表。可能是左氏从各国史书中直接抄录部分内容汇合成书,故而显得文风不甚统一,并有疏漏。

《左传》在思想上要比《尚书》更重视人事的作用,其对君臣关系的看法反映了先秦相对宽松的政治管控,这一点往往受到习于专制主义中央集权的后世学者的批评,但实际却保存了可贵的时代自由风貌。

(三)《公羊传》的内容

相传孔门弟子子夏传公羊高,公羊高等经师又代代相传,经过口耳传习,到汉初才形成最终版本。《公羊传》主要通过义理解释《春秋》的名物、制度、语法,含有少量记事,有通过《春秋》书法的书与不书的规律来制作解经之例的方法,通过"例"的一般和特殊关系来推断《春秋》原意,表达了尊王、大一统等观点。

(四)《穀梁传》的内容

相传子夏传穀梁赤,穀梁赤等经师又代代相传,到汉武帝时文本逐渐定型,也有人怀疑榖梁出自公羊的后学,因为观点和语言有很多和《公羊传》相近之原故。《榖梁传》有非常强烈的尊王思想和保民意识,并有三传中最发达的日月例——通过日期的阙否反映经义。

六、"四书"及其思想

四书也称"四子书",即《论语》《孟子》《中庸》《大学》,在先秦已经出现,汉代主要是传记之学,而《中庸》《大学》只是《小戴礼记》中的两篇。这四部著作单独列出,甚至合并为一门,成为经中之经,主要是中唐以后儒学自身改造的需要。面对佛老的挑战,儒学有必要在形而上层面阐发关于道德修养的内省学说,建立自身的宇宙论,才能对抗寻求出世或者解脱的释道之学,为士人寻找入世行道,安身立命的合理依据。《论语》是孔子弟子对孔子和学生言论的语录合集,可能是曾子门徒最后编定的。在汉代有《古论语》《鲁论语》《齐论语》三个版本,今本应是以《鲁论语》为基础的"张禹本"。《孟子》是以孟轲言行为主,兼及其弟子言行的语录。今本七篇并非全本,有部分内容散佚。《孟子》地位曾经较低,王充《论衡》有《刺孟》,司马光有《疑孟》。韩愈发现《孟子》辟外道捍卫孔子的价值,以为是"醇乎醇"者。北宋尤其经过王安石的推动,孟子得以配享孔庙。《中庸》相传是孔子之孙孔伋所作,今人研究可能是子思学派的几篇文章的混合物,阐发的是儒学形而上学的内容,韩愈的学生李翱开始着力阐发《中庸》的人性内涵,北宋程颢、程颐兄弟对《中庸》的阐发对理学的框架构建有奠基的作用。《大学》被朱熹认为是曾子学派所作,在后世很少被注意到,二程首次从哲学层面阐发其所表达的修身次序,朱熹对《大学》分划经传、章节,调整顺序,甚至从理学角度增补了格物致知补传。确立了理学视野下的个人与天下的关系。朱熹撰《四书章句集注》奠定了四书优先于经的地位,他也是率先把四部书一起合刻的学者。从此"四书"和"五经"并称。

(一)《论语》

1. 成书和流传

《论语》二十篇,即《学而》《为政》《八佾》《里仁》《公冶长》《雍也》《述而》《泰伯》《子罕》《乡党》《先进》《颜渊》《子路》《宪问》《卫灵公》《季氏》《阳货》《微子》《子张》《尧曰》。这二十篇都是取篇首二字或三字为篇名,这是古书一般做法,并无特别含义。

《史记·仲尼弟子列传》提到"《论言弟子籍》""《论语弟子问》",可能是此书最初的称谓,孔门弟子各记录师门言行,其中曾子、子张门派可能是主要编辑人,汇辑成书。汉景帝时孔壁出土古《论语》已有今名,可能战国时已定名。汉兴,有齐论语 22 篇、鲁论语 20 篇、古论语 20 篇三种版本,汉成帝的老师安昌侯张禹以《鲁论》为基础,合《齐论》而成流行本,郑玄参照《齐论》《古论》给"张侯本"作注,《论语》最终定本。

《论语》在汉文帝时列为博士,武帝时撤销博士官。汉灵帝时被刻入《熹平石经》。晋代何晏杂采汉魏经师说成《论语集解》,南朝习《集解》,北朝习郑注。程颐阐发《论语》义理后,《论语》的理论意义受到重视,朱熹合宋儒十一家说作《论语集注》影响最大。元仁宗时《朱子集》注成为科举考试必读书目。

2.《论语》的内容

《论语》反映了孔子日常生活,是司马迁撰写《孔子世家》的重要资料来源。从中可见孔子对礼乐在生活中应用的重视,并且提倡内心的崇敬优先于形式。在政治上,提倡以周礼为基础的君臣秩序,君臣之间要做到相互对人格的尊重和关爱,这种关爱是建立在血缘伦理基础上的,统治者只有关爱民生,让百姓家给人足,施以教化,才能获得百姓的拥戴。在历史观上,认为随着礼坏乐崩,周天子的权力逐渐被诸侯、卿大夫以至于家臣所把持,不是天下有道的表现。在教学观上,主张因材施教、启发式教学,通过讨论的方式实现教学相长。

(二)《孟子》

1. 成书及流传

《孟子》七篇,即《梁惠王》《公孙丑》《滕文公》《离娄》《万章》《告子》《尽心》。司马迁认为是孟子晚年和弟子一起完成写作。《汉书·艺文志》记录还有四篇外篇:《性善辩》《文说》《孝经》《为政》,后亡佚。汉文帝时曾立为传记博士,武帝以后废。唐中晚期有臣子请将《孟子》立学升经,韩愈又大力表彰,北宋太宗时翻刻后蜀石经,成为经书。朱熹将《孟子》与《论语》《大学》《中庸》合刻并集注,成为流行本,元仁宗时朱子集注成为科举考试必读书目。

2.《孟子》的内容

在天道观上,《孟子》认为人的仁义礼智的道德意识来源于天,天生众民,赋予众民内心良知,得以落实社会规范,虽然有声色的欲望,但这些只是命运的安排,个体应该追寻德性的完满,修身以俟命。在政治观上,强调君臣地位的对等,君主要选贤任能实行仁政,使百姓能家给人足,五十衣帛,七十食肉。在历史观上,认为历史是治乱循环的,"一治一乱"。在人性论上主张人性本善,人性的不善是后天形成的。在修养论上,主张"先立其大者",察觉心性中的善端加以扩充,从而实现人际互相关爱、国家发政施仁的目的。在伦理观上,宣传五伦关系的和谐以及对等,父有抚养子的义务,亦有要求子奉养的权利;子有要求父抚养的权利,亦有奉养父的义务。君有使用臣的权利,也有保障臣民生活的义务。臣有侍奉君主的义务,也有要求君主尊重自己的权利。

(三)《中庸》

1.《中庸》的成书

司马迁认为是孔伋困于宋而作,清儒有因文中"车同轨"之语以为该书晚出于秦以后。也有谓此书是几个单篇合并而成,第一章及第二十章"凡事豫则立"以下被怀疑是单独一文,讲解心性抽象理论的。

2.《中庸》的内容

《中庸》提出了一种"诚"的哲学。"诚"就是真实无妄、实实在在的意思。"天命之谓性,率性之谓道,修道之谓教",天不是有意志的人格神,而是自然而然的意思,自然所赋予的就是性,就是自然界各式各样的生命和非生命体,各有特征不可替代。比如苍天,就是高高明亮的;大地,就是博大深厚的;时间,就是悠久不息的。把自然的本性实现出来,就是世间的生活方式"道"。上天正因其高亮,故而能挂满日月星辰;大地正因为其博厚,故而能承载山川;时间正因为其悠久绵长,所以地表山川地壳运动轮回,始终能孕育生命宝藏。比如蝌蚪会长成青蛙,捕食害虫就是青蛙的本性;人有生命,能够直立行走和劳动、思维、组成社会好好生活,这是自然赋予的禀赋,人应该珍惜生命,关爱自己,尊重他人,共安生理,人生而有不同的名分比如长幼亲疏尊卑愚智,就应当按照恰如其分的规则对待对方。把生活方式传播开来,人生有生而知之者,学而知之者,困而学之者,困而不学者的气质差别,根据不同气质进行教化,使统一心性向往大道,生知安行,学知力行,困知勉行。对于一般人来说,学习的方法莫过于博学、审问、慎思、明辨、笃行,有钻研的精神,不懂就问,没做到就要求自己做到,学之弗能弗措、问之弗知弗措、思之弗得弗措、辨之弗明弗措、行之弗笃弗措,一遍不行多练十遍百遍,再笨的人也肯定变强。诚是天之道,真实存在毫不掺假;观看天象进行效仿,就是诚之道,人之道也,也应该真实无妄,实实在在地生活。

(四)《大学》

1.《大学》的成书

《大学》长期附录于《礼记》中,宋代程颢把它作为孔门遗书,朱熹作《大学章句》,以为分经、传两部分,经是曾子转述孔子的话,传是曾子门人记录曾子的观念。清儒多认为成书于秦以后,因为周以前可能没有大学制度。今天根据考古出土的竹简,能推定周代有大学制度。《大学》修齐治平的思想在《孟子》《老子》中能找到旁证,所以《大学》可能是战国成书而非晚出,属于曾子后学的作品。关于《大学》的正文,宋儒以后多以为有错简,多有学者重新排序,其中以朱熹《大学章句集注》的排序最有影响。

2.《大学》的内容

《大学》反映了孔子思想中仁学和礼学之间的张力,是向孟子、荀子过渡的桥梁。确立了个体道德修养和安邦济世的逻辑联系,朱熹前无古人地提炼为三纲领:明明德、新民、止于至善;八条目:格物、致知、诚意、正心、修身、齐家、治国、平天下。把世俗每个个体的存在状况都和国家大计关联一起,是后世"天下兴亡,匹夫有责"的前声。强调的"格物",从主客体之间的互动关系的角度,不仅说明道德修养应当在实践的社会关系中完成,还培育了求知探索的精神。

※ 思考提要

1. 简述"六经"的内容及影响。
2. 简述经学的脉络。
3. 概述"四书"的内容。

本章参考文献

[1] [清]皮锡瑞. 经学历史. 北京:中华书局,1959.

[2] [汉]司马迁撰. [日]泷川资言考证. 史记会注考证. 上海:上海古籍出版社,2015.

[3] 李锐. 秦焚书考//战国秦汉时期的学派问题研究. 北京:北京师范大学出版社,2011.

[4] [汉]班固撰. [清]王先谦补注. 汉书补注. 上海:上海古籍出版社,2012.

[5] [清]顾炎武撰. 华东师范大学古籍研究所整理. 顾炎武全集(二十一). 上海:上海古籍出版社,2011.

[6] 陈东辉主编. 卢文弨全集(八). 杭州:浙江大学出版社,2017.

[7] 汤志钧,汤仁泽编. 梁启超全集(十). 北京:中国人民大学出版社,2018.

[8] [汉]许慎撰. [清]段玉裁注. 说文解字注. 上海:上海古籍出版社,1981.

[9] 高亨. 周易大传今注. 济南:齐鲁书社,1998.

[10] 李学勤主编. 十三经注疏. 北京:北京大学出版社,1999.

[11] [美]艾尔曼. 经学、政治和宗族——中华帝国晚期常州今文学派研究. 赵刚译. 南京:江苏人民

出版社,1998.

[12] [清]王先谦撰.韩非子集解.北京:中华书局,2016.

[13] 王国维撰.黄永年校点.今本竹书纪年疏证.沈阳:辽宁教育出版社,1997.

[14] 叶嘉莹.唐宋词十七讲.北京:北京大学出版社,2007.

[15] [清]方浚师著.盛冬玲点校.蕉轩随录.北京:中华书局,1995.

[16] 阎步克.中国古代官阶制度引论.北京:北京大学出版社,2010.

[17] 赵冬梅.法度与人心——帝制时期人与制度的互动.北京:中信出版集团,2021.

[18] [意]利玛窦,[比]金尼阁.利玛窦中国札记.何高济,王遵仲,李申译.北京:中国旅游出版社,商务印书馆,2017.

[19] [后晋]刘昫等撰.旧唐书.北京:中华书局,1975.

[20] [宋]洪迈撰.孔凡礼点校.容斋随笔·容斋三笔.北京:中华书局,2005.

[21] 阎步克.服周之冕.北京:中华书局,2009.

第四章 书法与绘画

汉字发端源远流长,在长期的演变过程中,我国历代书家不仅把它作为记录文献的符号,而且在书写的同时,将审美意识与字体的架构融汇一体,不断推陈出新,创造出我国艺林中的奇葩——书法艺术。同时,在漫长的历史发展过程中,我国的艺术大师还独辟蹊径,将国学内蕴融入绘画创造之中,形成了具有鲜明民族特色的绘画风格。中国书法与绘画艺术,是我国传统文化的重要组成部分,也是世界艺术宝库中的璀璨明珠。

第一节 汉字的产生与演变

汉字在产生、运用的过程中,经历了多种变化,这种变化与社会实践的不断发展紧密相关。随着社会的发展,汉字逐渐由繁复到简化,由朴拙到实用,并形成了系统的造字方法。

一、汉字的产生

汉字的产生是一个十分漫长的历史过程。关于汉字的起源,早在战国时期就开始有人探索了。至今,关于汉字起源的说法,主要有仓颉造字说、伏羲造字说、结绳说和起一成文说等。

仓颉造字说认为,汉字是黄帝时的史官仓颉所造,这是最普遍的说法。《荀子·解蔽》说:"故好书者众矣,而仓颉独传者,一也。"这是最早提到仓颉名字的文献,后来的许多古文献对此进行了类似的记载。值得注意的是,荀子并不认为文字是仓颉所造,只不过说他好书独传而已,但《吕氏春秋》《韩非子》中就直接认为文字为仓颉所造。汉代承袭了仓颉造字的说法,《春秋纬·元命苞》中说,仓颉"生而能书,及受河图录字,于是穷天地之变,仰观奎星圆曲之势,俯察龟文鸟羽,山川指掌而创文字,天为雨粟,鬼为夜哭,龙乃潜藏"[①]。《说文解字》中也对仓颉造字的过程有过这样的描述:

---

① 王镛主编:《中国书法简史》,1~2 页,北京,高等教育出版社,2004。

"黄帝之史仓颉,见鸟兽蹄远之迹,知分理之可相别异也,初造书契,百工以乂,万品以察。"①

汉代孔安国在给《尚书》作序时,最早提出了伏羲画八卦始作文字的说法:"古者,伏羲氏之王天下也,始画八卦,造书契以代结绳,由是文籍生焉。"孔安国认为八卦是伏羲创造的古文字,但这种观点的可靠性已为愈来愈多的考古资料所否定,实质上这不过是文字起源的传说而已。

《周易·系辞下》云:"上古结绳而治,后世圣人易之以书契。"许慎《说文解字》也说:"神农氏结绳为治而统其事。"文字没有产生之前,人们利用结绳的方法帮助记忆,但是结绳与文字毕竟是两回事,结绳而治只是文字创造之前帮助记忆、传达某种意图的方法,结绳不等于文字,也不可能发展成文字。

提出"起一成文说"的是宋代的郑樵,他在《通志·六书略》中提出"一"字可作五种变化,"一"及其不同的屈折方式,如直角、锐角及通过变换角度,又有很多种变化,它们的组合就构成了汉字的各种结构。郑樵的这一理论是建立在"道生一,一生二,二生三,三生万物"的道家哲学思想上,用道家哲学来解说汉字起源。他依据当时的楷书点画,再结合《说文》部首"起一终亥"比附演绎,形成了"起一成文说",带有一定程度的主观臆想。

随着考古学的不断发展,考古学家在很多新石器时代的文化遗址中发现了大量的陶器刻画符号。这些陶器刻画符号有一个共同的特点,即多为刻画简洁均衡的几何图案。同一种符号可能出现在不同的陶器上,可以看出那些刻画者对于符号的把握与运用能力。有些符号与后世甲骨文中的某些字符在形态上是相类似的,因此很多学者都认为这些刻画符号是汉字的一个源头。这些符号,以半坡仰韶文化遗址的时代为最早,距今已有6 000多年,以马家窑文化时代较晚,距今也有4 000多年。但也有学者对此提出异议,认为"这种符号所代表的决不会是一种完整的文字体系"。"我们丝毫没有掌握它们已经被用来记录语言的证据。从民族学的角度看,也难以相信原始社会时期使用的几何符号具有真正的文字的性质。"它们只是对原始文字的产生起了引发的作用。"汉字形成的时代大概不会早于夏代",经过不断改进和完善,在"夏商之际(约在公元前17世纪前后)形成完整的文字体系"。

---

① [汉]许慎撰:《说文解字》,499页,北京,中华书局,1985年。

二、汉字的演变

人们通常把先秦时期的甲骨文、金文、大篆和战国时期通行的六国文字(蝌蚪文)及秦国的小篆称为古文,把汉代以后的隶书及其后的楷书、草书等称为今文。

(一) 古文

1. 甲骨文

刻在龟甲兽骨上的文字,称为甲骨文。这是迄今为止发现的最早的具有完整体系的汉字。在已发现的甲骨文里,最重要的是殷墟甲骨文。殷墟甲骨文发现于商代后期王都的遗址——殷墟(今河南安阳市),绝大部分是这一时期商王室的占卜记录。从清末发现甲骨文以来,在殷墟已经出土了大约15万多片甲骨。在这些甲骨中,全部单字的总数约为4 600~4 700个,其中能确切辨认的大约1 800字。甲骨文一般是先用朱砂或黑墨写在甲骨上,然后再用刀将笔画刻出,也有的是直接刻成的,笔画瘦劲刚硬,较少圆转,雕刻精美。

2. 金文

刻铸在钟鼎等青铜器上的文字称青铜器铭文,也称金文、钟鼎文。商代后期就出现了青铜器铭文,这时的铭文比较简单,一般只有一到五六个字,主要用于记载做器者的名字、所纪念的祖先名号等。西周铭文内容丰富,文字渐长,由只有几个字的记名标记扩展到几百字的长篇铭文。如周宣王时的毛公鼎铭文长达497字,是研究当时历史和社会的珍贵材料。

青铜器的铸造一般要使用泥制模型,叫作"陶范"。金文是预先雕刻在陶范上再铸出来的,也有少数是在铜器铸好后直接刻上去的。由于陶范质地松软,雕刻比龟甲、兽骨更为容易,所以早期金文比甲骨文的图绘性质更强,更接近原始文字。但金文本身的历史很长,形体结构在发展中也在逐渐简化,逐渐脱离图绘性而变得线条化、平直化。到现在为止,青铜器上的金文发现的不同单字约有3 000个,其中约有2 000个能正确释读。

3. 大篆

大篆有广义、狭义之分。广义大篆是指小篆以前所有的古文字,包括甲骨文、金文、籀文、六国古文等;狭义大篆是指东周时期通行于秦国的文字。这里指狭义的大篆,包括籀文和石鼓文。

籀文,相传因周宣王时的太史籀所书而得名。此人曾著有大篆15篇,作为蒙童的识字课本。籀文字形规整,比西周文字更加简化。遗憾的是,此书东汉时已亡佚六篇,尔后渐至全部散失。据说许慎《说文解字》中保留了一些字形,但毕竟资料太少,且不能确知其究竟是否原貌。所以对籀文的进一步了解,只能有待新资料的发现了。

唐代初年在陕西凤翔出土的石鼓文,是大篆的典型代表。石鼓共10件,现存北京故宫博物院。石鼓文是战国时代秦国刻石,上面分刻四言诗句,记述国君游猎的情况。据推算,石上原文有700余字,但几经沧桑,屡遭残损磨灭,现仅存270余字。石鼓上的字,与金文不同,就其格局体势来看,仍属大篆一系,结构严谨,但已有了秦篆的端倪。

4. 蝌蚪文

战国时代,流行于秦国以外的齐、楚、燕、赵、韩、魏六个诸侯国的文字叫作六国古文,也叫六国文字。另外还有一些小国如越、中山等国的文字,也大致可以归入六国文字。这些古文多为硬笔漆书,有的字上粗下细,形状像蝌蚪,所以又称为蝌蚪文。六国文字比起西周和春秋时期的金文,主要的不同是随意的简化。但是在某些地区和场合,也有加入某些部件将形体繁化的。由于书写的随意性,战国文字的形体在不同的国家与地区常有不同。六国古文以孔子壁中古文为代表,还包括兵器、陶器、竹简、缯帛上的文字。战国文字可以说是汉字发展史上形体最为混乱的文字,尽管掌握了许多材料,也有不少学者进行研究,但仍有很多文字难以辨识。

5. 小篆

小篆也叫秦篆,是秦统一六国以后,由李斯等人根据大篆和六国古文整理而成的字体,它是汉字发展史上第一次规范化运动的产物,是古文字向今文字过渡的桥梁。汉字发展到小篆阶段,前所未有地表现出定型化。首先是轮廓定型,由甲骨文、金文、战国文字的长短大小高下参差,变成基本整齐的长方形;其次是笔画定型,由此前文字的笔画方圆粗细不等,变成均匀圆转的线条;最后是结构定型,由先前文字的部件上下左右自由书写,变成具有相对固定的位置,同一字而有不同形体的现象也大为减少。定型化了的小篆进一步削弱了汉字的象形意味,使汉字更加符号化,减少了书写和认读方面的混乱和困难。

(二) 今文

1. 隶书

小篆是由均匀圆转的线条组成,写起来很不方便,后来在民间出现了一种较为草率的新字体,它打破了小篆的端庄工整,把圆转弯曲的线条写成带方折的。这种新字体,据说当时在下层小官吏、差役(皂隶)、工匠、奴隶中较为流行,所以称为"隶书",也有人说隶书是程邈在监狱中整理的。开始阶段的隶书叫作"古隶",又叫"秦隶",在秦代灭亡后得到进一步的推广和流行。随着纸张的发明和毛笔的改良,进入西汉以后,隶书又出现了新的面目,轮廓由较方变为较扁,笔画中出现了较多的波磔,有"蚕头燕尾"的说法。这就是"汉隶",因和古隶相对,也叫"今隶",还有叫"八分"的。东汉中期以后,隶书成为官方承认的正式字体。当时出现的大量石碑,正文书写用的均为今隶字体。小篆一类的字体,反而只能用作碑额的书写了。

比起小篆,隶书在笔画造型和形体结构方面都发生了很大变化:首先,隶书将小篆不规则的曲线和圆转的线条变为平直方正的笔画,使汉字进一步符号化,几乎丧失了象形意味。它把汉字的象形字,变成了"不象形的象形字",这在汉字的发展史上是一个很大的变化;其次,隶书分化与归并了小篆的偏旁,较大程度地改变了汉字的形体结构;最后,隶书的形体,较之小篆往往有所减省。汉字由小篆演变为隶书,叫作"隶变"。隶变是汉字发展史上的一个重要转折点,它结束了汉字的古文字阶段,使汉字进入更为定型的新阶段。

2. 草书

草书,就是写得草率、快速的字体。任何字体都可以草写,都可以有草书,但是文字学所指的"草书"是一种特定的字体,它是从民间隶书发端萌芽的。在西汉晚期,就出现了具有后世草书风格的字体,进入东汉以后,这些在民间流行的草书,经过文人、书法家的加工,就有了比较规整、严格的形体,可以用在一些官方场合,如可用来书写呈给皇帝阅看的章奏,叫作"章草"。在楷书产生之后,草书在楷书的基础上进一步发展,不但笔画之间可以钩连,上下字之间也可以连写,隶书笔画的某些特征也消失了,形成了另外一种类型的草书,叫作"今草"。草书不但笔画钩连、字间钩连,而且形体高度简化,这样才能写得快。后来出现的某些草书变体,如所谓的"狂草",把汉字形体减省得太过分了,而且带有随意性,一般人难以辨认,因此逐渐失去了它的实用价值,只能作为一种书法艺术品供人欣赏。

3. 楷书

东汉末年,书法家钟繇把行草笔法融入隶书中,创造了楷书,也叫真书、正书,一直沿用至今。楷书是由隶书演变而来,所以也称楷书为"今隶"。"楷"是楷模、范式的意思,这说明楷书是供人学习和运用的正规书体。楷书直接脱胎于隶书,它把隶书笔画的写法改变了,主要表现在横笔的末端不再向上挑,而是收锋;点笔由长形变为带圆状；撇笔的方向改为斜向下，出尖锋；钩笔不用慢弯，成了硬钩。更主要的是，它把汉字由隶书的扁形，改为基本上呈现方形。后来很多人常把汉字称为"方块字"，就是针对楷书讲的。

楷书经历了长期的演变，到隋唐之际才基本成熟。定型之后的楷书，笔画、结构都非常精致、严谨，成为历代学书法之人临摹的范本。楷书在宋代刻印的书籍中被美术化，写得更加规矩而漂亮，称为"宋体字"。后来还有模仿宋体字而加以变化的，叫作"仿宋体"。我们今天阅读的书籍报刊上所用的字体，大致还是这一种风格的楷书变体。

4. 行书

行书是为了弥补楷书的不便书写和草书的难于辨认而产生的一种字体。行书笔势不像草书那样潦草，也没有楷书那样端正，是一种介于草书、楷书之间的字体。楷法多于草法的叫行楷，草法多于楷法的叫行草。"行楷"和"行草"，只是很模糊的概念，没有绝对的界限。但是到这三大书体各自成熟之后，彼此的风格与特点还是判然可分的。行书相传始于汉末，大概在魏晋时代，行书就开始在民间流行了。

三、汉字的"六书"

关于造字方法，古代有"六书"之说。"六书"一词，始见于《周礼·地官·保氏》，但没有列出六书的细目。东汉班固《汉书·艺文志》："古者八岁入小学，故《周官》保氏掌养国子，教之六书，谓象形、象事、象意、象声、转注、假借，造字之本也。"[①]许慎在其《说文解字》中把"六书"的名称和次序定为指事、象形、形声、会意、转注、假借。我们现在说到"六书"的时候，使用的仍是许慎所定的名称，但是依照的顺序与许慎不同，是象形、指事、会意、假借、形声、转注。这种安排，比较符合汉字造字发展的实际情况，同时，也便于记忆。

（一）象形

象形是一种描摹事物形状的造字法。许慎的定义是"画成其物，随体诘诎"，"诘诎"是弯曲的意思。许慎的意思是说，象形的造字原则是描画物体的形状，字的笔画随着物体形状而曲折变化。即根据事物的形象特征来造字，画出事物的形象，以字形表示事物的名称、特征和其他各种含义，如日、月、牛、羊等。

---

① [汉]班固撰：《汉书》，1720页，北京，中华书局，1962年。

（二）指事

指事是一种以象征性符号来表示意义的造字法。许慎的定义是"视而可识,察而见意",意思是说,看到它的形体就可以知道它的大致意思,细致观察,就能知道它的意义所在。如"上""下",长横画表示地平面或是某一位置的界线,短横画表示是在地平面或界线的上方或下方,这样就简单明了地把"上""下"这样的概念用文字表达出来了。指事字当中,也有的是在象形字的基础上,添加某种记号表示事物或概念,如本、末、刃等。

（三）会意

会意就是汇合两个或两个以上的独体字来表示一个新的意义的造字方法。许慎的定义是"比类合谊,以见指㧑"。"比"是合并,组合;"类"指象形、指事等字类;"谊"即义。合并两个以上的字,将字义汇聚成新的字,叫"比类合谊"。"见"意为表现,"㧑"为指向。字造成后让人知道它的字义所在,叫"以见指㧑"。可见,会意就是汇合诸意而成一新意,即把两个或两个以上的字或字符组合起来,以表示一个新的意义。这是汉字造字的一大特色,通过会意,可以直观地表达不少单纯用象形字或指事字难以表达的复杂概念或事物。造出来的字,使人易于领会、明白,所以早期的汉字中,有相当多的会意字。会意字包括同体会意(如林、众、比)和异体会意(如男、赤、初、即)。

（四）假借

语言中某些词有音无字,便借用同音字来表示,这就是假借,也称为"造字的假借"或"六书的假借"。许慎对"假借"的定义是:"本无其字,依声托事,令、长是也。"意思是说,有些事物或概念本来没有与它相应的字来表示,便借用一个同音字(依声)来表示它的意义(托事),如"耳"(表示限制语气的语气词"耳",就是借用耳朵的"耳")、"斤"(表示重量,本无其字,借用一种叫作"斤"的砍伐工具来代称)等。还有一种情况,就是古代用字不大规范,有时候这个词已经有了,但人们却不用它,而用其他的同音字来表示。例如"早晚"的"早"字,在战国时代已经出现了,可是人们多半用"跳蚤"的"蚤"字来代替它。《史记·项羽本纪》中,有"旦日不可不蚤自来谢项王"的话,句中的"蚤"字就是"早"的假借。这种假借,属于本有其字,是音同通用罢了,后来叫作"通假"。通假,实际上就是写别字,这种现象在汉字的使用历史中是相当普遍的,是古人的一种用字习惯。

(五) 形声

用形符(意符、义符)和声符(音符)造出的新字叫形声字,形符表示字义类属,声符表明字的读音。许慎的定义是:"以事为名,取譬相成。""名"即含义;"譬"即告知以声。许慎的意思是说,一个字由形与声两个部分组成,形的部分表示字的"义",声的部分表示字的读音。以事为名,即以表示事物种类的字作为形符;取譬相成,即用读音相同或相近的字作为声符,与形符组成新字。形声是一种合形符与声符于一体的造字方法,形符表示字义,声符提示读音,汉字中的形声字占90%以上。形声字的产生使汉字的性质发生了重大变化:汉字由表意文字过渡到表意兼标音的文字。

(六) 转注

属于同一部首之下、意义相同的一组字是转注字。许慎的定义是:"建类一首,同意相受,考、老是也。""建类一首",即以某一个字为部首,分别注入其他的字,从而组建一系列(即"类")含义相似、相联的新字。如以"老"字上半部分为部首,加入其他一些字,就形成考、孝、耄、耋、耆等一系列与"老"相关的字。"同意相受"是指两个意义相同或相近的两个字可以互相解释,如排与挤、追与逐、呻与吟等。

"六书"是后人根据现有汉字而推测总结出的古人造字方法。从总体上说,它所总结概括出的造字规律是符合实际的,基本上是正确的,这对我们学习和运用汉字具有很大的帮助,所以千百年来被大多数人所信从,并把它作为研究汉字的入门。当然,它也有不足,有不够严密和不够科学的地方,比如"假借",实际上是用字法而不是造字法。另外,"六书"是针对汉字的古文字阶段归纳出来的,随着汉字字体和结构的演变,有不少汉字的形体已经难以运用"六书"来分析它的造字本义了。

第二节 中国古代书法艺术

中国书法艺术与汉字的发生发展是同步的,也经历了漫长的历史演变过程。其间,历代书法家在吸收前人创作成果的基础上,经过艰辛探索,不断推陈出新,创造出独具特色的书法珍品,绘就了一幅千妍百媚的书法艺术长卷。

一、先秦书法

书法是中国特有的艺术,虽然书法艺术的自觉化至东汉末才发生,但书法艺术当与汉字同时萌生。我国最早的古汉字资料,是商周时期的甲骨文和金文,这已经为学术界所公认。从书法的角度审察,这些汉字已经具有了书法形式美的众多因素,如线条美、单字造型的对称美、变化美以及章法美、风格美等。

龟甲兽骨都很坚硬,上面契刻的文字,笔画瘦硬方直,线条无论粗细,都显得遒劲且富有立体感。有的甲骨文笔画比较粗壮,出现弧形的线条。甲骨文契刻时轻重疾徐的细微变化,在线条上都能反映出来,表现出契刻者运刀如笔的熟练技巧。不同时期的甲骨文,在书法风格上有明显的差异,或雄伟俊迈,或纤细谨密,或草率粗放。这些风格上的差异,也是甲骨文断代的重要依据之一。《大龟四版》《祭祀狩猎涂朱牛骨刻辞》《四方风名刻辞》《宰丰骨匕刻辞》《鹿头骨纪事刻辞》等,都是含有艺术素质的精美书法作品。

这一时期金文的代表是大盂鼎铭文、毛公鼎铭文和散氏盘铭文。大盂鼎是西周康王时期的著名青铜器,内壁有铭文,长达291字,为西周青铜器中所少有。大盂鼎铭文是迄今发现最早的鸿篇巨制,在章法上可以看出书写者非常理性的排布。大盂鼎铭文有行有列,行列有序,严密妥帖,平正端严,这种书写格式为后来铭文所承袭。毛公鼎是西周青铜器中赫赫有名的重器之一,铸于西周晚期的宣王时期,内壁铸有497字的长篇铭文。其书法是成熟的西周金文风格,结构匀称准确,线条遒劲稳健,布局妥帖,充满了理性色彩,显示出金文已发展到极其成熟的境地。散氏盘为西周后期厉王时代的青铜器,铭文位于盘内一个近于正方形的空间中,纵行横列各占十九,与棋盘的路数一样,300多个生动鲜活的字便在这正方形的空间里布开了一个管领提挈、回环照应、纵横争折、战斗厮杀的矩阵。铭文结构奇古,线条圆润而凝练,因取横势而重心偏低,故愈显朴厚。

这一时期篆文的代表是战国时秦国的石鼓文。10件石鼓,鼓面朝下,各环刻四言诗一篇,全文计700余字,每篇以起首之文定名,有《吾车》《田车》《而师》《马荐》《吾水》《虞人》等名称,描写了秦王率车马之众田猎的场景,故又称《猎碣》。石鼓文是西周成熟的大篆向秦代小篆过渡的一件具有承前启后意义的杰作,历代学者目为篆书之祖。石鼓文结体方正匀整、舒展大方,线条饱满圆润、笔意浓厚,时有籀文贯穿其间,使章法疏密有致、纵横有象。石鼓自唐代初年被发现以来,就为历代文人、书家、史家所重视,历代歌赞、评论、研究、学习石鼓文者不下数百家。石鼓文唐初发现时的拓本已无法寻其踪迹,现存最早的拓本是北宋时拓摹的,曾经由明代收藏家安国收藏,安氏分别名之以先锋本、中权本和后劲本,现藏日本三井文库。

二、秦代书法

秦统一后的文字称为秦篆,又叫小篆,是在金文和石鼓文的基础上删繁就简而来。秦始皇曾巡狩各地,所到之处常刻石以为志,通常所书文字多出李斯之手。他的字瘦硬婉通,号为"玉箸篆",是小篆的正宗。著名的刻石分别在泰山、峄山、琅琊、芝罘、碣石、会稽六处,其中琅琊、泰山两处刻石原石犹存,但余字已不多,其余几处则早已不知所终。琅琊刻石虽已残损,但其体型格局确是可信原物,是秦篆的典型。琅琊刻石原石在山东诸城东南的琅琊山上,现已移藏中国历史博物馆,由于年代久远而风化剥蚀,原石三面文字皆已不存。传世仅有二世补刻的残文 13 行拓本,共 86 字。其书风由石鼓文一脉传承而来,用笔雄浑朴茂,字体平正端雅、气局阔大。秦代变大篆为小篆,简单看来,只是文字实用改革所致的字体发展,而深入地看,则是艺术上的进步。这种进步,更加显示了汉字本身优秀的艺术素质。

秦代虽然制定、推行小篆,但没有把此前的各种字体尽行废毁,而任由它们自生自灭。前人记有所谓"秦书八体",即大篆、小篆、刻符、虫书、摩印、署书、殳书、隶书,基本概括了此时字体的面貌。这一时期出现的隶书是汉字书写的一大进步,是书法史上的一次革命。隶书不但使汉字趋于方正楷模,而且在笔法上也突破了单一的中锋运笔,为以后各种书体流派奠定了基础。1975 年发现于湖北云梦睡虎地十一号墓的秦简,共有竹简 1 155 支,书写于公元前 217 年,墓主人"喜"是秦始皇统治时期的小吏。睡虎地秦简字体为早期隶书,即古文字学者所称的"秦隶"。秦隶在结体上有自己特殊的时代特征,既有后世隶书的特征,又包含了篆书的特点,为书法史研究提供了珍贵的资料。

三、汉代书法

汉代书法空前繁荣,为后世书法发展奠定了坚实基础。在此期间,书法由籀篆变隶书,由隶书变为章草、真书、行书,至汉末,我国汉字书体已基本齐备。

汉代的字体虽然繁复纷呈,但时代通行字体的代表则是隶书,它承袭了秦时的隶法,加强了由圆转而方折的变化,更把简帛中的波磔作了充分的发挥,于是隶书得以定型,最突出的特点是横笔的体势呈现出"蚕头雁尾"。湖南长沙马王堆三号墓出土的西汉早期帛书《老子乙本》,书写年代据其文字避讳推测可能在惠帝或吕后时期,即约公元前 194 年到公元前 180 年之间。此件帛书字体属于典型的秦汉之际的古隶书,但与睡虎地秦简相比,圆包围式的篆书结构特征已经较少出现,横、竖向线间的衔接多以方折取代圆转,字形多作方扁形。横向线间距压紧,排列整齐。同时隶书特有的波磔用笔得到突出与强调,主要长横超出结体宽度之外,用力按顿后挑出,已具备"蚕头雁尾"的雏形,而左下、右下两向斜出的笔画作非常夸张的伸展,于整体端庄严谨的格局中注入了活泼生动、舒卷自如的视觉特征。汉代成熟时期隶书的典型特征在这件帛书中已基本成形。其后隶书大兴于世,成为一代字体的典则,代表作品有《熹平石经》《乙瑛碑》《礼器碑》《鲜于璜碑》《史晨碑》《曹全碑》《张迁碑》等。

为了书写便捷、赴速急就,草书在汉代也应运而生。其特点是"删难省繁,损复为单,务取易知易为","临事从宜"。隶之草谓之"章草",楷之草谓之"今草"。张芝因既善章草,又开今草之先,所以曾被当时的人称为"草圣"。

东汉末年还出现了"行书"。唐张怀瓘在《十体书断》中说:"行书者,后汉颍川刘德升所造也,即正书(楷书)之小讹,务从简易……"由此可见,刘德升是当时的一位行书代表,可惜他的书作没有保存下来。

汉代书法艺术如此繁荣,既有历史积累的必然,也和当时书法理论的推动、造纸等技术方面的进步以及社会文化的总体发展有着密切关系。

四、魏晋南北朝书法

魏晋时期,篆书仍有用场,隶书仍为通用的代表文字,但已呈现出强弩之末的颓势,楷书的发展,则成为历史的必然。在隶书的原型上,融进一些简书、草书的笔法,加以净化、规范化,便是楷书的模型。钟繇在楷书的形成中是一位卓有建树的书法家,他的作品代表了当时楷书的发展水平,对后世影响极大,被后人尊为楷书之祖,《宣示表》是其楷书的代表作品。

行草的长足进步,是这一时期书法发展的又一突出表现。草书领域,当时的书法家一方面对汉时的章草作了规范整理,一方面在书写实践中加强了"草"的飞动驰骋之势,使章草极大地向今草靠近。把今草向前推进一步的是王羲之,他的《十七帖》为今草中以"简约"为法的典范,展示了他高超的书法艺术才能。当然,王羲之更大的贡献是把行书推到了成熟的高峰,他的《兰亭集序》被誉为"天下第一行书",笔法与结字精巧严密,是王羲之传世作品中在风格上最为秀美新妍的一件,是开后代新风的杰作。王羲之在楷书上也有相当高的造诣,所书《乐毅论》《黄庭经》《东方朔画赞》等,对后世影响极大。王羲之在书法上是个革新家,他把散见于前代、当代的书法作品中的一些用笔、结字优点,融合统一在一种崭新的书法作品中。在他的努力下,楷、行、今草三体在当时均脱去隶体的影响,发展成熟。唐张怀瓘《十体书断》中对其书法创新的意义有过高度的评价:"右军开凿通津,神模天巧,故能增损古法,裁成今体……虽运用增华,而古雅不逮。至研精体势,则无所不工。所谓冰寒于水,亦犹雅颂得所。钟鼓云乎。"

继承王羲之新风,更进一步发展妍美洒脱风格的著名书家是王献之。他是王羲之的第七子,在书法艺术实践上也取得了很高的成就。后世提及行草,必然提到他们父子,世称"二王"。他们的书法不仅是晋代书法的典范,而且也成为历史上行草书的极则。现藏上海博物馆的王献之《鸭头丸帖》,为唐人临摹本,是其遒美潇洒新风的代表作,此帖用笔中、侧锋兼用,笔势连绵,潇洒俊逸。这种风格发展到唐代则演变为张旭、怀素的狂草,成为书法风格类型中最自由、奔放的极致。王献之不仅行草出色,在楷书方面也造诣颇深,《洛神赋十三行》是其楷书的代表作。

南北朝时期的书法继承了东晋的风气,上至帝王、下至士庶都非常喜好。南北朝书法家灿若群星,但无名书法家为其主流。他们继承了前代书法的优良传统,创造了无愧于前人的优秀作品,为形成唐代书法的鼎盛局面创造了必要的条件。南北朝书法作品以魏碑最胜,魏碑是北魏以及与北魏书风相近的南北朝碑志石刻书法的泛称,是汉代隶书向唐代楷书发展的过渡形态,代表作有《爨龙颜碑》《瘗鹤铭》《石门铭》《张猛龙碑》等。

五、隋唐五代书法

隋代楷书渐趋规范化,成为这一时期书坛的主流。遗留至今的碑刻、造像记、墓志铭等,虽尚存北朝遗意,然而楷书统一工整、端严肃穆的风格已在逐步形成。王羲之七世孙智永和尚,楷法平实,草法谨严,开启以"二王"为宗、楷法规整的唐代书法,有《千字文》流传至今。智永弟子智果,书法瘦劲,与其师并称"禅林笔圣"。二僧同得隋炀帝赞誉:"和尚(智永)得右军肉,智果得右军骨。"

唐初书风尚有六朝及隋的气息,贞观以后,便逐步形成了鲜明的唐人风韵。唐朝初期楷书名家,有欧、虞、褚、薛四家,享誉书史。

欧阳询,字信本,潭州临湘(今湖南长沙)人,历仕隋唐,书法风格险劲,楷书存世代表作有碑刻《化度寺碑》《九成宫醴泉铭》。两碑均属欧阳询晚年书风成熟的作品。《化度寺碑》全称《化度寺故僧邕禅师舍利塔铭》,贞观五年(631)书刻,时欧阳询75

岁。此碑书法遒劲温雅,结字、用笔轻快、灵动,带有隶意。《九成宫醴泉铭》比《化度寺碑》书刻晚一年,由魏征撰文,欧阳询书,记载唐太宗在九成宫避暑时发现泉水之事。此碑用笔方整,字画紧凑,间架开阔稳健,险劲严谨的特征明显,被历代书家奉为"欧体"楷模。

虞世南,字伯施,越州余姚(今浙江余姚)人。其书温润含蓄,端庄静穆,不尚奇巧。唐张怀瓘在《十体书断》中曾将虞世南与欧阳询作比较:"欧之与虞,可谓智均力敌……论其成体。则虞所不逮。欧若猛将深入,时或不利;虞若行人妙选,罕有失辞。虞则内含刚柔,欧则外露筋骨,君子藏器,以虞为优。"武德九年(626),虞世南书成《孔子庙堂碑》,书法用笔俊朗圆润,字形稍呈狭长而尤显秀丽,横平竖直,笔势舒展,备受唐太宗殊誉,获特赐王羲之黄银印一颗,名声顿起。

褚遂良,字登善,钱塘(今浙江杭州)人,封河南郡公,世称"褚河南"。其书法妍媚多姿、刚柔相济。《雁塔圣教序》是其成熟风格的代表作,碑字结构偏方,疏朗开阔,字的姿态空灵婀娜,排列匀称安稳;用笔方圆互用,运用行书上下连带的笔势以造成顾盼有情的点画;线条精美,轻重变化多端,富于弹性。历代对此碑赞赏备至。清杨守敬说:"褚公始将帖法入碑……一洗从来痴重之积习。若瑶台青琐,窅映春林、美人婵娟,似不任乎罗绮之评,诚由此碑可知。"

薛稷,字嗣通,河东汾阴(今山西万荣县)人,工书善画,博学鉴识,官至太子少保,人称"薛少保"。薛稷出身太学,每日习书一幅,师虞、褚等人后追仿魏晋书迹,然未能摆脱褚风,形成自己独特的风格。作为褚的高足,有"卖褚得薛,不失其节"之说。存世《信行禅师碑》章法茂密,结字疏阔,用笔纤瘦,较褚书古质瘦硬,不失为唐楷佳品。

盛中唐能楷书者甚众,卓有成就的是颜真卿。他的楷书碑刻很多,结体丰伟,气势豪壮。中晚唐的柳公权在楷书方面也足以为代表,其字坚硬刚锐,露锋而不失凝重。

颜真卿,字清臣,京兆万年(今陕西西安)人,祖籍琅琊临沂(今山东临沂),官至吏部尚书、太子太师,封鲁郡开国公,世称"颜鲁公"。颜真卿幼承颜氏书学,得母族殷氏亲授,并受褚遂良时风影响,后师从张旭,得笔法,终有成就,尤以楷法盖世。存世楷书作品甚多,代表作有《多宝塔碑》和《颜勤礼碑》。其中,《多宝塔碑》是早期代表作,结构平正匀稳,用笔严谨,成为后世印刷体的楷范。《颜勤礼碑》书刻于大历十四年(779),是颜真卿为其祖父颜勤礼立的碑,1922年出土于西安,点画字迹清楚完整。其书结构端庄大方,字形修长俊美,用笔沉稳厚重,点画起止及转折处强化用笔,着意修饰，形成提按轻重缓急的节奏变化。

此外，颜真卿行草书也有独到之处，以《祭侄文稿》最为著名。此文稿书于乾元元年（758），当时安禄山叛变，颜真卿家侄因抗击叛军而惨遭杀害，归葬时仅存首骨，作者悲愤难抑，情不自禁，以文祭之。此帖本是稿本，为无意作书，行文完全受心情驱使，涂抹、修改、顿挫、舒放，一任自然，字迹神采飞动，笔势雄奇，姿态横生，深得自然之妙，被誉为"天下第二行书"。《祭侄文稿》原迹墨本，现藏台北"故宫博物院"。陈深《停云阁帖题记》称："此帖纵笔浩放，一泻千里，时出遒劲，杂以流丽，或如篆籀，或若镌刻。其妙解处，殆出天造，岂非当公注思为文而于字画无意于工，而反极其工邪！"

晚唐书家以柳公权最为著名，他与颜真卿齐名，有"颜筋柳骨"之称。柳公权，字诚悬，京兆华原（今陕西铜川）人。官至工部尚书，太子少师，世称"柳少师"。柳公权书法结构严谨，用笔刚劲瘦挺，存世作品有楷书碑刻《玄秘塔碑》《神策军碑》等。《玄秘塔碑》又称《大达法师玄秘塔碑》，会昌元年（841）立，今存陕西西安碑林博物馆，由裴休撰文，柳公权书并篆额，内廷刻玉册官邵建和、邵建初兄弟刻字。此碑书法严谨平正，瘦硬锐利。清王世贞评之："柳书中之最露筋骨者，遒媚劲健，固自不乏。要之晋法，亦大变耳。"《神策军碑》后《玄秘塔碑》两年书刻，全称《皇帝巡幸左神策军纪圣德碑并序》，书法风格更成熟，更具有特色。结体布局平稳匀整，运笔方圆兼施，运用自如，笔画敦厚，沉着稳健，气势磅礴，表现了柳体楷书浑厚中见开阔的艺术特点。

唐代草书以张旭、怀素最负盛名。张旭，字伯高，吴郡（今江苏苏州）人，官至左率府长史，人称"张长史"。为人性格倜傥豁达，卓尔不群，因嗜酒行为癫狂而被呼为"张颠"。张旭在"二王"传统草书的基础上，创造出笔势连绵回绕、纵势的狂草，开拓出草书的新形式，主要作品有《古诗四帖》墨迹本和《肚痛帖》刻帖。《古诗四帖》为纸本草书，原迹现藏辽宁省博物馆，此帖字势纵长，用紧密的小空间与疏松的大空间作强烈的鲜明对比，用笔上，夸张"二王"侧锋绞转的笔法，增强字结构的大开大合，墨色顺卷速度的疾迟，作浓淡枯湿的变化。明丰坊跋："行笔如纵空掷下，俊逸流畅，焕乎天光，若非人力所为。"董其昌跋："有悬崖坠石、急雨旋风之势。"

怀素，字藏真，永州零陵（今湖南零陵）人。自幼出家，诵经坐禅之余，尤好草书。其性格疏放，不拘小节，喜饮酒养性，草书畅志，常常酒酣兴发，寺壁、屏幛、衣裳、器皿，无不书之，时人谓之"醉僧"。因家贫无纸，曾种芭蕉万株，用蕉叶代纸写字，名其居为"绿天庵"。蕉叶不够，则做漆盘、漆板，在上面写，以致盘、板都被写穿。他自己把弃笔堆积埋在山下，号"笔塚"。怀素草书用笔多用中锋，减少侧锋，因而书法瘦劲，同时,怀素在字的造型、笔画连带方面加以秩序化、规律化,行与行之间联系趋于简化。墨迹本《自叙帖》《苦笋帖》《小草千字文》是其存世代表作品。《自叙帖》为草书长卷,以瘦劲、细挺的线条为主。用笔迅捷利索,随势提按,粗细变化微妙。章法上,数字连缀成组变化,每行流畅落下,行与行之间左右挪让,互相呼应。清安岐赞道:"大草书,墨气纸色精彩动人。其中纵横变化发乎毫端。奥妙绝伦。有不可形容之势。"绢本墨迹《苦笋帖》,现藏上海博物馆。草中带行,过渡自然。

五代书法虽承唐末之余绪,但因兵火战乱的影响,形成了凋落衰败的总趋向。这一时期,在书法上值得称道的是杨凝式。他是唐哀帝相杨涉之子,历仕后梁、唐、晋、汉、周五代,官居高位,因心疾,又佯狂得以闲居,时人称之"杨疯子"。因后汉时任职过太子少师,又称"杨少师"。他佯狂一生,纵情书法、山水、佛道,好游寺院道观,兴起时常在墙壁上题字,当时洛阳寺观随处可见他的书迹。他的草书狂放怪诞,《宣和书谱》称为"颠草"。存世可见墨迹有《韭花帖》《卢鸿草堂十志图跋》《夏热帖》和《神仙起居法》四帖,风格各不相同,章法各具特色。

六、宋代书法

宋代是中国书法史上众所公认的继晋、唐之后的又一座高峰,为后世所推崇者有蔡襄、苏轼、黄庭坚、米芾四大家。此外,宋徽宗赵佶独树一帜,亦堪称道。

蔡襄,字君谟,兴化仙游(今属福建)人。一生醉心翰墨,历来所有书体,他几乎全都学过且有相当水准。苏轼云:"蔡君谟书,天资既高,积累至深,心手相应,变态无穷,遂为本朝第一。"蔡襄的书法成就,集中体现在行、楷上。楷书代表作品《谢赐御书诗表》,气息安闲,法度严谨,结构遒劲,点画清刚。《平生壮观》评之:"容夷婉畅,此公第一楷书也。"行书作品《自书诗卷》,笔画纤细,却真力弥漫。除以上几种书体外,草书、蝌蚪文、篆籀文、飞白书、隶书等领域,蔡襄也注入了很大的精力,并且也都颇有成就。

苏轼,字子瞻,号雪堂、东坡、东坡居士,眉州眉山(今四川眉山)人,与其父苏洵、弟苏辙并称"三苏"。其书法对后世影响最大的是行书,代表作有《李白仙诗卷》《获见帖》《一夜帖》《黄州寒食诗帖》《前赤壁赋》《祭黄几道文》《丰乐亭记》等,其中尤以《黄州寒食诗帖》最为精彩,被誉为继王羲之《兰亭序》和颜真卿《祭侄文稿》之后的"天下第三行书"。《东图玄览编》评之:"盖以之内观其心,心无其心;外观其笔,笔无其笔。即坡亦不知其手之所以至,与生平所作大殊绝。纵以文皇、大令当之,亦敛衽。"

黄庭坚，字鲁直，号涪翁、山谷，江西分宁（今江西修水）人。在书法上，他的行书和草书成就最高、影响巨大。《黄州寒食诗卷跋》为其行书代表作品，此帖是他在苏轼《黄州寒食诗帖》后写的一段跋语，历来为人们所珍视，与原帖合称"双璧"。跋文与诗文之间，左顾右盼，上下呼应，浑然一气。《李白忆旧游诗》为其草书代表作，书风飘逸，与李白这首浪漫抒情诗文取得极为和谐的统一。元人刘敏中《题山谷帖后》云："今观山谷此帖，浩乎如行云，倏乎如流电，如惊蛇，如游龙，意态横出，不主故常，当使人心动目眩，而莫知其然也。静则察之。无一画之违于理。呜呼！可谓能尽草书之变矣。"

米芾，初名黻，字元章，襄阳（今湖北襄阳）人，后迁居丹徒（今江苏镇江）。他天资高迈，为人狂放怪异，故人称"米颠"或"米痴"，代表其最高艺术水平的是行书和草书。行书作品《蜀素帖》，是他于蜀素上所书诗八首。"蜀素"是四川造的丝绸织物，上织有乌丝栏，制作讲究。因为丝绸织品的纹罗粗糙，滞涩难写，故非功力深厚者不敢问津。而米芾却"当仁不让"，一挥到底，写得随意自如，清劲飞动。另外，由于丝绸织品不易受墨而出现了较多的枯笔，使通篇墨色有浓有淡，如渴骥奔泉，更觉精彩动人。与《蜀素帖》相比，米芾的草书作品《论草书帖》则古雅脱俗，字里行间流露出米芾书法颠放舒展的独特风格。

宋徽宗，名佶，神宗子，哲宗弟。靖康末金人破国，掳佶父子北去，囚居黄龙，死于五国城（今黑龙江依兰）。在书法上，赵佶以其独创的瘦硬爽利之"瘦金书"体而闻名于世。所谓"瘦金体"，即他在学习黄庭坚、褚遂良、薛稷等人书法的基础上，加以融合变通而形成的一种新书体。它的特点是用笔轻落重收、挺劲犀利、转折处顿挫明显、法度森严。笔划瘦直挺拔，横画收笔带钩，竖画收笔带点，撇如匕首，捺如切刀，竖钩细长。此体虽亦瘦亦细，却予人腴润飘逸、圆满秀丽之感。代表作有《楷书千字文》《闰中秋月诗帖》《秾芳诗帖》等。

七、元代书法

元代书法，以行草为主。著名书家有赵孟頫、鲜于枢等，他们在书法创作上，越过宋人，上溯魏晋隋唐，力图重现古代的韵致法度，因此楷、行、草、隶、篆等都取得了一定的成就。

赵孟頫，字子昂，号松雪道人，又号水精宫道人，吴兴（浙江湖州）人，宋太祖子秦王赵德芳的后裔。《元史》记载，他"以书名天下"，"篆、籀、分、隶、真行、草无不冠绝古今。"最能代表赵氏书学成就的,当属他的行草书,传世墨迹有《兰亭十三跋》《行书归去来辞卷》《赤壁赋》《致中峰明本》《国宾山长帖卷》《违远帖》等。

与赵孟頫同时的鲜于枢,也是元代书坛巨擘,时人以"南赵北鲜"目之。鲜于枢,字伯几,一作伯机,号困学民、困学山民、虎林隐吏等,渔阳(今河北蓟县)人。其书法以草书成就最高。其草书取法张旭、怀素,且能集众所长融入自家笔下,形成雄放恣肆的风格。赵孟頫极推重他的草书,曾云:"仆与伯几同学草书,伯几过余远甚。仆及力追而不能及。"传世墨迹有《苏轼海棠诗卷》《游高亭山广严院记》《唐人水帘洞诗》等。

八、明清书法

明代的书法大致可分为三个阶段。从明初洪武到成化时代(1368—1478),可视为前期。这一时期,书家承袭元人的传统而上追古法,形成端正流美的"台阁体",风靡书坛,以沈度为主要代表。

从弘治、历正德、嘉靖至隆庆时代的80余年(1488—1572),是明代书法发展的中期,代表书家有"吴门书派"的祝允明、文徵明等。这一时期"台阁体"书风日渐没落,帖学行草书等日益风行。

祝允明,字希哲,因多生一指,故自号枝山、枝指生、枝山道人等,苏州人,以善草而闻名于世。他的草书师法李邕、黄庭坚、米芾,功力深厚,晚年尤重变化,风骨烂漫。其草书面目繁多,以《曹植诗册》《琴赋卷》等作品为代表的行草书,风格古朴淳厚,结体规矩,用笔圆劲遒逸却微露锋芒;以《草书卷》《和陶渊明饮酒二十首》《前赤壁赋》等为代表的今草,既有晋人草书的飘逸韵致,又有宋人草书的畅达意态。书风洒脱,字态多变;以《杜甫诗轴》《七言律诗轴》等为代表的大草,取法张旭、怀素之狂态,兼用山谷之草法,通篇连绵不绝,墨气酣畅,气势豪放。

祝允明的小楷亦造诣颇高,主要取法钟、王楷意。传世代表作品《关公庙碑》《赤壁赋》等,将古法加以洗练,字体形态略长,笔法瘦健清润,形成于严谨中又不失自然浑朴的风貌。翁文纲《复初斋集》评其楷书:"祝京兆小楷为上乘。有明一代能具晋法者,自南宫生(宋克)开其先,惟枝指生得其正脉也。"

文徵明,初名壁,因避祖讳,乃以征明字为名。先世为衡山人,故自号衡山,苏州人,书法以小楷和行草书成就最高。其小楷初学欧阳询,以劲健取胜;后着力智永,于劲健中掺以虚和之意;晚岁上追钟、王,寓潇洒于方正之中,现飘逸于工整之外,形成似欹反正的自家风貌。传世作品有《前赤壁赋》《离骚经》《归去来兮辞》《醉翁亭记》等。文徵明的行草书用笔精到、行笔干练、提按明显、气息冲淡。王世贞《艺苑卮言》云："行笔仿苏、黄、米及《圣教》。晚岁取《圣教》损益之，加以苍老，遂自成家。"有《杂花诗卷》《自书诗卷》《西苑诗卷》等行草作品传世。

万历时代以后直到明末(1573—1644)，是明代书法发展的后期。这一时期的书法，呈现出多元化的格局，代表书家有徐渭、董其昌、张瑞图、黄道周、倪元璐等。董其昌，字玄宰，号思翁、思白，别署香光居士，华亭（今上海松江）人。他是帖学书法的集大成者，从钟繇、"二王"到张旭、颜真卿、怀素，从杨凝式到"宋四家"乃至元人赵孟頫，凡以"二王"为代表的帖学流派书家，他都认真地取长补短，汲取精华，从而自出机杼，形成自己姿质古淡、生秀率意的书风。代表作品有《草书杜律诗册》《五言诗轴》《仿怀素体书唐人绝句卷》等。

清代书坛对古代各个时代的书艺，都有相当的关注，形成不同时期、不同流派的书风。在行草上有成就的是王铎、张照、郑板桥、何绍基、赵之谦等。他们或专守帖学，或化魏碑入行草，或极意纵恣，或尽情狂怪，唯郑板桥别出心裁，将隶楷行诸体及竹兰绘画融合在一起，创出了所谓的"六分半"体。郑板桥名燮，字克柔，号板桥、板桥居士，江苏兴化人，以诗、书、画"三绝"著称于世，"扬州八怪"之一。其所创"六分半书"，是以隶书为基础，掺杂真、草、篆而形成的一种新书体。该书体别为一格，"如秋花倚石，野鹤戛烟，自然成趣"。传世作品有《新修城隍庙碑记》《剑南诗轴》《判词册》《酒罄君莫沽诗轴》《书曹操观沧海诗》等。

由于碑版鉴定、金石、小学的推动，清代能作篆隶的人也很多，诸如吴熙载、莫友芝、杨沂孙、陈介祺、徐三庚、赵之谦、吴大澂、吴昌硕等，其中吴昌硕的大篆较为突出，凝练苍劲，气度恢弘。吴昌硕，原名俊，又名俊卿，字苍石、昌石等，70岁后以字行，号朴巢、缶庐、缶道人、苦铁、大聋等，浙江安吉人。他是一位诗、书、画、印全能的艺术大师。其书法出于秦汉金石碑刻，五体皆备，篆、隶尤佳，在清末书坛享有很高的声誉和影响。篆书是吴昌硕的名世绝品，在保留《石鼓文》笔势圆融、风格朴茂的基础上，破其结体平稳方正为错落狭长，以上下左右参差取其势；用笔浑朴厚重，圆劲中寓方折，起笔藏锋回护，行笔侧润充实，收笔或戛然而止，或轻顿缓提；章法上，横无列，纵有行，字距行距紧凑，疏密有致，避让得宜；墨法上，饱墨铺毫，意韵生动，偶尔墨尽笔枯亦任其自然，愈显苍莽朴拙之趣。代表作有《临石鼓文轴》《竹人世讲联》等。

吴昌硕的隶书虽遗世作品不多，但古意盎然，境界很高。他的隶书喜作雄厚拙朴一路,别人写隶,结法多扁,而他偏好长体,让人觉得似篆似隶,亦篆亦隶。在结构上通常作左低右高的错落处理,在用笔上,波磔挑剔,含而不露,起笔、收笔圆钝藏锋,给人一种真气内敛、气度恢弘的感受。

第三节 国画的渊源与发展

中国绘画历史悠久,源远流长,历代画家和匠师,运用具有鲜明民族风格的形式手法,创作出独具特色的中国传统绘画。中国绘画经过数千年的丰富、发展与革新,风格鲜明,形式独特,在世界艺术上具有重要的地位和影响。

一、原始绘画

中国绘画的最早遗迹可上溯到远古的岩画和新石器时代彩陶上的装饰纹样。近年来,在我国境内发现了大量岩画遗存,如内蒙古阴山岩画、江苏连云港将军崖岩画、广西花山岩画、云南沧源岩画、青海刚察县岩画,福建、新疆、宁夏等地的岩画也有很多。据考古学家鉴定,这些岩画许多是新石器时代人们创造的。其中数量最多、分布最广、延续时间最长的首推内蒙古狼山地区岩画。

狼山位于内蒙古阴山山脉西段,在绵延300公里的崖壁上,凿刻着成千上万幅岩画。这些岩画多是用硬石或石质工具敲凿或磨刻而成,轮廓沟深至3厘米,表现内容多与原始部族的狩猎生活有关。在磴口县与阿拉善左旗交界的托林沟发现的《狩猎图》,高60厘米,宽70厘米,图中有一猎人正拉弓准备射箭,他的周围还有鹿、羊、虎等动物,图下方是一头山羊和一只虎样的野兽。

在江苏省连云港将军崖南口弧形巨石上的一组岩画,则表现了原始人与植物的依存观念,全画由10个大小不同的人面植物组成,大的高90厘米,小的高18厘米,它们高低错落,又像是生长在土地里的植物果实,形象生动。

在世界原始文化史上,我国的陶器占有重要地位,陶器上的绘画与纹饰也多姿多彩。出土于陕西省西安半坡遗址的人面鱼纹盆,距今约六七千年。全盆为赭色,盆的内壁画着人面和鱼,人面为圆形,头上有发髻和冠,两耳左右各画一条小鱼。在两个人面之间,有两条着笔简练、线条生动的游鱼相隔,形成均衡又有运动感的画面,图画显示了人们与渔猎活动的关系。河南临汝县阎村出土了一个陶缸,距今约5 000年,上面绘制的《鹳鱼石斧图》,是目前发现的最大原始陶绘作品。画面高37厘米,宽44厘米,画面左方是一侧立的白鹳,长嘴、高足、短尾,通身白色,无勾勒线,长长的尖嘴上衔着一条鱼。鱼的轮廓用粗重而工整的黑线勾出,鳍和尾部画成重色,鱼身填以白色,鱼垂直着将要僵硬的身体,鹳却圆睁着眼睛,身体和颈稍稍后仰,似乎是在用力。右方是带柄的石斧,用粗重的黑线勾出,中间涂白色,显得稳重有力,并与鹳微微后仰的动势形成一动一静的对比。它的出土,为研究我国传统绘画的源流和发展提供了极为珍贵的史料。对了解这一时期人们的绘画思想及绘画艺术具有重要的参考价值。

二、先秦绘画

先秦时期即指秦代以前的历史时期,主要包括夏、商、周等几个朝代。这一时期,绘画应用的范围主要是壁画、青铜器、漆木器的纹饰图画和帛画等。

在商周时期的重要建筑物中已经有了壁画装饰。汉代刘向《说苑》中记载,商纣王建鹿台,有"宫墙文画"。1975年,考古学家在河南省安阳小屯村商代建筑物遗址内发现一块壁画残片,长22厘米,宽13厘米,厚7厘米,在一块涂有白灰面的墙皮上,绘有对称的朱色花纹,缀以黑色的圆点。线条宽粗,转角圆钝,推测为主体纹饰的辅助花纹。此外,在安阳大司空村的商墓墓道台阶上,也曾发现朱色及黑色彩绘纹饰。据《孔子家语》等文献记载,西周初,在明堂的墙壁上,绘有尧、舜和桀、纣两类不同的古代帝王,使后世统治者从他们的成败中吸取教训,明辨是非。

战国时期的壁画艺术可能有了很大发展。东汉王逸在《楚辞章句》中认为,诗人屈原的《天问》是作者看到楚先王庙和公卿祠堂中"图画天地山川神灵……及古贤圣怪物行事"后所作。由此可知,当时楚国壁画表现的内容已极为广泛,涉及历史、神话、山川神灵种种传说,可谓奇丽宏伟。

春秋战国时期的青铜器中也开始出现以人和动物为纹样的装饰性绘画,表现内容涉及贵族宴会及音乐舞蹈等活动,也有描绘狩猎、采桑等农事活动及激烈的战争场面。四川成都百花潭出土的战国时代的宴乐攻战铜壶上的纹样,以剪影的形式在器物上分层表现了采桑、射鸟、宴会宾客和水战、陆战等多种人事活动情节。表现战争图像的青铜器还有河南汲县的水陆攻战纹铜鉴,上面共铸人物292个,多方面地表现了格斗、攻守等战斗情景。这些画面虽然还是图案性的平列组合,并缺少细部的描写,但在对重大主题的表现、对生活情节的刻画方面都生动而精彩,达到了前所未有的水平。

漆器在战国时期特别流行，不少漆器上都装饰有精美图画。战国漆画以朱、黑两色为基调，并辅以黄、蓝、绿、白、褐、金、银等多种色彩，对比强烈，变化丰富。湖北随县曾侯乙墓出土漆棺的两侧，绘有窗格和执戈守卫的神怪形象，棺的正面挡板上还画着白虎和朱雀，构图严谨，形象奇诡。河南信阳长台关楚墓出土了大量漆器，其中一件彩绘漆瑟上也画有充满神话色彩的图像，有狩猎、舞乐、车马、仙人等，在黑地上运用了朱红、石黄、赭红、灰、绿及金等色彩，丰富绚丽。长沙出土的一些漆器上还画有车马出行队伍，动态明确，排列富有变化。这些漆画都直接反映了当时贵族的生活场景。

真正独立的绘画作品是在湖南长沙战国时代楚墓中出土的两幅画在丝织品上的图画。一幅是1949年出土于长沙陈家大山楚墓的《人物龙凤帛画》，上绘一位穿着华美衣裙的女子，双手拱拜，空中有蜿蜒游动的龙和展翅飞翔的凤，形象鲜明，动感突出；另一幅是1973年出土于长沙子弹库楚墓的《人物御龙帛画》，画着一位头戴高冠、身着长袍、腰佩宝剑的男子，正站立在一条巨龙的背上，手中执缰绳牵引，仪态端庄，眉清目秀，神情潇洒，身躯微向后仰，头上端有华盖遮护，龙身下面有条游鱼，龙尾上立着一只白鹤，华盖下的穗带和人物结系高冠的系带都向后飘动，表现了乘龙遨游飞驰前进的形象。两幅帛画是中国迄今发现最早的完整的独幅绘画实物，二者均以"引魂升天"为主题，在绘画技巧上都达到了相当高的水平。

三、秦汉绘画

绘画在秦汉时期已从先秦的装饰功能中摆脱出来，发展成为美术中的主要门类。特别是在汉代，统治者出于政治统治、伦理教化以及生活时尚的需要，非常重视绘画创作。绘画的应用范围日益广泛，题材内容较前代大为丰富，创作技巧也有显著提高。

先秦时期即已出现的壁画，在秦汉时期被广泛地运用到宫室殿堂的装饰之中。据《史记》所载，秦始皇在征服六国的过程中："每破诸侯，写放其宫室，作之咸阳北阪上。南临渭，自雍门以东至泾、渭，殿屋复道周阁相属。"在这些豪华壮丽的殿堂里，壁画装饰必不可少。20世纪70年代以来，考古专家对秦咸阳宫殿遗址进行考古发掘，陆续发现了壁画残迹。其中，保存较为完整的有四匹枣红色马驾着车辆的画面，马匹躯体健壮，作向前奔驰的姿态，风格古朴浑厚，显示出早期壁画的风貌。另外还发掘出装饰有双龙交尾、单龙绕壁、凤鸟等图像的空心砖，阴刻线纹流畅而劲健，形象奇瑰生动,也是了解秦代绘画的重要实物资料。

到了汉代,从宫室殿堂到贵族官僚的府邸、庙宇、学堂及豪强地主的宅院,几乎无不以绘画进行装饰。汉代皇宫中的壁画,仅见于记载的就有不少。汉文帝在未央宫承明殿画屈轶草、进善旌、诽谤木、敢谏鼓等,表示皇帝乐于纳谏,听取臣子意见,以达到巩固政权的目的。汉武帝时,曾在甘泉宫墙壁上绘有降附汉朝的匈奴休屠王太子金日磾母亲的肖像,以褒扬她对金日磾的教诲之功。汉明帝为追念和表彰东汉建国中的28位功臣勋将,诏令在洛阳南宫云台图画他们的肖像。这都反映了当时绘画装饰在宫殿建筑中的广泛应用情况。

汉代不仅宫殿都绘有壁画,贵族府邸内也有不少壁画。见于记载的有鲁恭王刘余灵光殿内图画,有天地、山神、海灵、古代帝王、忠臣孝子、烈士贞女等形象。一般官僚的府舍也都绘有山神海灵、奇禽异兽之类题材的壁画。两汉州郡也利用壁画图绘地方官吏事迹,并"注其清浊进退"以示劝诫。还利用壁画来表彰属吏和进行政治宣传。《后汉书·郡国志注》中记载,在郡府的厅堂上图画历届官吏肖像,并写明其清浊功过和升降进退的情况,以激励官吏忠心为国效力。汉章帝时益州(今成都)都尉府舍建筑上皆有华美的装饰,图画山神海灵、奇禽异兽以炫耀其威势,达到令人慑服的功效。

汉代绘画不仅大量施于宫室屋宇,亦大量施于陵寝墓室、享堂石阙。汉代带有壁画的墓葬集中发现于当时的政治中心、军事要塞或经济富庶和文化发达的地区,墓主人大多在政治或经济上有一定地位。迄今汉代壁画墓发现的主要地区有陕西西安,河南洛阳、密县及永城,山西平陆,山东梁山,河北望都,辽宁辽阳、金县,甘肃酒泉,内蒙古自治区托克托及和林格尔等处。

洛阳卜千秋夫妇合葬墓壁画,为目前发现年代较早的西汉墓室壁画之一。壁画绘于门额、主室脊顶及后壁上。主室脊顶上绘有表现死者夫妇分别乘龙和三头神鸟,在仙翁引导下升往仙境的场面。伴随出现的还有人首蛇身的伏羲、女娲,生动活跃的青龙、白虎,展翅飞翔的朱雀,内有蟾蜍与桂树的满月,飞着金乌的太阳,以及方士、仙女、仙兔、奔犬等众多异常生动的形象,还有流动的云彩穿插连贯其中。壁画是在白色壁面上勾线涂色,人物面部略作渲染,线条奔放流畅,加强了形象的生动性和画面的气势,色彩有红、赭、紫、绿四种,技法虽显稚拙,但章法活泼富于变化。

内蒙古和林格尔东汉壁画墓的主人系东汉王朝委派到当地的高级官吏。全墓的墓门,前、中、后室及耳室,均绘有壁画,画面共50余组,达100余平方米。在前室、中室壁上绘几组车马出行图,表现死者一生仕途升迁经历。其出行场面颇为壮观,前有导车及随从官员的轺车开路,周围有随从侍卫达百余骑,墓主人所乘轺车驾有三匹黑马,队伍浩浩荡荡,气势宏阔。壁画还描绘了城市、衙署、府舍、庄园、农耕、采桑、放牧等生产场景,以及历史故事、神话祥瑞等形象,多方面地反映了当时生活面貌。壁画施以朱、绿、青、赭等色,风格古雅,艺术上颇有独到之处。

汉代很多壁画题材亦出现在帛画上,出土于长沙的马王堆汉墓帛画是汉代帛画中的精品。其中,出土于一号汉墓的帛画,内容丰富,色彩绚烂,帛画以左右对称、上下连贯的格局分三段描绘了天上、人间、地下的景象。众多的人物、禽兽、器物被安排得有条不紊,疏密繁简错落有致。设色以平涂为主,技法娴熟,使用的矿物质颜料至今仍十分鲜艳。这幅帛画是汉代绘画中的杰出作品之一,充分体现了中国绘画在汉代所达到的高超水平。

四、魏晋南北朝时期绘画

三国两晋时期是中国绘画艺术走向成熟的时期。有文献可考的专业画家开始出现,他们或具备较高的写实技巧,或积极学习域外宗教美术的经验,或以表现神韵独步画坛。东晋顾恺之的出现,标志着中国绘画艺术完全摆脱了汉代的稚拙水平而进入成熟阶段。

顾恺之,字长康,小字虎头,江苏无锡人。他是当时著名的才子,不但画画得好,而且精于诗文,善谐谑,故而有"画、才、痴"三绝之誉。他的画对后世影响很大,被尊为画家四祖之一。他是一位早熟的画家,20多岁就已"画名大震"了。《京师寺记》中记载着一个故事,说兴宁年间京师造瓦棺寺,僧人向达官贵人化缘,没有一位布施超过十万钱的。顾恺之出口答应捐钱百万,而他并非富豪,和尚以为他不过是开玩笑罢了。但他非常认真地告诉僧人,让他们在庙里准备好一面墙壁,由他去作画。他闭户画了一个多月,画成维摩诘像一躯,然后对僧人说,可以让人们来参观了,第一天参观的要出钱十万,第二天来的减半,第三天以后的数目随便。顾恺之在寺内作画的消息不胫而走,大家都先睹为快,许多人争相来看。当蒙着壁画的帷幕揭开之后,"光照一寺",于是"施者填咽,俄而得百万钱",在画坛引起轰动。据说这壁佛画数百年之后还完好如初。唐代大诗人杜甫游历瓦棺寺时,曾经见过这壁佛画,以后久久不能忘却,写下了"虎头金粟影,神妙独难忘"的诗句,为画史所传诵。"金粟"是金粟如来的简称,即如来佛。这里借指顾恺之所画的维摩诘像。顾恺之绘画题材很广,除人物画外，也画山水和动物。他的作品数量也很多，历代均有收藏著录，但至今只有摹本数轴传世。顾恺之的艺术思想、绘画题材、艺术技巧，对后来绘画艺术的发展均有重大影响。

南朝时期，绘画题材种类在原有的基础上日益扩大，并开始向分科发展，人物画、山水画在这一时期取得了进一步发展。

人物画方面，除了承袭两汉以来的传统题材外，肖像画在这一时期已很发达，重要画家莫不以擅长肖像画而名噪当时。如顾恺之的传神写照，就特别注重揭示对象的精神意向和表现对象的特定性格。此外，齐梁时上流社会奢华侈靡的生活也在绘画上有所反映，出现了谢赫"丽服靓妆，随时变改，直眉曲鬓，与世事新"和稽宝钧、聂松"赋彩鲜丽，观者悦情"一类的新题材和新风格。

南朝刘宋之际，随着文学领域山水诗的发展，出现了以宗炳、王微为代表的山水画。宗炳在所著的《画山水序》中谈及"含道映物""澄怀味像"，并提出"畅神"之说。他还具体论述了如何在有限的画面上画出广阔的山水景物。王微在《论画》中论及山水画创作不同于地图，而应融入画家的心思情感，故画山水"岂独运诸指掌，亦以神明降之""望秋云，神飞扬，临春风，思浩荡"，能给人以精神的怡悦，而这种审美享受是"金石之乐，圭璋之深"难以比拟的。宗炳和王微的山水画作品早已失传，他们在理论上的建树，却为后来中国山水画发展奠定了基础。

北朝画家中最著名者有北魏蒋少游，北齐杨子华、曹仲达、萧放、高孝衍、刘杀鬼，北周田僧亮、阎毗等人。值得一提的是，这一时期的石窟壁画艺术，取得了很高的成就。现存洞窟壁画以敦煌莫高窟为最多，36个洞窟的壁画，满布于各窟的四壁及窟顶、塔柱各处，除掉少量纯装饰性的题材外，主要题材包括具有情节性构图的佛传故事、佛本生故事、因缘故事，还有大量的菩萨、飞天、伎乐人、夜叉等的形象，构思构图都极具匠心。这些寺庙壁画代表着当时绘画的新水平，反映了中国传统绘画吸收、容纳外来文化艺术的新成就。

五、隋唐绘画

隋代国祚虽短，但一度曾出现辉煌局面，涌现出展子虔、杨契丹、阎毗等名家。他们在南北朝与唐代之间有承上启下的重要作用，是唐朝绘画灿烂发展的前奏。唐代国势隆盛，绘画名家辈出，人物画中之阎立本、吴道子，山水画中之李思训、王维，花鸟画中之边鸾，皆为后世之典范楷模。

人物画在隋唐仍占主要地位，阎立本和吴道子是这一时期人物画的杰出代表。阎立本，陕西西安人，贵族出身，幼承家学，善画人物、车马，尤精于肖像，《历代名画记》记载其"有应务之才，兼能书画，朝廷号为丹青神化"。存世作品有《步辇图》和《历代帝王图》。《步辇图》描绘了唐太宗便装坐辇接见吐蕃松赞干布派来迎娶文成公主的使者禄东赞的情景。画面上，唐太宗坐于步辇上，威严自若。宫女九人，分列左右，抬辇持扇，各具姿态。禄东赞拱手肃立，显出敬畏的神态。画面人物主次分明，表情动作刻画细致生动。《历代帝王图》描绘了两汉至隋代13个帝王肖像，是唐朝肖像画中的精品。画家通过对不同帝王外貌特征的刻画，表现出他们的雄才大略和威严仪态。帝王高大、侍从矮小的人物关系处理，既突出了主体人物，也是封建时代等级观念的一种反映。全卷技法统一，线条匀细挺拔。

吴道子，又名道玄，阳翟（今河南禹州）人，是古代最负盛名的画家之一，被誉为"画圣"。他的创作成就主要集中在宗教绘画上，他创作了大量的宗教壁画，仅在长安、洛阳寺观就有三百余间的壁画系他所绘。他的作品注重艺术的感染力，在绘画上善于运用线条，将线条视为重要的绘画语言而加以发挥。后人称其线条笔势"磊落遒劲、气韵雄健"，充满着强烈的感情力量，表现出"高侧深斜、卷褶飘带之势"，给人以"天衣飞扬，满壁生风"之感。后人将他的用线风格与北齐曹仲达的用线誉为"吴带当风，曹衣出水"。其独特样式也被人们称作"吴家样"或"吴装"。吴道子的作品均已失传，现存《送子天王图》《地狱变相图》等是后人托名之作，但确有吴派绘画的气息。《送子天王图》描绘的是释迦牟尼降生为净饭王子的故事。构图包括前后两段，前段描绘天王送子后的情景，后段表现净饭王来迎王子的场面。在绘画技法上，这件作品用线遒劲有力，轻重顿挫富有节奏，势力圆转，衣服飘举，确有"吴带当风"之意。

表现自然山川大地之美的山水画在隋唐时期发展成为一门独立的画种，摆脱了魏晋南北朝时的稚拙状态而趋于成熟。隋代展子虔擅画台阁、人马、山川，所画的《游春图》对唐代山水画有深远的影响。

真正将山水画推向新高度的是盛唐时期的一批画家，在青绿山水画中首推李思训、李昭道父子。李思训的山水画被誉为"国朝第一"。他的《江帆楼阁图》是早期山水画的重要代表，展现时人游春赏景的情形，画面山峦临江，长松巨木掩映庭院，景色辽阔、优美，青绿着色，富丽浓艳，用笔工致而有气势，与展子虔《游春图》比较已有明显的进步。李昭道在其父李思训的基础上又有新的发展。现存《明皇幸蜀图》传为他的作品，描绘了安史之乱中唐玄宗逃难四川，人马在蜀道中行进的情景。图中人物、车辇、山石林木的刻画都异常细微,展现出唐代青山绿水的风貌。

盛唐时以画山水著名的还有诗人王维,"其画山水树石,踪似吴生,而风致特出",晚年隐居蓝田,曾画《辋川图》,表现其所居庄园的优美景色,他的泼墨山水尤为后人称道。

花鸟画在隋唐时也已成为独立画种并有了明显的进步。特别是唐代,由于贵族美术的发展,花鸟题材多流行于宫廷及上流社会,用以装饰环境及满足精神欣赏需要。自盛唐至中晚唐,见于文献记录的花鸟画家主要有殷仲容、冯绍正、薛稷、姜皎、边鸾、梁广、萧悦、滕昌佑等人。

高宗时,薛稷以画鹤著称,他在创作时注意以真实形象为依据,不仅描画鹤之自然形态及飞走情状,而且观之令人有超尘脱俗之感。杜甫曾写诗咏叹其画技之神妙:"薛公十一鹤,皆写青田真。画色久欲尽,苍然犹出尘。低昂各有意,磊落如长人。"

德宗时边鸾的花鸟在题材和技巧上均有创新。他不仅能画奇禽异卉,而且把题材扩展到草木、蜂蝶、雀蝉等田园自然野趣上,山花野蔬无不遍写。他还善画折枝花鸟,"下笔轻利,用色鲜明",能"穷羽毛之变态,奋花卉之芳妍",当时新罗国进献孔雀,德宗诏令边鸾图写其貌,翠彩生动,形态婆娑。

六、五代两宋绘画

五代时期,绘画艺术取得了很大的成就,人物、山水、花鸟画均有所发展。五代时期的人物画创作中,直接描绘贵族生活的题材占据很大的比重,特别是宫廷画派的画家,需要为皇室贵族传神写照,表现他们豪华享乐的生活或贵妇人的生活情态。南唐的宫廷画家,以周文矩和顾闳中最为著名。周文矩,建康句容(今江苏句容)人,南唐中主、后主时为画院待诏,能画冕服车器人物仕女。他的人物仕女效法周而有所变异,画法更趋于秀润纤丽,在立意构图上"颇有精思",现存作品有《重屏会棋图》与《宫中图》。顾闳中也是南唐的宫廷画师,擅长人物,关于他生平史料的记载很少,仅有传为他所画的《韩熙载夜宴图》流传至今。画中人物的身姿容貌及手势都处理得自然合理,生动传神。

五代是山水画发展的重要时期,在唐代以水墨或青绿在屏幛上挥写大山大水或松石的基础上,一些画家深入大自然中,创立了真实生动的南北两大山水画体系。南派以董源、巨然为代表,他们作品中表现的是"溪桥渔浦,洲渚掩映,一片江南",典型的清新秀丽南方山水;北派则以荆浩、关仝为代表,他们作品中表现的是"云中山顶,四面峻厚"、"工关河之势,峰峦少秀色"的典型的北方山水。他们开创的山水画法对后世产生了深远影响。

五代时期的花鸟画在唐代的基础上取得了巨大的进步,名手辈出,以西蜀黄筌和江南徐熙成就最高。他们在题材、风格和审美情趣上存在着"富贵"与"野逸"的差异,因此被称为"黄家富贵,徐熙野逸""徐黄体异",千百年来一直被人称道。两人的花鸟画标志着中国花鸟画艺术走向成熟。他们所代表的花鸟画两大派系,一直延续到后世,在画坛经久不衰。

两宋在历史上延续了三百余年,在此期间,绘画在隋唐五代的基础上继往开来,名家辈出,出现了唐代以后的又一个高峰。两宋绘画的发展大致可分为四个阶段:

第一阶段,北宋建国初期。此期间,人物画在继承六朝和唐代人物画的基础上,又开创了前所未有的新格局,题材被拓宽,形式趋于多样化。武宗元善画宗教画,《朝元仙仗图卷》是其传世代表作品。画卷线描圆劲,行笔如流水,奏仙乐一段衣带飘舞,气氛欢快,尤显出"吴带当风"的特色。山水、花鸟画在北方荆关画派和黄筌、徐熙影响下取得重要发展,李成、范宽等人的绘画在画坛上占据主要地位。李成擅长画寒林平远之景,在宋初极负盛名,被誉为"古今第一"。传为他所作的《读碑窠石图》,表现一个骑骡的旅行者在荒野中看一幢古碑,旁有老树窠石,时值深秋,劲拔的老树和矗立的石碑,使人联想起对过去历史的追忆,在山水画中融入耐人寻味的哲理。遗留至今传为李成的作品还有《寒林平野图》《小寒林图》等。范宽以善画崇山峻岭闻名,被誉为"以山传神"。范宽的《溪山行旅图》是古代山水画中的典范之作。画面上矗立在正中的雄峻的大山,占有2/3的画面,顶天立地,壁立千仞,给人鲜明的印象。一泻千尺的瀑布,山路边淙淙溪水和山路上的驴队行旅,极其生动真实地画出了北方山川的壮美,在静谧的山野中仿佛听到水声和驴蹄声,颇为动人。其作品还有《临流独坐图》《雪景寒林图》《雪山萧寺图》等。

第二阶段,宋神宗时期,出现了以李公麟为代表的鞍马人物画,以郭熙为代表的山水画,以崔白为代表的花鸟画,他们在内容及艺术上都展示出崭新的风貌。李公麟以单纯朴素的白描形式,精确地表现了不同阶层、民族、地域人物的特征。《五马图》是李公麟传世绘画中最为杰出的作品,以白描的画法图绘边地献给皇帝的五匹骏马及牵马的奚官或圉人。骏马皆作静止或缓步行进之状,然能鲜明地表现出马之健壮神骏,五位牵马的人也能让人看出不同的民族、身份和神情气质上的差异。郭熙通过景色季节及气候的描绘,表现了山水林泉的幽情美趣,把李成以来的北方山水画派推向更高水平。流传至今的绘画作品有《早春图》《关山春雪图》《窠石平远图》等。崔白描绘季节气候变化中禽鸟的情态,善于表现败荷凫雁的荒野情趣,突破了宋初以来画院内黄氏体制的规范,取得了更为自然生动的效果。传世名作《双喜图》是一件巨幅花鸟画,表现在肃杀萧瑟的秋风中山鹊和野兔的情态,在写实中具有野逸的情趣,体现了"体制清澹"的画风。《寒雀图》《竹鸥图》等也是其代表佳作。

第三阶段,徽宗赵佶、高宗赵构统治时期。这一时期,宫廷绘画最为辉煌,画家众多,技巧精湛,盛极一时。善画百马、百雁的马贲,善画风俗画的张择端,富有才华的青年山水画家王希孟,善画花鸟翎毛的韩若拙、孟应之、薛志,以画婴儿货郎著称的苏汉臣,为徽宗代笔供御画的刘益、富燮等人,都以画艺精湛、笔墨不凡而著称。赵佶在绘画上也有很高的修养,流传至今的传为他的绘画作品约有十余件,其中多为花鸟,风格各异。代表作有《瑞鹤图》《杏花鹦鹉图》《竹雀图》《芙蓉锦鸡图》《腊梅山禽图》《柳鸦芦雁图》等。

反映城市经济发展与市井小民生活题材作品的出现,是这一时期绘画发展中值得注意的现象,张择端的《清明上河图》代表了宋代风俗画的高超水平。

第四阶段,南宋时期。山水画在这一时期出现了明显的画风变化,代表画家为李唐、刘松年、马远、夏圭等人。李唐是继承北宋绘画成就而又开创南宋新画风的关键人物,起着承上启下的重要作用。《万壑松风图》充分展示了他在山水画方面的高超造诣,壮伟的山峦间白云吞吐,山顶林木丛生,山脚生长着密郁的松林,壑谷间泉水奔流,结构严谨,意境深邃,鲜明地画出了北方山野的清幽壮美。

历史故事画及风俗画在整个南宋时期均有所发展。历史故事画的内容常常糅合民间传说,以古喻今,借以曲折地反映当时的社会政治问题。李唐的《采薇图》,取材殷商亡国后伯夷、叔齐耻食周粟,入首阳山采薇,坚决不与周朝合作的故事。此图借古讽今,倡扬爱国御侮、宁死不屈的民族精神,对当时金人入侵采取屈辱投降、苟且偷安的行为进行批评。其他如《便桥会盟图》《文姬归汉图》《晋文公复国图》等,皆含有此意。反映城乡生活的风俗画和供年节装饰需要的节令画的创作进一步活跃,反映了社会上对美术需求范围的扩展和画家生活视野的扩大,李唐、苏汉臣、刘松年、李嵩等人都创作过不少优秀作品。《村医图》《耕织图》《村乐图》《江山楼阁图》等都是此类题材的代表作。

七、元代绘画

元代绘画以山水画最盛,元初山水画家以赵孟頫、钱选、高克恭为代表,他们均对传统山水画进行了认真探索,并托复古以寻求新路。赵孟頫的山水画,广泛吸收名家之长,强调书画同源,曾在题画诗中写道:"石如飞白木如籀,写竹还应八法通。若也有人能会此,须知书画本来同。"在艺术实践上,他将书法用笔进一步引入绘画中,从而使绘画具有书法韵味,加强了作品的艺术表现力。他早年作画多青绿设色,空勾填色,格调古拙;后期则以水墨为主,有时将水墨与青绿画法有机结合,发展了山水画的表现技法,成就突出。赵孟頫一生创作了大量的绘画精品,山水画方面主要有《鹊华秋色图》《水村图》《双松平远图》《秋郊饮马图》《吴兴清远图》《秀石疏林图》和《古木竹石图》等。

钱选善画青绿山水,在元初与赵孟頫并驱。在创作思想上,他主张绘画要体现文人的气质,即所谓的"士气",力图摆脱对形似的刻意追求,画作具有一种生拙之趣。传世作品有《浮玉山居图》《山居图》《白莲花图》等。高克恭师法董源和米氏父子,发展出个人独特的风貌。画面自然,气势浑成,尤善用云烟渲染气氛。在元代山水画家中,高氏对不同季节的云观察之精细,运用之巧妙,独步一时。传世作品有《云横秀岭图》《春山晴雨图》《春山晓霭图》《墨竹坡石图》等。

元代中期后,在赵孟頫的影响下,出现了四位山水画大家:黄公望、王蒙、倪瓒、吴镇,并称为"元四家"。他们广泛吸收五代、北宋山水成就,发挥了笔墨在绘画中的效用,将笔墨韵味在绘画中的作用发展到新的高度,突出了山水画的文学性,有意识地使诗、书、画融为一体,开创了一代新风,形成以水墨画为主流的山水画。黄公望发展了水墨画法,自成一家,其作品有浅绛和水墨两种面貌。他的浅绛山水,烟云流润、笔墨秀逸、气势雄浑;水墨山水,萧散苍秀、笔墨洒脱、境界高旷。传世作品主要有《富春山居图》《溪山雨意图》《快雪时晴图》《九峰雪霁图》《丹崖玉树图》等。

王蒙的山水画也以水墨为主,间或设色,善用枯笔,绘画主题多表现隐居生活。他的山水在笔墨功夫上超出同辈,以多种手法表现江南溪山林木苍郁繁茂的湿润感,其笔墨繁而不乱,构图满而不臃,结构密而不塞,明显区别于黄、吴、倪三家。他的山水画被奉为范本,对后世影响不绝。倪瓒曾称赞他:"叔明笔力能扛鼎,五百年来无此君。"代表作有《葛稚川移居图》《青卞隐居图》《夏日山居图》《太白山图》《丹山云海图》等。

倪瓒山水画作品多取材于太湖一带湖山景色,多用水墨干笔,偶尔设色。早中年作品浑厚之中透以萧散秀逸,晚年作品苍劲之中蕴藉高旷深远,有一种萧瑟荒寒之感。存世作品主要有《水竹居图》《安处斋图》《渔庄秋霁图》《江岸望图》《幽涧寒松图》

《春山图》等。

吴镇的山水画题材以渔父、古木竹石为多,主要描写江南湖光山色,表现画家避世幽居的隐士生活。作品往往题以秀劲潇洒的草书诗词,使诗书画相得益彰。现存作品有《渔父图》《芦花寒雁图》《双松平远图》《竹谱》等。

元代枯木、竹石、梅兰等题材的绘画,也得到了进一步的发展,并发生了显著变化。其题材往往寓意高洁、孤傲,寄托画家的思想情操。艺术上讲求自然天趣,不尚雕饰和工丽,提倡以素净为贵,主要用水墨技法表现,其画风开启了后来的水墨写意花鸟画的先声。著名花鸟画家有王渊、边鲁等人。王渊作品多用水墨法,变工整富丽为简逸秀淡,是元代成就最突出的花鸟画大家,传世作品有《竹石集禽图》《桃竹春禽图》《山桃锦鸡图》等。

元代画梅,首推王冕,他幼时家贫,常借寺院佛灯读书达旦,中年曾历览南北各地,晚年隐居九里山卖画为生。其墨梅枝干挺秀,笔法简洁,深得梅花清幽韵致。所画梅花千花万蕊,老干新枝,富有生意。故宫藏有其小幅《墨梅图》,花瓣以水墨晕点,自然而富有变化,又在画卷上题诗:"吾家洗砚池头树,个个花开淡墨痕。不要人夸好颜色,只留清气满乾坤。"以梅花寓示志趣,表露了不甘与黑暗腐败同流合污的精神。王冕还擅长篆刻,元明以后文人画讲求诗、书、画、印,王冕是较早具备者之一。

元代人物画,远不如山水、花鸟画兴盛,与前代相比,呈式微状态。元代人物画家中,赵孟頫为一代大家,他善画人物、鞍马,善用铁线描和游丝描,笔法劲健,设色清雅,格调古朴浑穆,面貌多样。其他名家还有张渥、王绎等人。张渥以画白描人物见长,用笔流畅飘逸,形象真实,栩栩如生,有《九歌图》等传世。王绎善画肖像,笔法细劲,造型准确,神态生动,在元代肖像画家中成就最为突出。传世作品有《杨竹西像》,人物面部纯用墨线勾出,眉眼气宇颇能传达人物个性,显示出坚实的功力。

八、明代绘画

在中国绘画史上,明代画风迭变,画派繁兴。明代宫廷绘画与文人士大夫绘画在明初得到相当发展,成为画坛主流。明代中叶以后,以沈周等文人画家为代表的"明四家"十分活跃,取代了宫廷绘画在画坛的地位,成为明代绘画的主流。同时以陈淳、徐渭为代表的水墨大写意画异军突起。明末以董其昌为代表的"华亭派"成为画坛主宰。

"明四家"又称"吴门四家",是指明代中叶活跃在江南苏州一带的四个文人画家:

沈周、文徵明、唐寅和仇英。他们推崇北宋山水，继承董源、巨然衣钵，近取元代赵孟頫和"元四家"之长，强调画家主观世界的表现，给当时画坛以很大的影响。沈周，字启南，号石田，晚号白石翁，长洲（今属江苏省苏州市）人，吴门四家之首，为"吴门画派"开创者。以山水画著称，花鸟画也有较深的造诣，并善画人物。其山水画，以水墨见长，多为江南景色，尤其爱写故乡山水。传世作品有《庐山高图》《仿董巨山水图》《沧州趣图》《东庄图册》《夜坐图》等。文徵明是沈周的学生，擅长绘画和书法，一生过着与诗文书画为伴的名士生活。他是"吴门四家"中沈周之下的第二位大家，在绘画创作上以山水为主，其山水师法赵孟頫、吴镇、王蒙诸人而自成一家，亦擅长花卉人物，气韵神采，独步一时。他的作品有"粗笔"和"细笔"两种，粗者以水墨为之，细者工以青绿，不论粗、细皆以苍秀婉逸见长。传世作品有《兰亭修禊图》《溪桥策杖图》《真赏斋图》等。唐寅，字子畏，一字伯虎，号六如居士、桃花庵主、鲁国唐生、逃禅仙吏等，吴县（今江苏苏州）人。他赋性疏朗，任逸不羁，曾经刻其章为"江南第一风流才子"。唐寅是个画艺早成的画家，于山水、人物、花鸟皆有成就。他的山水画，或雄伟，或纤秀，或平远清幽，能够小中见大，粗中见细，笔墨灵动，焕然神明。传世山水作品有《骑驴归思图》《看泉听风图》《秋风纨扇图》《孟蜀宫妓图》《落霞孤鹜图》等。仇英，字实父，一作实甫，号十洲，太仓（今江苏太仓）人，长于工笔重彩人物与青绿山水，作风严谨不苟，在精丽秀美之中又闪现着文人画的妍雅温润，在当时是一种雅俗共赏的体格。现存仇英的山水画有《桃源仙境图》《桃溪草堂图》《莲溪渔隐图》《剑阁图》等。

明代水墨写意花鸟画贡献突出，对后世产生重要影响的是陈淳和徐渭。陈淳，字道复，号白阳山人，苏州人，文徵明弟子。工书法，擅画山水、花卉。其写意花鸟画继沈周之后多有建树，在绘画史上与徐渭并提，对后来写意花鸟画的发展有着深远的影响。陈淳的花鸟画，不论内容或形式都与前代画家有明显的变化。题材上一变传统的奇花怪石、珍禽异鸟，而以日常习见的花木为主，如院中的梧桐、窗前的芭蕉、池内的荷花、假山旁的丛竹、古梅、几上案头的幽兰与水仙等。花卉造型则以严于剪裁见胜，虽仅一折枝，但给人的印象是自然而完整的，故所谓"一花半叶，淡墨欹豪。疏斜离乱之致，咄咄逼真"。传世代表作有《葵石图》《秋江清兴图》等。徐渭天才超逸，诗文书画无所不精。工画残荷、败菊、炉瓶、彝鼎等，皆古质雅淡，别有风致。他的水墨大写意花卉，笔墨狂放，淋漓尽致，万般情思直泻笔底，于无法中有法，似乱而不乱。传世画作有《杂花图》《墨葡萄》《牡丹蕉石图》《雪蕉图》等。

明代后期山水画，继吴门画派而起的代表画家是董其昌。他的山水画主要师法

"元四家",讲究笔墨情韵,画风清润明秀,简淡天真,墨色鲜丽而富有层次。他的青绿山水,设色鲜丽而不妖,浅绿山水,设色简淡而不飘。传世作品有《高逸图》《赠稼轩山水》《关山雪霁图》《秋兴八景图》等。

九、清代绘画

清代绘画领域,以山水花鸟题材为多,人物画特别是直接反映社会生活的人物画明显衰退。正统的文人画承董其昌之余绪,以"清初四王"为代表,特别受到皇帝和上层社会的欣赏。"四王"指王时敏、王鉴、王翚、王原祁四人,他们都致力于摹古,推崇"元四家",强调笔墨技法,追求蕴藉平和的意趣。他们在以临古为主的艺术实践中积累了较深厚的笔墨功夫,在笔墨、构图、气韵、意境等方面,发展了干笔渴墨层层积染的技法,丰富了中国画的艺术表现力。

明末清初,聚集于江南地区的一批遗民画家,呈现出与正统派相左的艺术追求。这些画家经历了明清改朝换代的剧烈变化,思想上受到巨大冲击,在艺术上有着明显的反映。他们在绘画上独辟蹊径,取得了很高的艺术成就,朱耷是其典型代表。朱耷,自号八大山人,明朝宗室宁王朱权后代。朱耷幼年受家学熏陶,"八岁即能诗,善书法,工篆刻,尤精绘事"。明朝覆灭后,朱耷奉母携弟避难于新建洪崖,为了逃避清朝的迫害,于顺治五年(1648)出家为僧,法名传綮,号韧庵。晚年常居南昌北兰寺,以卖画度生。八大山人的书画早年曾受董其昌影响,由于处境与情感的变化,他突破了董的樊篱,走了和"四王"迥然不同的道路。他所作山水,苍茫凄楚,剩水残山,抑塞之情溢于纸素,表现了对故明的眷恋之情。八大山人的绘画中,以花鸟画的成就最高。他继承了明代以来文人花鸟及宫廷花鸟的写意画风,形成了个性强烈的风格。他的花鸟画构图险怪空灵,笔法雄放含蓄,墨色淋漓酣畅,善用夸张象征的手法赋予花石鱼鸟等人格化特征,形象洗练,表情奇特,蕴含一己胸中意绪。《荷石水禽图》(旅顺博物馆藏)构图呈四方形状,几支疏荷或斜倚或高挂,水塘边几块危立的湖石上,站着两只水鸭,一伸脖仰望,一缩颈木立,造型夸张,"白眼向人"。荷叶画法奔放纵逸,墨色浓淡分明,画简而神具,自有一股奇倔不平之气逼人心目,愤世嫉俗之情溢于画外。八大山人的花鸟画对后世的影响十分深远,清代中期的"扬州八怪"、晚清的"海派"以及近代的齐白石、张大千、潘天寿等人,都受到他的熏陶与启迪。

清代中期异军突起的是活跃在扬州被称为"八怪"的画家群体,他们是汪士慎、金农、黄慎、高翔、李鳝、郑燮、李方膺、罗聘。"八怪"的名字各书记载不尽相同(也有的列入高凤翰、闵贞)。他们并非都是扬州人,但都长期生活于此,他们的作品内容、风格及艺术趣味等方面与正统画家有明显不同,主要画水墨兰竹松石及花卉,也有画写意人物和山水的,画风刚健而富有个性。"八怪"中影响最大的画家是郑板桥,其绘画注重以书法入画法,强调个性化的表现,形成了删繁就简、清瘦挺劲的个人风格。郑板桥的绘画多以兰竹为主,尤长墨竹,重要绘画作品有《衙斋竹图》《墨竹图》《兰竹石图》等。

清末,随着近代商业城市的成长,不少画家云集于大都市上海,靠卖画为生。著名者有赵之谦、任熊、任薰、任颐、吴昌硕等,他们的绘画活动适应着城市的审美情趣和需要,力创新路。吴昌硕擅画阔笔大写意花鸟,也偶作山水、人物。他的大写意花鸟如金石派画家一样,精于以碑入画、以印入画,构图饱满而疏密错落,笔力遒劲而真率,墨韵生动而苍厚,设色浓艳厚重,尤喜用西洋红,造型不拘泥于对客观物象的形似,在造型方法上主要借鉴了具有抽象意味的书法结构结体方式,画风奔放遒劲、朴茂雄强,极富书法金石意味,并且在更高的层次上实现了诗、书、画、印四者的有机结合。《桃实图》轴和《红梅图》轴是其艺术风格的典型代表。《红梅图》轴枝干挺直或下垂,纵横穿插,杂而不乱,极富张力,并以石鼓文笔法写出,古拙浑厚,最能见其以书入画的韵致。梅花用意笔密勾,再点染古艳的红色,与浓淡干湿富于变化的墨色相映成趣。画幅左边的长题,书风苍劲古朴,与画面和谐为一,加上精心布置的几方印章,显示出他在诗、书、画、印结合上所达到的完美境界。《桃实图》轴以虚实疏密的构图,使画面焕发出勃勃生机。画面主体为两棵傲然挺立的桃树,树干苍老粗壮,桃叶茂密,桃实硕大,左侧一枝被果实坠垂于地,颇具匠心与情趣,而右侧旁出的危石,富于装饰意趣。其用笔融入篆籀之法,笔势雄健酣畅,色墨淋漓,气势豪纵洒脱。桃实色彩浓重明艳,题跋亦富有诗意,印章相与辉映。

第四节 国画的境界与意蕴

中国绘画在题材选择和创作技法方面,均有鲜明的民族特色,这与博大精深的中国传统文化底蕴一脉相承。无论是人物画、山水画还是花鸟画,处处彰显着中华文化独有的精神意蕴。

一、绘画题材与笔墨纸的讲求

唐代张彦远在《历代名画记》中将当时的绘画题材分为六门,即人物、屋宇、山水、鞍马、鬼神和花鸟。北宋《宣和画谱》将绘画分为十门,即道释、人物、宫室、番族、龙鱼、山水、畜兽、花鸟、墨竹、蔬菜。南宋邓椿《画继》中又提出画分八类(门)的说法,即仙佛鬼神、人物传写、山水林石、花竹翎毛、畜兽虫鱼、屋木舟车、蔬果药草、小景杂画等。到了元代,汤垕在《画鉴》中又提出了"画家十三科"的说法。据明代陶宗仪《辍耕录》所载,"画家十三科""佛菩萨相、玉帝君王道相、金刚鬼神罗汉圣僧、风云龙虎、宿世人物、全境山林、花竹翎毛、野骡走兽、人间动用、界画楼台、一切傍生、耕种机织、雕青嵌绿"。当然,这种分法未必全面、科学,但从此之后,"十三科"之说得以确定下来,直到今天,仍然被视为约定俗成,就现存的历代作品而言,也的确差不多就是这个范围。

中国画在漫长久远的发展过程中,形成了讲究用笔、用墨和用纸的特点。中国画在很大程度上是以笔墨来造型的,笔墨情趣是中国画最突出的特点,离开笔墨功夫,就不成其为中国画。中国画的形象构成,线条起着决定性的作用。线条的变化,基本上源于用笔方法上的不同。中国毛笔的笔头粗细不同,笔毫软硬相异,与画家的肘、腕、指力相配合,加之运笔时起、行、转、停、轻、重、快、慢的变化,笔毛中锋、侧锋的灵活运用,笔尖的尖、腹、根等部位在纸绢上的参差着落,用笔手法上的提、按、顿、挫、顺、逆的掌握,勾、皴、点、染的交替应用,产生了画面上笔迹的千差万别和格调上的千变万化。好的国画作品都离不开用笔的高度概括、简洁和凝练。

此外,古人有"墨以分其阴阳"的说法,可见用墨在中国画技法上的重要。中国的画家把墨作为色彩来对待和使用,认为在单纯的墨色变化中,能将形形色色对象的形质和生意都淋漓尽致地表现出来,所以有"运墨而五色具谓之得意"的说法。这"五墨"就是指墨的浓度变化,即焦、浓、重、淡、清之不同。用墨还有"六彩"之说,即墨色的黑白、浓淡、干湿六种变化。"五墨"与"六彩"是相联系的:有黑显白,知白守黑,求浓以淡,淡中见浓,有干有湿,有湿才知干。这些都是相对的,相辅相成的,全凭画家苦心经营、巧妙运用,才使黑白浓淡之中寓有万千气象。就水墨画的表现力来说,中国画能将万紫千红、五彩缤纷的世界概括在墨色变化之中,不但不显得单调,反而别有韵味和风趣。

纸作为中国画的主要载体,在绘画艺术的发展过程中扮演着重要角色。在纸未发明前,人们一般以竹木简或绢帛之类作为书写、绘画材料。而纸作为主要的书写材料完全取代简牍是东晋以后的事。东晋之后,由于纸的普遍使用,造纸技术也不断提高。至唐宋,纸的品类名目繁多,有许多名贵的纸,如四川的蜀纸、浙江的竹纸、九江的云蓝纸、江西的白藤纸和观音纸、温州的蠲纸、苏州的春膏纸、安徽的宣纸等,都是闻名全国的上等佳纸。随着造纸技术的精益求精,不仅纸的质地不断提高,而且在染色、印花等再加工方面也有许多创新,这为绘画艺术的发展提供了重要素材。在这些纸张之中,宣纸是最有影响的一种书写绘画用纸,它具有纯白、细密、均匀、柔软、经久不变色的特点。在书写绘画时,它润墨性能好且耐搓折。由于宣纸这些良好的性能,才使中国书画艺术得以表现出绝妙的艺术神采和气韵。从历代流传下来的书法绘画作品,特别是明清以来的纸本书画作品来看,其中多数使用的是宣纸。现存故宫博物院唐代著名画家韩滉的《五牛图》《文苑图》等,都是画在唐代宣纸上的,因此宣纸享有"纸寿千年"的美誉。

唐代的宣纸已有了生纸、熟纸之分。所谓生纸,又称生宣,就是用纸帘把纸浆捞出来后,再经烘干便直接使用的纸。熟纸又称熟宣、矾宣,是把生纸再进一步加工而成的纸,如进行填粉、加蜡、施胶等工序,目的是使它沾墨而不晕。在绘画中,生宣适用于水墨写意,画家可随意渲染,表现出空灵缥缈的意境;熟宣则适用于工笔画,便于细描精写,微入毫发。

明代造纸业很发达,除了久负盛名的宣纸外,明末的毛边纸也很受世人的欢迎。所谓毛边纸,并非是纸的边缘有毛,而是因为晚明藏书家毛晋在大规模刊刻古书时,为降低书的成本,选用了一种特制的纸印书,并且在纸的边缘处印了"毛"字为记,于是人们便称这种纸为毛边纸。这种纸是选用嫩竹,经石灰处理后捣烂成浆,再用竹帘抄造而成。这种纸平滑均匀,利于托墨吸水,具有宣纸的一些特点,而价钱又较宣纸低廉,因此颇受初学书画者的欢迎,行销至今。

正因为中国画的这些独特讲求,与西方绘画相比,形成了鲜明的民族形式和艺术特色。首先,国画是以形写神。西方古代艺术家在刻画一个具体物象时,目的是再现,追求物象的逼真与完美。中国绘画艺术从一开始就不单纯拘泥外表形似,而更强调神似。形似只有外表的逼真,神似才能表现内在的本质精神。中国绘画对于描写对象,不是作纯客观的描摹,而是把客观物象与作者的艺术思维融合在一起,把自然形象变为"艺术的形象",赋予物象以感情,渗入作者的气质与品格,以达到"以形写神""形神兼备"的最高境界。这种注重神韵的绘画思想也为近现代其他画种所汲取,成为民族绘画的主要特色之一。

其次,国画是用线造型。西方画家为了再现物象,总是着意刻画,敷色多重,追求色彩的表现力。中国画则不求形似,往往用明快、犀利多变的勾线,再加以皴擦点染、水墨设色等手法来表现形体的质感及阴阳的背向,画面气韵生动的气和韵,主要在笔墨线条的运用上,通过用笔的轻重缓急,使画出的线描不仅表现对象形体,而且具有形式美感,能体现出不同的气质和个性,从而大大加强了作品的艺术魅力。

另外,诗、书、画、印的完美结合,是中国传统绘画的独有特色。"诗、书、画、印熔铸一炉"强调了中国画与诗、书、印的关系,中国传统绘画既要求画家重视修养,同时又要重视丰富生活的体验和感受,要求诗、书、画、印的完美结合。一幅画不单有诗的意境,而且有诗句的补充,再加上书法艺术的题跋和印章的添加,就会锦上添花,更加完美。元代以后,更注重书画题跋,以诗文抒发情感,唤起观者的联想和共鸣,使画面境界因诗而丰富提高,从而达到借物抒情言志、诗画珠联璧合的境地。

二、人物画

在传统中国画的诸画科中,人物画是最早独立成形的古老画科。周朝时期,人物画已作为重要内容广泛地用于各种建筑与器皿之上,初步形成了以笔描绘出外轮廓线而在其中涂以各种色彩的基本画法,呈现出鲜明准确的造型与单纯强烈的色调,成为后来中国画的基本技法,并决定了中国画的面貌。晋朝顾恺之提出了系统的人物画理论,概括出"传神写照,以形写神"的创作规律,切中传统人物画的中心问题和精髓,在中国绘画史上占有极其重要的地位。北宋李公麟发展了白描手法,将其运用到人物画上,达到了很高造诣。南宋梁楷,崇尚减笔描及泼墨,为后世写意画开一代新风。

中国人物画的主要艺术造型手段是线描。中唐以前,画家笔下的线条总的来说是匀称而细劲。中唐以后,则是圆劲和刚折并用。以后又逐渐演进,变化更多,至明代则形成汪砢玉、邹德忠等总结归纳的"十八描",即18种不同线条的画法:高古游丝描、琴弦描、铁线描、行云流水描、蚂蟥描、钉头鼠尾描、橛头描、混描、曹衣描、折芦描、橄榄描、枣核描、柳叶描、竹叶描、战笔水纹描、减笔描、枯柴描和蚯蚓描。后人又把这些描法分为三大类:一是游丝描类。这类描法线型始终如一,变化较少,铁线描、曹衣描、琴弦描等皆属此类,其代表画家为晋代的顾恺之。二是柳叶描类。此类描法线型变化多,线条中段由于运笔压力大而较粗,枣核描、橄榄描、行云流水描等均属此类,代表画家是唐代的吴道子。三是减笔描类。这类线条因为行笔多用侧锋,压擦力大,压力多集中在线条的一端,使线向面上扩展,线型变化很大,竹叶描、枯柴描等皆属此类线条。宋代画家梁楷及其继承者们最喜欢用这种线描。这些描法为表现画面上各种人物的不同质地的服饰提供了丰富的手段。人物画线描技法的不断丰富和提高,线描风格形式的不断扩大多样,使线描的表现力也不断加强,从而使看来简单的线条变得瑰异谲诡,臻丽灿烂,为世界画苑做出了独具风貌的卓越贡献。

中国人物画的另一个突出特点在于它的概括性,也就是能用简练的笔墨表达出丰富的内容。画家不仅用线条去画轮廓,也用它去表现物体质感、环境明暗、周围气氛以及画家的个性和意识。中国画的线条还有相对独立的美学价值,通过细、曲、直、刚、柔、轻、重等各种线条流露出作者的审美观念。线条在人物画中还能表现人物的情绪和性格,因为人物的精神气质各不相同,在塑造时,除了在表情、动作、形体和外形上要充分刻画人物的气质外,在线条的处理上,为了更充分地表现人物的精神,也应采取不同的表现手法。由于处理手法不同,表现的人物形象气质也会不同。同时,中国人物画还侧重用空白来显示空间,运用笔墨的虚实来显示画面的层次,所以有人说"西洋画旨在务实,而中国画妙在务虚"。这里的"虚",实则指的是一种精神,这种精神就是画家作画时所要表达的主观感情。在一幅成功的绘画创作中,这些感情都可以通过画面的构图和造型以及笔墨色彩的运用,或明朗或含蓄地表达出来。抓住了这一点,就抓住了欣赏中国人物画的主线。

三、山水画

中国山水画简称"山水",它是中国画中以河流山川等自然景观为主要描写对象的画类。山水画在中国画中占有特殊的地位,从魏晋南北朝发展起来,到隋唐时期已成为独立画种,并产生了以矿物质的石青、石绿为主要色彩渲染着色的青绿山水和以墨色为主的水墨山水。到五代和两宋,山水画进入黄金时期,元明清山水画进一步发展,最终成为我国的重要画科之一。

中国传统山水画的审美价值,主要体现在山水的意韵当中,其内容包括意象美、空灵美、诗意美。

第一,意象美。中国传统山水画的最高追求,并不是繁芜的世界,而是人与自然相融合、和谐共存的境界,这点与中国讲究"温柔敦厚"的传统文化是相统一的。中国传统的山水画,用淡淡的水墨,勾勒出宁静悠远的画面,表现出人与自然完美统一的追求,即摆脱世俗,在大自然中彻底放松身心的遁世精神。它是中国传统文化中对于摆脱世俗的心态的形象化反映,具有高远的格调,代表着画家以及中国大部分文人的精神追求,是一种精神的寄托形式。山水画的意象美亦可从构图中显现出来,中国山水画的画面布局除紧密结合所描述内容的自然位置之外,还讲求平面布局中的色、线、形的变化对比与呼应,讲求虚实、疏密、开合、起伏、繁简、聚散的相生相应。北宋范宽的《溪山行旅图》,便是主观审美与自然社会的巧妙构成。画面描绘的是关中一带景色,他以重骨法为主,用墨深重,笔墨酣畅,下笔雄强老硬,山多正面巍立,山势折落有势,其间缀以毛驴行人,草树山石,以峰峦浑厚、严峻逼人的气势展示出秦陇山川的雄伟景象。

第二,空灵美。中国山水画所体现的空灵之美,是国画山水艺术的主要审美趣味形式。空即虚空,它是静止的、虚无的;灵即为灵气,是实实在在的。我国传统山水画擅长以一种写意的形态,画寥寥数笔,却意趣盎然。作品的内容虽然锁定在有限的山山水水上,但其意韵却可以无限深远,具备空灵美的特点。传统的山水画用极其简化的线条,传达出极其丰富的意蕴,使人回味无穷。它所表达出的,是与大自然的亲近之情和闲淡无求的人生境界。中国传统的山水画有一个特点,就是画中不常见人物。即使出现,也大多是作为点缀,与自然界的花草树木、一石一径并没什么不同。这些点缀性的人物作为画面的构成部分而自然存在,与其他的构成部分和谐相处,体现着中国传统文化中"天人合一"的朴素自然观以及无欲无求、闲适散漫的人生境界。这是我国山水画所独有的特点。

第三,诗意美。画中题跋是中国山水画独有的形式,它极大地丰富了中国传统山水画的意境,提高了表现力,使表现内容更加扩大化。不过,真正山水画中的诗境,并非题诗所能完全包含的,而是体现在画的构思、章法、形象、色彩的变化上。题诗只是表达形式的一种而已,并非全部。诗意美美在抒情,美在写意,美在表现。虽无题诗,也富有诗的意境。诗情与画意交融,大大加深了传统山水画的意境,即使"不著一字",也能"尽得风流"。正是诗意美使得山水画具有"韵外之致""境外之情"。

四、花鸟画

在中国传统绘画中,花鸟画是与人物画、山水画鼎足而立的三大主要画科之一,表现对象包括飞禽走兽虫鱼博古,从新石器时期河南临汝庙底沟类型陶缸上的《鹳鱼石斧图》,到湖南长沙出土的战国时期的《人物龙凤帛画》和《人物御龙帛画》,花鸟虫鱼已进入绘画之中。唐五代和两宋时期,花鸟画形成高峰,中国花鸟画的写实功力达到极高的水平。元明清以后,院体花鸟画渐趋衰落,而写意的文人花鸟画发展成熟。

中国的花鸟画,既强调色彩对比,又注重色彩的和谐。早期的花鸟画,作为一门走向成熟的艺术形式，必须尽可能真实准确地再现客观事物，因此，唐五代以前的画家们重视写实，当时的花鸟画以工细写实为特征。正因如此，早期的花鸟画如同其他画科一样，用色重于用墨，所以绘画又称为"丹青"。明代文徵明说："余闻上古之画，全尚设色，墨法次之"，就是根据这一点而下的断语。水墨画兴起之后，墨色在画面上占了主要地位，但是花鸟画的色彩并未显得单调，而是实现了色墨的巧妙结合：墨色并用的画能做到"以色助墨光，以墨显色彩，墨中有色，色中有墨，色不碍墨，墨不碍色"；只用墨的画也能以墨本身的浓淡、干湿、轻重的变化，做到兼有五彩缤纷的效果，甚至能造成色彩所达不到的境界。

与所有的中国画一样，在花鸟画形象的构成上，线条起着决定性的作用。不仅运笔过程中的起笔、行笔、收笔和提、按、顿、转、折以及快慢、轻重、虚实、抑扬会形成不同的效果，而且毛笔笔头的锋、腹、根三个部分也各有不同的功能，在画花鸟画时，运用尤其灵活和丰富。花鸟画在笔墨技法上，尤其是其中的花卉画，与书法艺术的结合更为紧密。梅、兰、竹、菊"四君子"画的画面上，每一笔干、枝、花、叶都与书法的笔法相关，有的简直就是撇、捺、点、勾、折。但绘画与书法毕竟是两种相对独立的艺术形式，尽管画面上的每一笔都可能渗透着书法美，但绝不能用书法来代替绘画。

※ 思考提要

1. 简述汉字起源及演变。
2. 简述汉字的"六书"。
3. 简述柳公权、颜真卿、王羲之书法的特点。
4. 人物、山水、花鸟画的发展沿革是怎样的？都有哪些特点？
5. 据所学知识谈谈如何鉴赏国画。

本章参考文献

[1] 董琨. 中国汉字源流. 北京：商务印书馆，1998.

[2] 王镛主编. 中国书法简史. 北京：高等教育出版社，2004.

[3] [汉]许慎. 说文解字. 北京：中华书局，1985.

[4] [汉]孔安国撰. 尚书正义. 上海：上海古籍出版社，2007.

[5] 裘锡圭. 文字学概要. 北京：商务印书馆，1988.

[6] 欧阳中石等. 中国的书法. 北京：商务印书馆，1997.

[7] [宋]陈思撰. 书苑菁华. 上海：上海古籍出版社,1991.
[8] [唐]张怀瓘. 书断. 杭州：浙江人民美术出版社,2012.
[9] 谢承仁编. 杨守敬集. 武汉：湖北人民出版社,1988.
[10] [清]王士禛撰. 池北偶谈. 北京：中华书局,1982.
[11] 上海书画出版社编. 中国碑帖名品：张旭. 古诗四帖. 上海：上海书画出版社,2012.
[12] 徐改. 中国古代绘画. 北京：商务印书馆,1996.
[13] 薄松年主编. 中国美术史教程. 西安：陕西人民美术出版社,2001.
[14] 金绍健,钟信. 丹青见精神：中国画的境界. 济南：济南出版社,2004.
[15] 崔庆忠. 图说中国绘画史. 杭州：浙江教育出版社,2001.
[16] 丁炳启编著. 古今题画诗赏析. 天津：天津人民美术出版社,1991.
[17] 薛永年,杜娟. 中国绘画断代史·清代绘画. 北京：人民美术出版社,2004.
[18] 陈振濂. 书法学. 南京：江苏教育出版社,1992.
[19] 葛承雍. 中国书法与传统文化. 北京：中国广播电视出版社,1992.
[20] 陈方既. 中国书法美学思想史. 郑州：河南美术出版社,1994.
[21] 金开诚,王岳川主编. 中国书法文化大观. 北京：北京大学出版社,1995.
[22] 徐利明. 中国书法风格史. 郑州：河南美术出版社,1997.
[23] 王岳川. 中国书法文化精神. 北京：新星出版社,2002.
[24] 李鑫华. 中国书法与文化. 北京：中国和平出版社,2003.
[25] 何炳武. 书法与中国文化. 西安：三秦出版社,2006.

第五章　中国传统龙文化

中华儿女自称是龙的传人,可以说龙在中国人的心目中有至尊的地位。数千年来,龙已经成为一种文化的积淀,是中华民族的象征,是中华文化的象征。龙的形象是一种符号、一种意绪、一种血肉相连的情感,中华龙文化对中华民族有强大的感召力、凝聚力、向心力,是中华儿女勤劳勇敢、不屈不挠、自强不息、聪明智慧、诚信和谐地立于世界先进民族之林的精神。

作为龙的传人,不了解龙文化,就无法了解古老的中华文明。那么龙的形象是怎样的?它是如何起源和发展的?龙文化有怎样的含义?带着这些问题我们一一探寻。

第一节　龙的起源、发展及崇龙习俗的形成

一、龙的起源

关于龙的形象,古今诸多文人学者多有描述。《庄子·天运》篇云:"龙,合而成体,散而成章,乘云气而养乎阴阳。"宋人罗愿《尔雅翼》描述得比较全面:"龙者,鳞虫之长。王符言,其形有九似。角似鹿,头似驼,眼似兔,项似蛇,腹似蜃,鳞似鱼,爪似鹰,掌似虎,耳似牛,是也。其背有八十一鳞,具九九阳数。其声如戛铜,盘口,帝有须髯。颔下有明珠。喉下有道鳞。头上有博山,又名尺木。龙无尺木,不能外天。呵气成云,既能变水,又能变火。"明代李时珍在《本草纲目》中亦有类似的记载:"龙,其形有九:头似蛇,角似鹿,眼似兔,耳似牛,颈似蛇,腹似蜃,鳞似鲤,爪似鹰,掌似虎是也。"《涌幢小品》说龙:"鹿角、牛耳、驼首、兔目、蛇颈、蜃腹、鱼鳞、虎掌、鹰爪,龙之状也。"台湾学者庞进认为龙历史悠久且形象杂糅:"起自几万年前的旧石器时代,基本完成于纪元前的秦代和汉代。龙是古人对一些爬行动物和哺乳动物鳄、蛇、蜥蜴、马、牛、猪、狗、鱼以及某些自然天象云、闪电、海潮、龙卷风、泥石流模糊集合而产生的一种神物。"由此可见,龙是一种融合体,既然不是真实存在的动物,只有用"神物"来称之了。

许慎在《说文解字》中就描述了龙的神力:"龙,鳞虫之长,能幽能明,能细能巨,能短能长,春分而登天,秋分而潜渊。"也就是说龙具备了海、陆、空三界动物的特性,能升天,能潜渊,亦能生活在人间。关于这一点其他史籍中也有类似记载,如《管子·水地》篇云:"龙生于水,被五色而游,故神。欲小则化如蚕蠋,欲大则藏于天下,欲上则凌于云气,欲下则入于深泉,变化无日,上下无时,谓之神。"贾谊《新书·容经》:"龙之神也,其惟兹能乎?能与细细,能与巨巨,能与高高,能与下下。吾故曰:'龙变无常'。"刘向《说苑·辨物》篇云:"神龙能为高,能为下;能为大,能为小;能为幽,能为明;能为短,能为长。昭乎其高也,渊乎其下也,薄乎天光,高乎其著也,一有一亡。忽微哉,斐然成章。"可见作为鳞虫之长的龙是能隐能显、善于变化的神异动物。这种万兽之兽,万能之神是如何起源的呢?关于龙的起源有不同的说法。

(一) 起源于原始图腾崇拜,形成于图腾合并

龙起源于原始氏族社会的图腾崇拜,形成于原始部落的图腾合并,这一观点被大多数人认同。"图腾"一词源于印第安语,意思是"他的亲族"。原始社会,由于生产力极其低下,人们在神秘莫测、威力无边的自然界面前显得十分渺小,对自然界中的狂风暴雨、电闪雷鸣、火山喷发、洪水泛滥、山崩地裂、海浪翻卷、虹贯长空、生老病死等现象都无法解释,所以人们认为一定有某种超自然的神力在主宰着这一切,于是龙的模糊融合就开始了。著名龙凤文化研究专家庞进先生认为:"参与融合的有天上的雷电、云雾、虹霓,有水中的鱼、鳄,有地上的蛇、蜥蜴、猪、马、牛、鹿、海潮、泥石流和天地间的龙卷风等……龙的模糊融合过程也就是这些天象和动物被神化的过程。这一过程使先民们的畏惧心理有了对应和依托,提供了多多少少可以排遣一些、升华一些的途径。""龙是中国古人对蛇、鱼、鳄、猪、马、鹿等动物和云、雷电、虹霓、星宿等自然天象模糊集合而产生的一种神物。先民们是以现实生物和自然天象为基础,将自己的对身外世界的疑惑、理解、想象、畏惧、崇拜等等,都贯穿、投注、体现到龙的模糊集合中了。显然,龙的模糊集合是一种多元融合。"[①]

另外一种说法认为,由于人类最初自我意识的朦胧,不知自己从何而来,氏族成员就赋予本氏族的起源以神秘色彩,认为他们本身与自然界的某种动物或植物有特殊关系,而这种动植物就是主宰自然的神,于是就产生了图腾观念,把某一动植物看成是他们的祖先,是部落所敬畏的神物,这样就有了图腾崇拜。各氏族把自己的图腾

---

① 庞进:《博大精新龙文化:以浙江龙游为例》,56页,西安,西安地图出版社,2005年。

作为名称或族徽,并相信图腾能主宰一切,以此为信仰把氏族成员共同联系起来,所以在原始社会,各个氏族部落都有自己的图腾,如黄帝部落的图腾是熊,炎帝部落的图腾是牛,犬戎的图腾是白狗,商部落的图腾是鹰等。而龙的起源则是由引领中华民族踏进文明门槛的杰出部落联盟首领黄帝开始的,以黄帝为首的有熊氏部落不断发展壮大,当时还有诸多氏族部落也在不断发展,如少昊蚩尤联合东夷部落由东向西,炎帝部落由南而北,各部落在发展中相互碰撞融合,最终形成黄帝、炎帝、蚩尤三大部落联盟。为争夺土地、人口,炎黄两大部落首先结成联盟,与积极向北方扩充势力的蚩尤逐鹿中原,最终蚩尤战败被杀。之后炎黄两大部落开始冲突,在阪泉决战,《列子·黄帝》云:"黄帝与炎帝战于阪泉之野,率熊、罴、狼、豹、貙、虎为前驱,雕、鹖、鹰、鸢为旗帜。"司马迁《史记》中也有类似的记载,这实际上说明当时黄帝已经聚合了以熊、罴、狼、豹等为图腾的众多部落,与炎帝大战于阪泉之野,炎帝战败,他统领的各部落归降黄帝,黄帝基本统一了黄河流域。各部落统一以前都有自己崇拜的图腾,如鹰、蛇、狗、鸟、鹿等等,黄帝统一各部落后,将主要部落的图腾各取其中的一部分组合在一起,就形成了龙。黄帝统一中原后,各部落逐渐融合,黄帝作为以龙为图腾的部落联盟首领,被华夏族尊崇为"人文初祖",炎黄子孙也就被称为"龙的传人"。这是关于龙起源的另一种说法,称图腾合并说。

闻一多先生赞同此说法,他在名篇《伏羲考》中说:"龙是一种图腾,并且是只存在于图腾中而不存在于生物界中的一种虚拟的生物,因为它是由许多不同的图腾糅合成的一种综合体",是"蛇图腾兼并与同化了许多弱小单位的结果"。"大概图腾未合并以前,所谓龙者,只是一种大蛇,这种蛇的名字便叫'龙'。后来,有一个以这种大蛇为图腾的团族兼并、吸收了许多别的形形色色的图腾团族,大蛇这才接受了兽类的四脚,马的头,鬣的尾,鹿的角,狗的爪,鱼的鳞和须……于是便成为我们现在所知道的龙了。"[①]一些当代学者仍坚持图腾合并说,但有所创新。王东先生《中国龙的新发现:中华神龙论》一书中,提出了龙"源于图腾,超越图腾"的观点,他认为:"龙的本质在于,它源于原始图腾、综合图腾,但又从根本上超越了任何一种原始图腾、综合图腾,从基于狭隘血缘关系的氏族文化象征,升华飞跃为多元一体的中华民族文化象征。"

关于对图腾的信仰,张振犁先生做了比较全面的解读。他认为在世界范围内原始部族的图腾信仰表现为:图腾物(动物、植物等异物)为本民族的先祖,每年要举行

---

① 闻一多:《从人首蛇身像谈到龙与图腾》,载《人文科学学报》,1942(2):9。

祭祀活动；图腾是本民族的保护神，帮助本族人避过灾难，安居乐业；帮助人生产、生活；本民族人禁食本族图腾物，并加以保护；图腾物有巨大力量，是神圣不可侵犯的，等等。中国的原始图腾信仰，基本也是如此，华夏民族对龙的信仰表现在以下一些方面：民族头领形体特征与龙相近；部族头领降生时，出现吉祥异兆（由其他动物保护、供乳，使其成长等）；龙与灾害斗争，使部族安居；图腾物教民生产、生活；帮助治国、理民；进行文化科技发明，发展生产，繁荣经济文化等；龙是华夏民族的保护神，主持、帮助部族领袖，生育子女，繁衍本氏族后代。

其实龙不仅是多种动物特征的综合体，还是不同文化和精神的交融，最终形成了华夏文化。闻一多先生在《伏羲考》中指出："我们文化究以龙图腾团族的诸夏为基础，龙族的诸夏才是我们的本位文化。"

20世纪80年代，一些学者对龙图腾提出质疑，有的还持否定观点。1988年，阎云翔先生在《试论龙的研究》一文中指出："无论如何，图腾物总是自然界中实有的物体。因为说到底，图腾制体现的也正是人类与自然界之间的关系。因此，如果依据通行的理论和被学界接受的材料，龙作为一种图腾同时又不存在于自然界中是难以令人接受的。"接着1992年，刘志雄、杨静荣二位先生在《龙与中国文化》一书中也提出："迄今为止，考古学、历史学均无可信资料证明在中国历史上曾有过一个强大的以蛇为图腾的氏族部落，至于兼并与融合其他以马、狗、鱼、鸟、鹿为图腾的氏族部落的说法更是完全出于臆想。"还有的学者指出，图腾是氏族群体成员崇敬的对象，是不得损伤或杀害的，而在中国的古代典籍和神话传说中，有很多贬龙、斗龙、斩龙的载述，这与图腾文化的基本特征相悖。

无论怎样，龙已经被华夏民族认同为广义的图腾、精神的象征、文化的标志和情感的纽带，是吉祥嘉瑞的象征，是中国传统文化的代表。作为中华民族的图腾，张新民先生认为龙有四个特点：一是悠久性，龙的出现有五千年的历史了，早在甲骨文中就反复出现了。二是广泛性，龙在中国历史中得到了广泛的认同，上至天子，中间有士大夫，下到普通百姓，都对龙崇拜不已。在地域上，从中原到边疆，无论汉族还是少数民族都共同把龙作为精神象征。三是包容性，现实中是没有龙的，龙是由各种动物汇集而成，龙的各部位都有特定的寓意：突起的前额表示聪明智慧；鹿角表示社稷和长寿；牛耳寓意名列魁首；虎眼表现威严；魔爪表现勇猛；剑眉象征英武；狮鼻象征宝贵；金鱼尾象征灵活；马齿象征勤劳和善良。龙的复杂构成表现了华夏民族广泛的包容性。劳动人民创造了龙，又赋予了龙很多的神话传说：龙或作为开天辟地的创生神,与盘古齐名;或积极参与了伏羲女娲的婚配,从而繁衍了人类;或帮助黄帝取得了统一战争的胜利;或协助大禹治理洪水,为千秋万代造福。四是灵活性。龙是有神性的,上天入地无所不能。

(二) 龙的起源与形成其他诸说

1. 蛇说。关于龙最早的主体原型有很多争议,有蛇、鳄、蜥蜴或马类等,其中绝大多数认为龙的主体是蛇。

在古代文献中,龙、蛇常常并称,如《广博物志·五运历年纪》云,"盘古之君,龙首蛇身";《玄中记》记载,"伏羲龙身,女娲蛇躯";《孟子·滕文公下》云:"当尧之时,水逆行泛滥于中国,蛇龙居之,民无所定……书曰……洚水者,洪水也。使禹治之。禹掘地而注之海,驱蛇龙而放之菹。"《后汉书·襄楷传》记载:"龙能变化,蛇亦有神,皆不当死。"这就说明在原始社会中崇拜蛇的部落很多,因蛇崇拜的覆盖面大,很有群众基础,故以蛇作为龙的主体,能得到炎黄后裔及南北各民族的认同。以蛇为主体,结合其他部族图腾而创造龙,其实是顺应客观需要。龙自形成那天起,它的主干部分就没有太大变化,如果抽走了蛇身,龙就不成为龙了。

现代学者多数也持此种观点。闻一多先生认为:"不拘它的局部像马也好,像狗也好,或像鱼、像鸟、像鹿都好,它的主干部分和基本形态却是蛇。这表明在当初那众图腾单位林立的时代,内中以蛇图腾为最强大,众图腾的合并与融化,便是蛇图腾兼并与同化了许多弱小单位的结果……大概图腾未合并以前,所谓龙者,只是一种大蛇。这种大蛇的名字便叫作'龙'。后来有一个以这种大蛇为图腾的团族(Klan,即氏族),兼并、吸收了许多别的形形色色的图腾团族,大蛇这才接受了兽类的四脚,马的头,鬣和尾,鹿的角,狗的爪,鱼的鳞和须……于是便成为我们现在所知道的龙了。"[①]李埏先生也说"龙是蛇变成的",是古人"以蛇为蓝本,依照蛇的形状和特征,再附加某些想象而塑造出来的"。徐乃湘、崔岩峋二位先生也认为:"龙是以蛇为基础的,而发展变化了的蛇图腾像就是龙的形象。"刘敦愿先生认为"最早的龙就是有脚蛇,以角表示其神异性"[②]。何星亮先生在《中国图腾文化》一书中提出:"时间越早的龙,其形象越简单,越接近于蛇,时间越晚的龙,其形象越复杂,其内涵也越丰富。这说明龙是在蛇的基形上逐步演变而成的。例如,属于红山文化的三星他拉玉龙,其躯干似蛇,无脚,体蜷曲。距今七八千年的内蒙古兴隆洼村出土的龙纹陶器上的龙身为'蛇体'。

---

① 闻一多:《从人首蛇身像谈到龙与图腾》,载《人文科学学报》,1942(2):9。
② 徐乃湘、崔岩峋:《说龙》,13页,北京,紫禁城出版社,1987。

属于龙山文化的陶寺陶盘上,有彩绘蟠龙,龙身盘绕,与自然界的蛇盘绕无异……龙的基形为蛇,而蛇类中最接近龙的是蟒蛇。由于蟒蛇是蛇类中最长、最大的蛇,是蛇中之王,且又奔走如飞,无毒,古人便以为它是神蛇、善蛇,奉之为图腾。后来,蟒蛇图腾被神化,成为今天所知的龙。"

2. 鳄说。有一些学者认为龙的主体原型是鳄。最早提出此观点的人是卫聚贤先生,1934年,他在《古史研究》第三辑中提出"龙即鳄鱼"说。20世纪80年代开始,认为龙的主体原型为鳄的学者逐渐增多,王明达在《也谈我国神话中龙形象的产生》一文中提出,"龙形象的基调是鳄";王大有在《龙凤文化源流》中说,"中国最原始的龙是湾鳄、扬子鳄";何新《中国神龙之谜的揭破》一文认为,"其实所谓'龙'就是古人眼中鳄鱼和蜥蜴类动物的大共名"。祁庆富认为龙"其实就是鳄鱼的最早称呼",他说:"'龙蛇说'至今在学术界还有决定性的影响。然而,'龙蛇说'无法把'龙'的产生解释清楚……看来,龙形始于蛇,还不如说形始于鳄更合理一些……鳄鱼在中原地区由稀少到灭绝,给'龙'变为神创造了极好的条件。随着时间的推移,经过世人的添枝加叶,加上统治者伪饰神化,由鳄鱼起源的'龙'变得神乎其神,秘不可测,成了中国几千年封建社会的统治神物。"

3. 蜥蜴说。持此观点者以刘城淮为代表,他认为:"龙的一些主要特征,除与蛇类近似外,同时与蜥蜴类近似,甚至可以说,与蜥蜴类更为近似。龙的长躯体、有鳞甲、卵生、冬眠、生活于水、隐伏于穴等,固然近似于蛇类,但也近似于蜥蜴类。并且,蜥蜴类有四肢,皆具钩爪,龙亦然,蛇类却没有。比起蛇类与龙来,蜥蜴类与龙尤其相像。这就给上古人民提供了更多的方便,以塑造龙的形象。所以龙的形象既概括了蛇类,更概括了蜥蜴类。"另外,唐兰在《古文字学导论》中也说:"龙像蜥蜴戴角的形状。"

4. 马类说。王从仁在《龙崇拜渊源论析》中提出:"龙源于马。"刘城淮在《略说龙的始作者和模特儿》一文中也认为:"在蛇类和蜥蜴类之外,龙还有一个主干部分和基本形态,那便是马类……充任龙的模特儿之一的马,最初不是一般的陆地上的马,而是河马……河马不仅把自己的部分形体贡献给了龙,而且把自己的部分性能——善于御水,也贡献给了龙。"关于龙马古代文献中也有记载,《周礼·夏官》记载:"马八尺以上为龙。"《礼记·礼运》云:"河出马图。"孔颖达注疏:"龙而形象马,故云马图,是龙马负图而出。"

5. 神异动物说。这种说法以《辞源》和《辞海》为代表,是传播较普遍的一种观点。

《辞源》:"龙是古代传说中的一种善变化能兴云雨利万物的神异动物,为鳞虫之长。"《辞海》:"龙是古代传说中一种有鳞有须能兴云作雨的神异动物。"相近的说法还有,"龙是具有很多神性、很神秘的动物神","是中国古人幻想出来的动物""龙是出现于中国文化中的一种长身、大口、大多数有角和足的具有莫测变化的世间所没有的神性动物"。

6. 物候参照动物说。陈绶祥先生在《中国的龙》一书提出龙是由物候与动物组合而成的说法,它认为龙身是"扭动的虫形",龙角是先民测定时间的工具——表。"在广大的范围中,人们选择不同的物候参照动物,因此江汉流域的鼋类、鳄类,黄河中上游的虫类、蛙类、鱼类,黄河中下游的鸟类、畜类等,都有可能成为较为固定的物候历法之参照动物……后来,这些关系演化成观念集中在特定的形象身上,便形成了龙。"

7. 天象说。关于龙形的起源很多学者认为与天象有关,有的学者认为龙形源于云彩,有的认为龙形源于闪电,有的则认为龙形源于彩虹。

龙形源于云:著名历史学家何新先生曾在《诸神的起源》中提出龙的原形是云。他认为:"云以及云和雨的功能性关系,就是产生龙的意象的基础。"《易经》记载:"云从龙。"《周易略例》记载:"召云者龙。"据《淮南子·地形训》:"黄龙入藏生黄泉。黄泉之埃上为黄云……青龙入藏生青泉,青泉之埃上为青云……赤龙入藏生赤泉,赤泉之埃上为赤云……白龙入藏生白泉,白泉之埃上为白云……玄龙入藏生玄泉,玄泉之埃上为玄云。"何新说:"在上引文中,龙与云的关系是十分清楚的……所以我的看法是,'龙'就是云神的生命格。"他又说:"龙的真相和实体是云……最初的龙形不过是抽象的旋卷状的云纹。而后来逐渐趋于具体化、生物化,并且展开而接近于现实生物界中两栖类和爬行类动物的形象。"

龙形源于闪电:朱天顺先生认为龙形源于闪电。他说:"幻想龙这一动物神的契机或起点,可能不是因为古人看到了与龙相类似的动物,而是看到天空中闪电的现象引起的。因为,如果把闪电作为基础来把它幻想成一种动物的话,它很容易被幻想是一条细长的、有四个脚的动物。"

龙形源于彩虹:胡昌健认为:"龙的原形来自春天的自然景观——蛰雷电的勾曲之状、蠢动的冬虫、勾曲萌生的草木、三月始现的雨后彩虹等……其中虹是龙的最直接的原型,因为虹有美丽、具体的可视形象。"

8. 树神说。持这种观点的是尹荣方先生,他认为:"中国传说中的龙,原是树神的化身。中国人对龙的崇拜,是树神崇拜的曲折反映。龙是树神,是植物之神。龙的原形是四季常青的'松''柏'(主要是松)一类乔木。""松、龙不仅在外部形象上惊人的相似,而且'龙'的其他属性,与松也同样的相似。"

9. 恐龙说。王大有先生认为:"龙,被古人公认为最原始的祖型,可能还是恐龙。古人以具有四足、细颈、长尾,类蛇、牛、虎头的爬行动物为龙,这可能是古人当时见到并描绘下来的某种恐龙形象……或许古人见到的龙,真的就是恐龙,后来它们渐渐见不到了,才把它的同类海鳄、湾鳄或扬子鳄与其视为一类,加以崇拜。"此外,甲骨文专家叶玉森先生及学者徐知白先生等都主张龙的观念应是远古先民对于巨大的爬行动物恐龙的记忆,或是先民因对恐龙的恐惧而产生龙崇拜。

但对此种说法,有人提出了质疑。恐龙灭绝于七千万年前的中生代,而最早的猿人生活在三百万年前的新生代。也就是说,在恐龙灭绝近六千七百万年之后人类才出现,猿人是看不到恐龙的,那么对恐龙的记忆和恐惧就无从谈起了。杨钟健先生在《龙》一文中断言:"古生物学上之所谓龙,与传说中之所谓龙,截然为两回事。"所以龙形源于恐龙之说是站不住脚的。

时至今日,龙的起源依然众说纷纭,但绝大多数学者认为龙起源于原始的图腾崇拜,形成于图腾合并。不管怎样,龙从形成那天起就被中华民族尊崇,并且随着时间的推移和时代的发展,它已经从根本上超越了原始文化的内涵,形成了与中华民族相适应的龙文化。千百年来,龙始终起着融合、凝聚的纽带作用,是中华儿女的民族信念和精神象征。

二、龙形象的演进

龙的形象经历了由简单到复杂、由具象到意象的逐渐演进过程。今天我们看到的威武神奇、栩栩如生的龙多是明清以来形成的形象,最初的龙形象并不是这样完美的,各个历史时期的龙与如今已定格在我们脑海中龙的形象有很大的差别。中国龙历经"原龙""夔龙""飞龙""行龙""黄龙""祥龙"等不同阶段,不断演变,不断发展。

(一) 原始社会时期的龙

原始社会龙尚未定型,只是以某一种或两种实际存在的动物为蓝本,将其意象写意出来的形象,差别较大,多数与蛇相似。这种多元的龙形象,反映了氏族部落林立的现象,也说明各地区文化有很大差异。

中国最早的龙:辽宁阜新查海原始村落遗址出土的"龙形堆塑"距今已有 8 000 多年的历史,属于前红山文化。这处遗址是 1982 年辽宁省文物普查时发现的。"龙形堆塑"位于这个原始村落遗址的中心广场内,由大小均等的红褐色石块堆塑而成。龙全长近20米,宽近2米,扬首张口,弯腰弓背,尾部若隐若现。这条石龙是我国迄今为止发现的年代最早、形体最大的龙。

中华第一龙:1987年,考古学家在河南濮阳原始社会的墓葬中发现了用蚌壳摆的龙,距今约6 000年。墓室中部的壮年男性骨架的左右两侧,用蚌壳精心摆塑着龙虎图案,其中龙的造型粗犷、简单,样子像是蜥蜴,考古学家称它为"中华第一龙"。

玉龙:形象完整的原龙出土于辽河流域西拉木伦河畔上游,具体位置在内蒙古赤峰市翁牛特旗三星他拉村,是红山文化"C"形玉龙,距今有五千年。红山玉龙呈勾曲形,玉龙口闭吻长,鼻端前突,上翘起棱,端面截平,有并排两个鼻孔,颈上有长毛,尾部尖收而上卷,体蜷曲,平面形状如"C",有人说此龙是猪、马、蛇的融合。

(二)夏、商、周时期的龙

在夏、商、周奴隶制社会时期,是上升发展的创意期,龙的形象比以前成熟。这一时期龙的"部件"已经基本齐全了,包括鳞片、眼睛、犄角等。此时的龙口部一般张开,无足的仍然较多,与有足的并存,头部已基本定型。

夏代的龙:张笑恒在《神秘的龙文化》中总结夏代龙说:"三角形的头部、细长弯转的身体,明显取像于蛇;梭形眼和圆形的吻部应该取自于猪;其链状鳞纹、鳍须、短肢、五爪及边饰云雷纹等,又有鱼、蜥蜴、云的成分。由此可以看出夏代龙综合了一些原龙的典型特征,包括中原陶寺文化的蛇型原龙、西北仰韶文化中的鱼型原龙、北方红山文化中的猪型原龙等。"

商代是龙发展史上的转折点,"龙"形象由原龙演进到了夔龙,成了真正的龙。商代的龙与夏代相比,最大的不同就是商代的龙长出了角,商人认为龙有了角,就有了沟通天地的神性,而成为他们的保护神。龙角的形状多样,有的像鹿角,有的像羊角,有的只有独角,这说明龙的形象尚未确定。给龙安上了带有神性的角,表明龙已经不再是自然界真实动物的形态,而是更加抽象化、神秘化的神兽。

西周的龙具备了龙的特征,有龙形的首、吻和似蛇的身躯,足、爪以及尾俱全。春秋战国时期,飞龙开始登上历史舞台,角和四肢伸长,龙爪也清晰可数,通常作奔跑状。

(三)秦汉至元代的龙

从秦汉到元,这一阶段龙形象的发展,注重细节的完善、姿态的变化和精气神,龙的形象趋于完美。

秦汉时期，构成龙的框架、要素、样式基本成形，龙的形象逐渐统一固定下来，之后的历朝历代，直到今天，其模样都是在这个基础上不断地加减、变衍和发展。王东《中国龙的新发现：中华神龙论》一书认为，秦汉时代的龙主要有两类：一是身体修长的蟒蛇型飞龙；二是体宽展翼走兽型飞龙。汉代的龙通常为四肢，每肢有三只爪，双角，身躯较长，全身布满鳞片，鼻面上归拢皱纹，口部有须，两眼外凸有神，汉代的龙为后世飞龙形态奠定了基础。

魏晋南北朝至唐：龙的形体带有比较大的随意性，着重龙首的艺术效果，所以龙角卷曲，嘴部刻画细腻，但身躯较呆板，颈、腹、尾变化不大，龙爪似蹄。张笑恒先生总结隋唐时期的龙形有三个特征。第一，龙身似一条粗大的长蛇，身体两侧刻有两条阴刻线，四腿四爪、爪子臃肿有力。这时期玉龙身上开始出现似鳞纹样的纹饰及斜方格纹，纹饰从颈部直到尾部，没有什么装饰。第二，这时期龙的头形长，张嘴吐舌，嘴极大，张开后嘴角超过眼角。龙嘴之大，是以前年代从来没有过的。第三，在龙腿的小腿部分关节处有山羊胡子状的腿毛。隋唐时期，除了一般传统的龙形象外，又出现了一种龙首鱼身的形象，学者称其为"鱼龙变纹"。

宋元时期：龙文化的发展也进入了一个新的阶段，与唐代相比，宋代的龙开始在额后出现两根细长角。元代的龙，龙身多数披鳞，身、尾界限清晰，体格有强壮的也有纤细的，龙首有角、发，却无双须，龙爪一般为三趾。头部扁长，身躯细长，龙眉粗壮，龙角后伸，龙躯长，细脖、细腿、细爪和尖尾形，体态轻盈。

（四）明清时期的龙

明清时期是龙形象集大成发展的阶段，龙的"部件"、龙的"姿势"、龙的"行为规范"都有了一套很完整的定式。龙作蛇形，龙首之鬃、发、须齐全，身躯矫健，爪以四五趾为主，这就是人们如今所看到的最多的龙的形象。龙纹的演绎，深刻展现出古人的智慧和民族文化的底蕴，亦不乏帝王的君主意识。

张笑恒在《神秘的龙文化：中华神龙论》一书中对明代的龙有明确的描述："明龙凶猛威武，胸前大多饰有曲折的绶带，身披火焰纹，怒发冲冠，咆哮于海涛祥云之间，以示主宰权势。明初，龙的上唇已比元代加宽加厚。至明中期，龙的上嘴唇缩短，与下嘴唇收齐，嘴巴紧闭，龙发综聚向上飞起。明万历年间形状又变了，双眼凸起，上下唇均加长，嘴开启，常作戏珠状，头加大，角加长略呈弧状，身粗壮，爪苍劲有力。明代中晚期龙纹的腿的小腿部分很细，中间刻有密集的短阴线，小腿好似一木棒直直的，没有骨骼感；在大腿与小腿之间的关节处有刀口很深的卷云纹，并在关节后面出现似山羊胡子样的腿毛;爪子为风车状,有三爪至五爪之分,但多见的是四爪龙、五爪龙。总体来说,明代的龙纹具有形态端庄、威严雄伟的特点,但缺乏元代龙纹清新飘逸的神韵,身体比元龙粗壮,角、发、须、眉、鳍、肘毛一应俱全。"

清代的龙布局着重立体感,气宇轩昂,身躯硕壮,张牙舞爪,动感强、力度大,威严矫健,以其庞然大物之态,行震撼天地之威。

综上所述,从最早的原始崇拜开始,到战国时期龙开始被神化;从秦汉时开始被赋予象征意义,到明清时成为一种文化内涵的标志,一种合力的象征,龙的形象演变也是中华民族精神的不断完善。而在这一过程中所形成的龙文化,作为中华传统文化的精髓之一,其重要意义在于它全面体现了我们祖先民本思想发展的过程。正如王大有先生所说,从社会学角度来看,龙文化大体已经历了六种心态变迁:自然本体龙图腾崇拜观(崇拜自然龙和文化龙);人龙合一祖先崇拜观(崇拜祖先龙图腾像);一姓王族真龙天子观(崇拜王权龙);人龙合一复归民族观(崇拜全民龙,民族龙,实现龙的人文现代化)。在这过程中,产生了本源龙文化、外延龙文化、变格龙文化、变质龙文化以及宫廷龙文化和民间龙文化。宫廷龙文化导致了龙文化的变格和变质,显示了它专制与愚民的一面;民间龙文化承袭了本源民族民本文化的人民性一面,二者均以龙为共祖,为民族社稷象征。因此,通过对龙文化的研究,可以从某种程度上复原中国史,特别是中国上古史本貌。王大有先生将研究重点放在夏商周三代及以前的三皇五帝时代,这是龙文化的本源时代和外延时代。由此可以探清中华民族的形成、凝聚、分合过程,可以看到现今 56 个民族的族源和历史变迁,可以了解中华文化的迁演规律。

三、中华民族崇龙习俗的形成

据专家研究认为,中国崇龙习俗已经有 8 000 年的历史。龙的形象出现后,有关龙的早期神话传说也产生了。相传,中华民族古圣先王伏羲、女娲、黄帝、炎帝、唐尧、虞舜等,均有龙之态、龙之功、龙之誉,甚至连开天辟地的盘古也与龙有密切关系。

《广博物志》记载:"盘古之君,龙首蛇身。嘘为风雨,吹为雷电,开目为昼,闭目为夜。"神通广大的盘古有龙首蛇身,这是龙信仰、崇拜的标志;盘古之后,对龙崇拜、信仰和传承的就是伏羲和女娲。古代典籍中称伏羲是雷神的儿子或是青虹的儿子,而雷和彩虹都是传说中龙的取材对象,这也就是说伏羲是龙的儿子。伏羲还生有一副"龙相",《玄中记》说"伏羲龙身",《春秋合诚图》也说伏羲"龙唇龟齿""龙身牛首"。

据司马贞《补三皇本纪》记载：伏羲"有龙瑞，以龙纪官，号曰龙师"。关于"以龙纪官"，颜师古注引应劭语注释为："师者，长也，以龙纪其官长，故为龙师。"北宋刘恕《资治通鉴外纪》云："太昊时，有龙马负图出于河之瑞，因而命官，始以龙纪，号曰龙师。命朱襄为飞龙氏，造书契；昊英为潜龙氏，造甲历；大庭为居龙氏，治居庐；浑沌为降龙氏，驱民害；阴康为土龙氏，治田里；栗陆为北龙氏，繁殖草木，疏导泉源。又命五官：春官为青龙氏，夏官为赤龙氏，秋官为白龙氏，冬官为黑龙氏，中官为黄龙氏。"

另外，《竹书纪年》说伏羲"龙马负图出河，始作八卦"，伏羲"受龙图，画八卦"的重要功绩就与龙的信仰有关。而关于女娲人面蛇身的记载也很多，《列子》云：女娲"蛇身人面"。东汉辞赋家王延寿在《鲁灵光殿赋》中说："五龙比翼，人皇九头。伏羲鳞身，女娲蛇躯。"可见，"龙的传人"伏羲、女娲的显赫创世之功，离不开龙的信仰这一内在的精神动力。

轩辕黄帝与神农炎帝更是与龙有不解之缘。在民间和文献中，关于黄帝与龙的信仰关系的材料十分丰富。其一，黄帝形体、容颜似龙，这是龙信仰的外部表现。司马迁《史记》记载："轩辕，黄龙体。"《太平御览·大象列星图》云："轩辕十七星在七星北，如龙之体。"《河图稽命征》云："黄帝轩辕……龙颜有圣德。"《论衡·骨相》说："黄帝龙颜。"《说郛》记载："轩辕龙身而人头。"《山海经》有云："轩辕之国……人面蛇身，尾交首上。"其二，龙是黄帝治国、理民的得力助手，在遇有重大事项或关键时刻黄帝经常得到龙的指引、帮助和保护，这是龙崇拜的表现。《管子·五行》云：黄帝"得苍龙而辨于东方。"《淮南子·览冥训》载："黄帝治天下……青龙进驾。"《史记·封禅书》亦载："黄帝得土德，黄龙地螾见。"《山海经·大荒北经》说："蚩尤作兵伐黄帝，帝乃令应龙攻之冀州之野。"《论衡·纪妖》云："黄帝合鬼神于西大山之上，驾象车，六蛟龙。"其三，黄帝最后被龙接上天。《史记·封禅书》载："黄帝采首山铜，铸鼎于荆山下。鼎既成，有龙垂胡髯下迎黄帝。黄帝上骑，群臣后宫从上者七十余人，龙乃上去。"《抱朴子·极言》云："黄帝服神丹之后，龙来迎之。"《古今注》云："黄帝炼丹于凿砚山，乃得仙，乘龙上天。"

神农炎帝也是如此，出生就与龙有关。《史记·补三皇本纪》云："炎帝神农氏，姜姓。母曰女登，有娲氏之女，为少典妃，感神龙而生炎帝。"《诗含神雾》载：神农"龙首，颜似龙也"。《春秋元命苞》：神农"人面龙颜，好耕，是为神农，始为天子"。

接下来的夏后氏鲧和禹也都是"蛇身人面，牛首虎鼻"，且"此有非人之状，而有大圣之德"。《淮南子·精神训》云:"禹南省方,济于江,黄龙负舟。"《山海经》说:"禹治水,有应龙以尾画地,即水泉流通,禹因而治之也。"另外,传说夏禹和他的父亲鲧死后都变成了龙。

除盘古、伏羲、女娲、黄帝、炎帝、鲧、禹之外,我国古代所谓的四方少数民族蛮、夷、戎、狄也多信仰、崇拜龙。《山海经》就有很多这样的记载,"南方祝融,兽身人面,乘两龙","东方句芒,鸟身人面,乘两龙","雷泽中有雷神,龙身而人头","北方禺疆,人面鸟身,珥两青蛇,践两青蛇","西方蓐收,左耳有蛇,乘两龙","西北荒有人焉,人面、朱发、蛇身……名曰共工"。《史记》索隐引崔浩注:"西方胡皆事龙神。"

据许顺湛先生统计,《山海经》中共有335座山有龙神的记载,各山的行程总和为88 354里,从地域概念可以想一下,它覆盖了多大的面积。在这个范围内生活的人们,虽然各有自己的特点,但都尊崇龙神,而且还都有较规范的祭祀仪式。

古圣先王与神龙交融在一起,多元一体的龙在人们心目中神化成了龙神。虽然这是一种神话传说,但它具有顽强的生命力。龙文化现象受到后来中华各民族的尊重和认同,成为中华民族大融合的典型象征。可以说,龙是中华文化的源头,是中华民族特有的族徽。

第二节 龙文化与习俗

数千年来,随着崇龙习俗的发展,龙文化已经渗透到生活的各个领域,总的来说可分为宫廷龙文化和民间龙文化。宫廷龙文化是神化帝王的文化,民间龙文化即指龙文化的大众性和普及性,它表现在物质生活和精神生活的各个方面。从以求雨或止雨而形成的龙文化,到赛龙舟、舞龙等以竞赛、娱乐为中心的龙文化,从以龙的节日为中心而形成的各种习俗和禁忌,到表现在地名、菜名、人名等文化现象,构成了极为丰富的民间龙文化。

一、宫廷龙文化

无论是开天辟地的盘古,创造人类的伏羲、女娲,还是人文初祖轩辕黄帝,他们都与龙有千丝万缕的联系,特别是黄帝,传说他不仅是龙的儿子,而且最后也被龙接上了天庭。在黄帝之后,几乎所有的帝王都要与龙拉上关系,认为这样才能显示出其神圣的地位。同时，因为伏羲、女娲、黄帝等又是中国人十分崇敬且高高在上、遥不可及的神话传说人物，具有强大的感召力；而龙在人们心目中又备受尊崇，能上天入地，兴云布雨，具有无比的神力，所以历代统治阶级都利用远古传说的神秘和人们普遍尊崇龙的心理，把帝王说成是龙的化身。"真龙天子"是神圣不可侵犯的——人们要像崇拜神龙一样崇拜皇帝，以希望四方来贺、八方来朝，达到江山永固的目的，于是龙就成了皇家的专利，逐渐形成了中国政治中的神龙文化现象。

早在周代，龙就被誉为是天子之驾的象征，龙正式成为帝王的化身则始于秦始皇，司马迁在《史记·秦始皇本纪》中引苏林语："祖，始也。龙，人君象。谓始皇也。"也就是说秦始皇是第一个称龙的皇帝，所以叫龙祖。南宋薛尚功《历代钟鼎彝器款识法帖》记载了秦始皇二十六年度量衡标准器上刻的文字："廿六年，皇帝尽并兼天下，诸侯黔首大安，立号为皇帝，乃诏宰相状绾法度量，则不壹，歉疑者，皆明壹之。元年制诏丞相斯去疾法度量尽，始皇帝为之者有刻辞焉。今龙号而刻辞，不称始皇帝，其于久远也。如后嗣为之者，不称成功盛德刻之诏，故刻，左使勿疑。"由此可以看出，从秦始皇开始以龙为号，树立起皇帝的绝对权威。此后龙作为帝王的化身被赋予了至上地位，并且逐渐形成了完整的以龙为典型代表的帝王文化格局。历代臣子都把帝王神化成龙，《史记·高祖本纪》记载："（刘邦）其先刘媪尝息大泽之陂，梦与神遇。是时雷电晦冥，太公往视，则见蛟龙于其上。已而有身，遂产高祖。高祖为人，隆准而龙颜。"

龙被皇权利用，统治者就把龙的地位提升到空前的地步。龙头、龙角、龙身、龙爪、龙纹、龙鳞、龙须等都有严格的规定，甚至连龙的颜色都不能随意使用，否则就是僭越，是要杀头的。《元史·舆服志》记载："龙谓五爪二角者。"其定龙为五爪，为皇家和蒙古人专用。清代就明确规定皇帝、皇子服饰上正面绣五爪龙，因为龙少一爪就是蟒，龙和蟒严格区分，代表尊卑差别，体现君臣关系。如果皇帝服饰上的龙少一爪，就是欺君之罪，甚至要株连九族。《清史稿·舆服志》记载："龙袍，色用明黄。领、袖俱石青，片金缘。绣文金龙九。列十二章。间以五色云。领前后正龙各一，左右及交襟处行龙各一，袖端正龙各一。下幅八宝立水，襟左右开，棉、袷、纱、裘各惟其时。"

真龙天子几乎所有的生活都与龙有关系，如穿的衣服是龙袍，鞋是龙靴，睡的是龙床，坐的是龙椅；皇帝的身体叫龙体，脸叫龙颜，孩子是龙脉，居住的宫殿中到处都有龙，无论是藻井还是望柱都雕龙、铸龙、画龙。故宫这座明清两代的皇宫，龙无处不在，仅太和殿就有12 654条形态各异的龙。帝王居所，与龙共舞，龙在中国古代的政治生活中被神化,龙与皇权的结合是中国龙文化的一大特色。

此外,农民起义首领也常常用龙作为他们的象征或化身,来提高自己的权威,号召百姓,巩固领导地位。如洪秀全作《龙潜》诗云:"龙潜海角恐惊天,暂且偷闲跃在渊。等待风云齐聚会,飞腾六合定乾坤。"说自己是潜渊之龙,终有一天会腾空而起定乾坤。同时,一些地方割据政权或者农民起义所建立的政权很多也都以龙为年号,如后赵王石鉴以青龙为年号,后凉太祖吕光以龙飞为年号,南诏王劝龙晟以龙兴为年号,后梁末帝朱友贞以龙德为年号,小明王韩林儿以龙凤为年号,等等。这些政权的首领认为,以龙为年号能得到神龙的保护,使政权强大,最终统一天下,并且传承万代,这是龙文化在政治生活中的又一表现。

二、民间龙文化

(一)舞龙

舞龙是中国民间传统龙文化的重要组成部分,是龙文化在民间艺术、思想、精神等领域广泛运用和发展的最典型代表。舞龙富有浓郁的民族特色,散发着清新的乡土气息,民间多在喜庆节日舞龙,祈求神龙护佑风调雨顺、五谷丰登。千百年来这项传统的娱乐活动世代沿袭,象征着吉祥、欢乐和幸福的舞龙已经成为我国大江南北、城市乡村喜庆的日子最具代表性的民俗活动。一颗龙珠引导,龙随珠走,上下翻腾,摇头摆尾,或盘旋翻滚,轻重缓急,神态威武,活灵活现。龙珠是一个牵动龙形之点,给人以心理动态暗示,不但引导长龙前行,同时也控制着乐器的节拍,锣鼓密切配合,与舞步节奏合拍,和谐美妙。在中华民族盛大节日之中,舞龙成为纳福的吉祥之兆。舞龙中所蕴含的团结、和谐、奋进等中国传统美德促进了中华传统文化的发扬。

1. 舞龙的起源与发展

凡遇到喜庆日子,只要是有华人居住的地方都少不了舞龙。那么这项传承千百年、象征华夏民族精神的舞龙是如何起源的呢?时至今日,学者们仍然众说纷纭,没有定论。

(1)传说中的舞龙起源

神话传说:一天龙王得了一种奇怪的腰痛病,龙宫所有的医药都治不好,于是龙王只好化装成老者到人间求医问药。医生给龙王切脉时发现他的脉相怪异,非凡人之脉,于是龙王就向医生说出原委,医生说:"龙王您只有恢复原形我才能确切为您诊治。"但龙王不想让凡人看到自己的龙体,于是对医生说:"我回到海里,藏身于水中,只露出半截龙身请你诊治。"医生在龙王的腰间一片龙鳞下捉出一只蜈蚣,于是龙王痊愈了,为表示感谢,龙王让医生按照龙王的形象扎个龙形,每年挥舞,就可保人间风调雨顺、五谷丰登,从此人间就有了舞龙的习俗。因为当时龙王尾部藏在水里,医生不知龙尾的样子,所以今天舞龙的龙头和身子基本相同,尾部却各种各样。

民间传说:相传在闽粤边界汀江河西的横江、铲坑两个村子,约在四五百年前,这里只是个渺无人烟、虎狼盘踞的大山嶂。后有江姓叔侄二人,迁到大山嶂对岸的虎头沙村,为了创家立业,下定决心开发这片大山嶂,毅然横江西渡,劈山垦土,斩荆棘,驱虎狼,为后人奠定了基业,成为开发这两个村寨的先驱者。为了纪念先辈开基创业的事迹,继承和发扬先辈创业似乌龙过江的气概和精神,后人特在节日舞黑龙,誉之为乌龙过江。另外一个传说是,相传距今七百年以前,新会荷塘有个在四川做官的人,那里流行白天舞纱龙的风俗,其舞龙规模较小,仅10多节。后来,这位官员告老还乡,把制作纱龙和舞龙的技艺带回来加以改变,指点乡人做了一条20多节的大纱龙。从此,当地舞龙的风俗形成了。

(2) 舞龙起源于民间祈雨

据史籍记载,舞龙最初起源于民间祈雨习俗。我国自古就是农业大国,农业是中华文明传承发展的基础,关系到国计民生。由于黄河流域经常发生旱灾,颗粒无收会给百姓带来巨大的灾难,所以祈雨是古人经常做的事,而龙就是人们心目中兴云布雨的神,人们将风调雨顺、五谷丰登的愿望都寄托在龙神的身上。

《易经·乾卦》有云:"同声相应,同气相求。水流湿,火就燥。云从龙,风从虎。"《吕氏春秋·应同》亦载:"类固相召,气同则合,声比则应……山云草莽,水云鱼鳞,旱云烟火,雨云水波,无不皆类其所生以示人。故以龙致雨,以形逐影。"古人认为相同的声音相互影响,相同的气味相互追求,云彩会跟龙走,即龙腾云聚,龙举而云从,云来则雨至。正如东汉王充所说,龙听到雷声而起。龙起必有云相伴随,夏季则多有雷雨,龙多登云,乘云雨而行走。基于这种观念,人们开始用舞龙来求雨,此后代代相传。

早在商周时期,祭龙祈雨已经盛行。《山海经·大荒东经》就有这样的记载:"应龙处南极,杀蚩尤与夸父,不得复上,故下数旱。旱而为应龙之状,乃得大雨。"即在大旱时应用泥土塑成龙形,以示虔诚求雨。汉刘安《淮南子·地形训》中也有"土龙致雨"的记载,但汉代做土龙求雨的方式逐渐被舞龙求雨代替,《后汉书·礼仪志》载:"逢大旱,则舞龙祈雨。"

董仲舒在《春秋繁露·求雨》中记载了舞龙求雨的详细过程:"春旱求雨……以甲乙日为大苍龙一,长八丈,居中央。为小龙七,各长四丈。于东方,皆东乡,其间相去八尺。小童八人,皆斋三日,服青衣而舞之……夏求雨……以丙丁日为大赤龙一,长七丈,居中央。又为小龙六,各长三丈五尺,于南方。皆南乡,其间相去七尺。壮者七人,皆斋三日,服赤衣而舞……季夏祷山陵以助之……以戊己日为大黄龙一,长五丈,居中央。又为小龙四,各长二丈五尺。于中央。皆南乡,其间相去五尺。丈夫五人,皆斋三日,服黄衣而舞之……秋暴巫尪至九日……以庚辛日为大白龙一,长九丈,居中央。为小龙八,各长四丈五尺,于西方。皆西乡,其间相去九尺。鳏者九人,皆斋三日,服白衣而舞之……冬舞龙六日,祷于名山以助之。家人祠井,无壅水……以壬癸日为大黑龙一,长六丈,居中央。又为小龙五,各长三丈,于北方。皆北乡,其间相去六尺,老者六人,皆斋三日,衣黑衣而舞之……四时皆以水日,为龙必取洁土为之,结盖,龙成而发之。四时皆以庚子之日,令吏民夫妇皆偶处。凡求雨之大体,丈夫欲藏匿,女子欲和而乐。"①由此可见,汉代舞龙求雨已经礼制化、程序化了,不同季节的舞龙求雨各有不同的规定,舞龙的具体时间(春季:甲乙日;夏季:丙丁日;季夏:戊己日;秋季:庚辛日;冬季:壬癸日),龙的具体数目、颜色、大小、长度及所处位置(春季:一条大苍龙,长八丈,居中央,七条小龙,各长四丈;夏季:一条赤龙,长七丈,居中央,六条小龙,长三丈五尺;季夏:一条大黄龙,长五丈,居中央,四条小龙,各长二丈五尺;秋季:一条大白龙,长九丈,居中央,八条小白龙,各长四丈五尺;冬季:一条大黑龙,长六丈,居中央,五条小龙,各长三丈),舞龙的方向(春季:东方,皆东乡;夏季:南方,皆南乡;秋季:西方,皆西乡;冬季:北方,皆北乡),舞龙人的具体要求(春季:小童八人,服青衣而舞之;夏季:壮者七人,服赤衣而舞;季夏:丈夫五人,服黄衣而舞之;秋季:鳏者九人,皆斋三日,服白衣而舞之;冬季:老者六人,衣黑衣而舞之)。汉代百姓敬龙、悦龙,祈求龙神降雨消灾的礼节过程就是希望神龙带来祥云,降甘霖雨露,滋润万物生长,有个丰收年。

当人们舞龙祈雨过后,碰巧天公作美,下起了及时雨,人们会欢呼雀跃,感恩神龙,陆游《龙湫歌》就描述了神龙施云布雨的壮观场面:

---

① [西汉]董仲舒著,周琼编:《春秋繁露》,135 页,呼和浩特:远方出版社,2005 年。

环湫巨木老不花,渊沦千尺龙所家。
爪痕入木欲数寸,欢者心掉不敢哗。
去年大旱绵千里,禾不立苗麦垂死。
林神社鬼无奈何,老龙欠伸徐一起。
隆隆之雷浩浩风,倒卷江水倾虚空。
鳞间出火作飞电,金蛇夜掣层云中。
明朝父老来赛雨,大巫吹箫小巫舞。
祠门人散月娟娟,龙归抱珠湫底眠。

(3) 舞龙成为娱乐活动

舞龙由求雨演变为娱乐活动源于汉代,最早的文字记载是汉代盛行的"百戏"中"鱼龙漫衍"之戏。

汉代特别是西汉时期与西域各民族多有友好往来,《汉书·西域传下》记载:"遭值文、景玄默,养民五世,天下殷富,财力有余,士马强胜……(天子)设酒池肉林以飨四夷之客,作《巴俞》都庐、海中《砀极》、漫衍鱼龙、角抵之戏以观视之。"蔡质《汉官典职仪式选用》亦记载:"正月旦,天子幸德阳殿,临轩。公、卿、将、大夫、百官各陪朝贺。蛮、貊、胡、羌朝贡毕……宗室诸刘杂会,万人以上……作九宾散乐。舍利从西方来,戏于庭极,乃毕。入殿前激水化为比目鱼,跳跃就水,作雾障目,毕。化成黄龙,长八丈,出水游戏于庭,炫耀日光。以两大丝绳系两柱间,相去数丈,两倡女对舞,行于绳上,对面道逢,切肩不倾,又踢局出身,藏形于斗中。钟磬并作,乐毕。作鱼龙曼延。"张衡《西京赋》生动描述了"漫衍鱼龙"之戏:"海鳞变而成龙,状蜿蜿以蝹蝹。"海鳞,大鱼也。初作大鱼,从东方来,当观前,而变作龙。三国吴薛综注云:"蜿蜿蝹蝹,龙形貌也。"颜师古在《汉书·西域传》中注:"巴俞都庐""海中砀极"都为歌舞之名,而"漫衍者,即张衡《西京赋》所云'巨兽百寻,是为漫衍'者也。鱼龙者,为舍利之兽。"

这种来自西域的巨型珍奇的舍利之兽由人装扮而成,先在庭前戏耍,然后到殿前激水,变成比目鱼,跳入水中,水花飞溅遮挡人的视线,在这一瞬间化成长八丈的黄龙跃出水面,然后继续游戏于庭前,光芒四射,同时伴有歌舞、演奏乐器。如此可见,汉代的"漫衍鱼龙"之戏带有杂技色彩,游戏中的比目鱼瞬间化作八丈长龙极可能是带有魔术成分的舞龙。从其戏耍的过程及观者"万人以上"来看,"漫衍鱼龙"之戏在汉代已经成为皇家大型的娱乐欢庆活动。此后,以娱乐为主要目的舞龙运动不断被后世发展、完善、传承,到唐宋时期已成为一种常见的节日欢庆习俗,宋代已经有了成熟的舞龙活动。此后,舞龙活动传承不衰,今天仍是中国民间重要的节庆民俗。

北魏及隋时的舞龙活动,沿袭了汉代的技艺和风格。郦道元《水经注》记载:"深水有异鱼。按正光元年五月五日,天气清爽,闻池中有枪枪。若钲鼓声,池水惊而沸。须臾雷电晦冥,有五色蛇自池上属于天,久之乃灭。波上水定,惟见一鱼在,其一变为龙。"《隋书·音乐志》记载:"大业二年……初于芳华苑积翠池侧,帝帷宫女观之。有舍利先来,戏于场内,须臾跳跃,激水满衢,鼋鼍龟鳖,水人虫鱼,遍覆于地。又有大鲸鱼,喷雾翳日,倏忽化成黄龙,长七八丈,耸踊而出,名曰'黄龙变'。又以绳系两柱,相去十丈,遣二倡女,对舞绳上,相逢切肩而过,歌舞不辍……每岁正月,万国来朝……绵亘八里,列为戏场……从昏达旦,以纵观之。"

唐代的舞龙往往是灯与龙的结合,龙纹丰满富丽,强劲健达,舞龙活动更加气势恢宏,与繁荣开明的盛唐气象相吻合,唐代诗人张说《踏歌词》描绘了热闹的舞龙场面:"龙衔火树千灯艳,鸡踏莲花万岁春。"

宋代的舞龙技艺成熟,且出神入化。南宋孟元老《东京梦华录》记载,每逢元宵节:"各以草把缚成戏龙之状,用青幕遮笼,草上密置灯烛数万盏,望之蜿蜒如双龙飞走。"南宋吴自牧在《梦粱录·百戏伎艺》中对舞龙有生动的描写:"往来出入之势,规模舞走,鱼龙变化夺真,功艺如神。"夜间用万盏灯烛装饰的两条飞龙明光闪闪的蜿蜒游动,鱼龙变化和真的一样,出神入化。此外,辛弃疾《清玉案·元夕》亦有"凤箫声动,玉壶光转,一夜鱼龙舞"的诗句,可见宋代的舞龙受到了当时社会的广泛关注。

元代到清代民间舞龙的风俗更加突出娱乐性,而且技艺更加高超,形神兼备,此时期多为龙灯舞,种类多样,盛况空前。李渔《龙灯赋》记载:"行将飞而上天兮,旦宇宙而不夜。不则潜而入海兮,照水国以夺犀。"清人阎尔梅《丙午元宵》诗云:"八宝龙灯舞万回,灯光趵璨百花台。"姚思勤对舞龙灯有精彩的描述,专门写《龙灯》诗:"灯街人似海,夭矫烛龙蟠。雷千声鼓,琉珠一颗丹。擎天朱鬣怒,照夜火麟乾。衔曜终飞去,休同漫衍看。"清代舞龙种类也越来越多,火龙表演非常盛行,受到文人的关注,清人有一首《龙灯》诗写道:"电澈一条火,波翻百面雷。回头笑鱼鳖,陈列上灯台。"汪大伦《龙灯》诗说:"鳞甲倏喷火,飞腾照夜分。市场沸如海,人影从如云。"五光十色、千姿百态的龙灯穿梭飞舞,满城灯火,游人如云,一派欢乐热闹的吉庆场景。清代舞龙有时将人们的美好愿望体现出来,《沪城岁事》记载:"游手环竹箔作笼状,蒙以绤,绘龙鳞于上,有首有尾,下承以木柄旋舞,街巷前导师为灯牌,必书'五谷丰登,官清民乐'。"

从商周时代的"土龙"求雨,到汉代的鱼龙漫衍之戏,再到唐宋箫管迎龙的表演,由皇家宫廷之戏到民间的舞龙娱乐活动,舞龙经历了漫长而复杂的发展历程。它的繁盛根源于人们对龙的崇拜信仰,与中国民族传统节日息息相关,是各种民族节日文化与龙图腾文化的完美结合。舞龙是中华儿女追求天和、地和、人和、己和的精神美,传承的是中华民族自强不息的民族精神。

2. 民间舞龙种类及传说

舞龙艺术经过长期传承发展,形成了种类繁多、各具地域风格的造型和舞姿。如四川汶川龙溪一带羌族舞"麻龙",仫佬族舞"草龙",湖南湘西土家族舞"泼水龙",汝城县南乡一带多在元宵佳节舞"香火龙",郴州的永兴和耒阳舞"滚地龙"(又名芋子龙、蛮龙),宁乡黄材地区舞"三头喜龙",浙江省的某些地区流行舞"百叶龙",广东丰顺一带在春节和元宵夜时"舞火龙"(烧火龙),浦北县在中秋之夜舞"蕉叶龙",惠州舞稻草龙,湛江东海岛有"人龙舞";云南彝族舞"水龙",陕西、湖南、湖北、四川、浙江舞板凳龙,等等。据统计,现在各地的舞龙有近百种造型。

民间的舞龙绝大多数都是欢庆节日或为盛大喜事助兴,当然也有一些偏远山区的少数民族的舞龙有特殊的民俗。如仫佬族,除了舞草龙欢庆节日外,平时如果遇到什么灾害,特别是久旱不雨,村民也会扎草龙去河边焚烧,祈求神龙降雨;土家族的人们遇到旱灾时也会舞泼水龙祭神求雨;湖南汝城县南乡一带遭遇虫灾时舞香火龙,取悦龙神,祈求龙神保佑风调雨顺、五谷丰登。

舞龙运动自汉代正式登上历史舞台以来,逐步发展壮大,已经广泛流传于中国民间,成为中国传统龙文化的典型代表。它具有喜庆、欢快、吉祥的象征和赏心悦目的技艺性,更因深深扎根于中国传统文化的沃土中而经久不衰,千百年来深受广大民众的喜爱。它呈现了中华民族的传统美德和精神气质,展现了中华文化的深厚底蕴和超强的凝聚力。

为弘扬中国传统龙文化,20世纪90年代,国家体育总局将舞龙列为全国性的正式比赛项目,使舞龙运动得到空前发展,这一娱乐竞技项目受到越来越多人的青睐。目前国内许多高校都相继开展了舞龙教学和训练课程,并且中国的舞龙已经走出国门迈向世界,世界诸多国家的舞龙爱好者积极参与其中。而随着《国际舞龙舞狮竞赛规则》的出台,中国舞龙运动正朝着规范化、科学化的竞技方向快速发展。目前我国已经成功举办了多次全国舞龙锦标赛、精英赛、国际龙狮邀请赛、农运会舞龙比赛,等。舞龙运动已发展成为具有一定社会普及性、竞技性,并拥有国家级、世界级规模赛事的民族传统体育项目。相信不久的将来,中国的舞龙一定会成为世界体坛中一颗璀璨的明珠。

千百年来,象征着吉祥、喜庆、欢乐、幸福的舞龙运动已经成为我国大江南北、城市乡村喜庆佳节最具有代表性的民俗活动,同时也是民众健身强体的体育项目。舞龙具有增强民族凝聚力、振奋民族精神的潜在功能,体现了天、地、人的和谐统一。腾飞的东方巨龙有健康、欣赏、娱乐、教育等诸多价值,同时也体现中华民族蒸蒸日上的时代精神,"龙的传人"应将舞龙运动生生不息地传承下去,并发扬光大。

(二)赛龙舟

中国民间龙文化的另一个重要表现就是赛龙舟,赛龙舟是多人集体划桨的竞技比赛,已经传承了两千年,多在端午节举行,其他喜庆节日也有通过赛龙舟来庆贺的,"擂鼓而飞,千桡动,万夫呼",场面热烈壮观。

"龙舟"一词最早出现在《穆天子传》中:"天子乘鸟舟、龙舟浮于大沼。"也就是说周代的船就有龙的形制,但从"浮于大沼"来看,当时只是在河湖中泛游,还没有发展为竞渡。赛龙舟最早是古越族人祭水神或龙神的一种祭祀活动。吴越地区河湖纵横,水网密集,有便通三江五湖之利,造就了越人"善操舟"的美誉,常在水乡生活的越人,以崇龙闻名,《淮南子·泰族训》记载:"越人以箴刺皮为龙文,所以为尊荣之也。"《汉书·地理志》载越人"文身断发,以避蛟龙之害"。应劭注曰:"常在水中,故断其发,文其身,以象龙子,故不见伤害也。"越人在举行祭龙活动的时候,渐渐形成了赛龙舟的习俗。赛龙舟多在端午节举行,闻一多先生认为,端午节赛龙舟是古代吴越族举行祭祀的一项内容,端午的起源与龙有着密切的关系,它就是古代吴越民族一个龙图腾团族举行图腾祭的节日,简言之,一个龙的节日。

赛龙舟起源于越族还有一个传说故事,《荆梦岁时记》载:"越地传云竞渡起于越王勾践。"传说越王勾践为了灭掉吴国,卧薪尝胆,为了不引起吴王的警觉,在夜间操练水军,但战鼓擂动、舟艇齐飞的声势难免会暴露,故勾践采纳了谋臣的建议,在操练时和着歌声,用貌似嬉戏、娱乐的方式来训练水军,于是就产生了龙舟竞渡的习俗。

现在广为流传的端午节龙舟赛传说却与它起源时有所差异,两湖地区赛龙舟是为了纪念爱国诗人屈原。南朝梁时宗懔《荆楚岁时记》:"五月五日竞渡,俗为屈原投汨罗日,伤其死所,故并命舟楫以拯之。"《隋书·地理志》记载:"屈原以五月望日赴汨罗,土人追到洞庭不见,湖大船小,莫得济者,乃歌曰:'何由得渡湖!'因尔鼓棹争归,竞会亭上,习以相传,为竞渡之戏。其迅楫齐驰,棹歌乱响,喧振水陆,观者如云,诸郡率然,而南郡、襄阳尤甚。"屈原在五月五日投汨罗江,楚国百姓立即划船搜救,但是追到洞庭湖不见踪影,楚国百姓极度哀痛,此后楚地人每年在屈原的忌日(农历五月初五)都会划龙舟纪念屈原,鼓角齐鸣,桨桡翻动,这样可以驱散江中的鱼虾,屈原的尸身就不会被鱼虾吃掉,后来逐渐形成了赛龙舟的习俗。

浙江地区赛龙舟主要是纪念曹娥,《世说新语·捷悟》引《会稽典录》曰:"孝女曹娥者,上虞人。父盱,能抚节按歌,婆娑乐神。汉安二年,迎伍君神,泝涛而上,为水所淹,不得其尸。娥年十四,号慕思盱,乃投瓜于江,存其父尸曰:'父在此,瓜当沉。'旬有七日,瓜偶沉,遂自投于江而死。"《后汉书·列女传》记载:"孝女曹娥者,会稽上虞人也。父盱,能弦歌,为巫祝。汉安二年五月五日,于县江溯涛婆娑迎神,溺死,不得尸骸。娥年十四,乃沿江号哭,昼夜不绝声,旬有七日,遂投江而死。"曹娥为了寻找父亲的尸身,自投江中,人们称之为孝女。

江苏一带端午节赛龙舟主要是纪念伍子胥。忠臣伍子胥自刎后,吴王令人将其尸体装入皮革里,于五月五日这一天投入江中,但吴国百姓深知伍子胥冤屈,所以在这一天用赛龙舟的方式纪念他,遂成习俗。

由此可知,虽然不同的地方赛龙舟是为了纪念不同的先人,但是各地赛龙舟所纪念的人又有一些共性,即忠臣孝女,反映了中国传统文化中的忠孝观念在各地人们心中的地位。

早在隋唐时,龙舟比赛已经是家喻户晓的民间盛会。隋唐时赛龙舟在民间十分普及,受到社会的空前重视,特别是唐代很多诗人都歌咏竞技龙舟的盛况,龙舟竞技可谓盛极一时。

《隋书·地理志》记载了龙舟竞渡的盛况:"习以相传,为竞渡之戏。其迅楫齐驰,棹歌乱响,喧振水陆,观者如云,诸郡率然,而南郡、襄阳尤甚。"数舟齐发,锣鼓喧天,以歌助兴,气氛热烈,万人空巷。到了唐代,赛龙舟更是盛况空前,唐代诗人张建封的《竞渡歌》,生动形象地描绘了赛龙舟的喜庆场面:"五月五日天晴明,杨花绕江啼晓莺。使君未出郡斋外,江上早闻齐和声。使君出时皆有准,马前已被红旗引。两岸罗衣破鼻香,银钗照日如霜刃。鼓声三下红旗开,两龙跃出浮水来。棹影斡波飞万剑,鼓声劈浪鸣千雷。雷声冲急波相近,两龙望标目如瞬。江上人呼霹雳惊,竿头彩挂虹霓晕。前船抢水已得标,后船失势空挥桡。"龙舟披红挂绿,鼓声劈浪惊雷,呐喊助威之声不绝于耳。龙舟赛场气势宏大,符载《上巳日陪刘尚书宴集北池序》描写赛龙舟"观其猛厉之气,腾陵之势,崇山可破也,青天可登也。"

赛龙舟时除了锣鼓助威之外，还有专门的歌舞助兴，即龙船歌，前文所说的"棹歌"，就是其中一种。徐彦伯《奉和兴庆池戏竞渡应制》："香溢金杯环广坐，声传妓舸匝中流。群臣相庆嘉鱼乐，共哂横汾歌吹秋。"刘禹锡在《竞渡曲》也写道："曲终人散空愁暮，招屈亭前水东注。"歌声雄浑壮美，扣人心弦，宏远动人，为龙舟赛助威。

赛龙舟是百姓最喜欢的民间盛会，参与面极广。刘克庄《满江红》云："清旦里，鼓铙动地，车轮空巷。"端午节赛龙舟，人人争出，万家空巷，表明人们参与热情极高。《杭州府志》记载："五月端午，各至江湖上以至观竞渡，龙舟至数十艘，岸上人蚁。"明人杨嗣昌《武陵竞渡略》也云，百姓"自四月说船便津津有味，五月划后，或胜或负，谈至八九月间，沾沾未厌也"。可见龙舟竞技在百姓心中是盛典，期待、参与、享受，影响之持久。此外，清顾禄在《清嘉录》中记载苏州赛龙舟的盛况："男女耆稚，倾城出游，高楼邃阁，罗绮如云，山塘七里，几无驻足之地。河中画楫，栉比如鱼鳞，亦无行舟之路。欢呼笑语之声，遐迩振动。土人供买耍货食品，所在成市，凡十日而罢，俗呼'划龙船市'。"赛龙舟之时，全城无论男女老少全部出游观看，沿河两岸人山人海，连儿童都无立脚之地。豪华的龙舟，伴随欢声笑语，再加上因赛龙舟而出现的热闹集市，展现了一片喜庆祥和的华美乐章。赛龙舟不但是民间喜好的节日盛会，甚至皇帝也亲自参与，明代龙舟竞渡风靡一时，明熹宗亲自坐在龙舟上击鼓助威，与民同乐。

流传了两千多年的赛龙舟活动今天已经是中国民间传统的水上体育娱乐项目。为传承中华传统文化，1980年，赛龙舟被列为中国国家体育比赛项目，每年举行"屈原杯"龙舟赛，在南方一些地区已经形成了一年一度的"龙舟节"。中国的龙舟竞渡现在已经走向世界，先后传入日本、越南、英国等国家，深受国际友人喜爱。1991年6月16日（农历五月初五），湖南岳阳举办了首届国际龙舟赛，反响极好。相信不久的将来，承载中国传统龙文化的赛龙舟活动会更加发扬光大。

规模空前，场面盛大，备受青睐的龙舟比赛实际上展现了中华传统龙文化的精髓。在这项民间集体竞技活动中，充分体现了群体意识和协作精神，"和合"是制胜的关键，"众人划桨开大船"，个人既不能超前也不能滞后，个人的力量一定要融合在集体的力量中才能发挥出来。这一点古人早已体会到了，唐人范慥在《竞渡赋》中说龙舟比赛必须"群声合噪，群手齐力。"

龙舟竞渡活动展现了中华儿女团结奋进、自强不息的精神及自由奔放、健康活跃的生活方式。气宇轩昂、威风凛凛的中国龙给炎黄子孙以和谐相处的凝聚力，人心齐，泰山移，团结就是力量，这是赛龙舟给我们的启示。

(三) 二月二龙抬头

"春龙节"是中国北方比较流行的有关于龙的民俗。龙有兴云布雨的本领,春耕播种季节,春雨贵如油,百姓为求风调雨顺祈祷神龙佑护,希望神龙呼风唤雨。民间传说每逢农历二月初二是天上龙王抬头的日子,从此以后雨水会逐渐增多,万物开始复苏,美好的春天开始了,因此,这天就叫"春龙节"。

关于春龙节的来源,民间流传着很多美丽的神话传说,有一种传说与武则天相关。当年武则天篡夺李唐王权建立武周政权,天下出现了女皇帝,这使玉皇大帝非常愤怒,于是传谕四海龙王,三年内不得向人间降雨,结果造成土地干裂,颗粒无收,饥民遍野。这使司管天河的龙王非常难过,于是抗旨降雨,解救了众多百姓。但玉帝知道后将其打入凡间,并压在一座大山之下,山上立碑云:玉龙降雨犯天规,当受人间千秋罪;若想重登灵霄阁,金豆开花方可归。玉帝的想法是让龙王永无自由之日,人间百姓非常感恩龙王,于是设法拯救,到处找开花的金豆,但都未找到。到了第二年二月初二,一位妇女背着玉米到集市上去卖,结果不小心玉米撒了一地,有人灵机一动,说这不就是金豆吗,炒一炒就开花了,于是家家户户爆玉米花,并在院子里设案焚香,供上开花的"金豆"。龙王看到了这一切,于是告诉玉帝:"金豆开花了,君无戏言,放我出去!"玉帝只好传谕,诏龙王回到天庭,龙王腾空跃入云端,吸饱东海之水,对着干旱的农田又下起了一场及时雨,沟平河满,地得饱墒。久旱逢甘雨的农民为了纪念龙王,此后,每到二月初二这一天,人们就爆玉米花吃,形成了习惯,同时还编出"二月二,龙抬头;大仓满,小仓流"的民谚,广为流传。

关于二月二龙抬头的来历还有一种神话传说,包含了一个美丽的爱情故事。传说很久以前,太行山一带久旱不雨,禾苗枯死,农田颗粒无收,甚至连大树都枯萎了,无数百姓因饥饿干渴而死。一位勇敢的小伙子为了解救百姓,便去山上找水,但是挖了一日又一日,始终没有找到水,双手磨出了血染红了山石,但小伙子依然坚持每天找水。他的真诚感动了下凡的龙女,龙女很想让父王下一场雨,但是又怕父王不同意,于是自己变成一位美貌的姑娘,送给小伙子一些金豆,告诉他,在夜间无人的时候,把金豆撒到哪里,哪里就会出现泉眼,泉水不仅可以饮用,还可灌溉农田。小伙子听了姑娘的话,跑了整整一夜,把所有的金豆都撒完了,第二天早上果然出现了众多泉眼,泉水喷涌而出,流量极大,久旱的人们终于得救了,欢呼雀跃,感谢小伙子。小伙子把姑娘送金豆的事告诉了人们,人们在泉眼边设案焚香,感恩姑娘,小伙子也整日待在与姑娘见面的地方,等待姑娘再次出现。而龙女回到龙宫也日夜思念小伙子,于是她决定到人间与小伙子结为姻缘。她将此事告诉了龙王,龙王可怜女儿,就答应了女儿的请求,送女儿成亲的这一天正好是农历二月初二,龙王与女儿难舍难分,挥泪如雨。以后每年到这一天,思念女儿的龙王都会从海里抬头仰望人间,这就是二月二龙抬头的来历,并且这一天龙王思女心切,挥泪不止,人间就会降一场大雨。

这两个神话故事有其共同点,即与干旱少雨有关。中国自古就是以农业为主的国家,风调雨顺、五谷丰登是普天之下人们的共同愿望,完全靠天吃饭的农民,最希望风调雨顺。当遇到干旱时,他们无力回天,只好把希望寄托在神龙身上,这是人们对美好生活的一种期盼,久而久之就形成了诸多春龙节崇龙的习俗。

明代就有"引龙"的习俗,即在二月二这一天用撒灰的方式引龙回归,为人间行云布雨,以使一年风调雨顺。明人沈榜《宛署杂记》记载:"二月二为龙抬头,乡民用灰自门外蜿蜒布入宅厨,旋绕水缸,呼为引龙回。"这一习俗在北方比较流行,主要是因为北方多干旱少雨,人们寄希望于神龙,认为一年能否五谷丰登,全在神龙是否降下充足的雨水。

二月二除了崇龙活动之外,还有一些禁忌。

二月二这天有些地方的人们在江河湖畔祭祀龙神,并规定天亮以前不得到江河挑水,以防伤害"龙身",北方一些地区规定这天不从井中打水,以免"怒龙王"导致天下大旱。妇女在该日要停止针线活,不能动针,怕刺伤"龙眼";妇女不在屋内梳头,更不准用长绳,免得屋上掉蛇(俗称"长虫")、蚰蜒、蝎子等。北方一些地区民家在这一天还用彩纸、草节等穿成串挂在房梁上,称"穿龙尾",也是留龙在家之意,祈愿神龙佑护自家粮食满仓。在北方一些地区称二月二这一天为放水日,这天家家户户都洗衣服,之后将用过的水泼到外面,称水泼到龙身上,龙就会早些抬头,快些升天,兴云布雨。这一天还有剃龙头的习俗,北方的民俗禁忌是正月不许剪发,一个月都不理发的人们在龙抬头的这一天剃龙头,一方面使自己精神百倍地投入生产生活中,一年有个好兆头;另一方面寓意龙可以轻装上阵为百姓造福。

除此之外,二月二这一天人们所食用的饭食皆以龙名,如面条称龙须,饼称龙鳞,饺子称龙耳,团子称龙蛋,米饭称龙子,等等。这在清代的一些史籍中多有记载,清人让廉的《春明岁时琐记》记载:"(二月)二日为土地真君生辰,城内外土地神庙,香火不绝,游人亦众,又有放花盒灯香供献以酬神者,俗谓此日为'龙抬头'。此口饭食皆以龙名,如饼谓之'龙鳞',饭谓之'龙子',面条为'龙须',扁食(饺子)为'龙牙'之类。"清人富察敦崇《燕京岁时记》亦载:"二月二日,古之中和节也,今人呼为龙抬头。是日食饼者谓之龙鳞,食面者谓之龙须面。"既然饭食以龙为名,百姓认为这天所吃的东西都是龙身上的东西,为了保护龙就要有所禁忌,于是二月二家家户户都要吃面条,烙春饼,因为面条是龙须、春饼是龙鳞,吃了对龙无多大伤害,但最忌吃米饭,因为米饭是龙子,吃米饭会伤害龙子的性命并且触怒龙王。

另外,明人于奕正、刘侗《帝京景物略·春场》记载:"二月二日龙抬头,煎元旦祭余饼,熏床炕,曰熏虫儿,谓引龙,虫不出也。"可见明代就有二月二熏虫的习俗,因为很多虫在春季开始产卵繁殖,咬啮衣物或破坏幼苗等,所以在引龙的同时要熏虫,阻止其繁殖。

春龙节的种种习俗都是勤劳的人们祈求神龙赐福于人间,并且保佑这一年都能够风调雨顺的一种美好愿望,体现了龙与百姓生活息息相关的文化内涵,可以说二月二春龙节是数千年来人们对龙的崇拜而形成的节日。中国民间与龙相关的节日还有很多,特别是我国少数民族中有许多与龙有关的节日,比如云南省的普米族有祭龙潭节;云南河口大瑶山瑶族有龙公、龙母上天节;中南地区的壮族、瑶族和西南地区的哈尼族都有祭龙节。这些祭龙习俗都有共同的含义,就是祈求神龙保佑人们风调雨顺、六畜兴旺。民间这些与龙密切相关的美好节日深深扎根于炎黄子孙的心中,代代传承下去。

(四)其他生活领域中的龙

在中华文明史上龙文化的影响可谓无处不在,它已经渗透到了社会生活的各个领域,除了前文所述的宫廷龙文化和民间的舞龙、赛龙舟、二月二龙抬头的习俗外,龙与人们的衣食住行紧密相连,人名、地名、建筑、绘画等诸多领域都与龙息息相关。

从美食上看,中国许多菜肴的名称中有龙,如龙虎斗、泡椒龙爪、龙虎凤、游龙戏凤、海阔游龙、龙腾虎跃、龙肝、龙汤、龙虾、龙须面,等等。

从服饰上看,清朝灭亡后,龙作为帝王的专利已经成为历史的陈迹,龙袍已经不再是帝王的专属。平民百姓可以根据自己的喜好随意穿带龙的衣服,这一点在苗族人身上体现最为明显。深山里的苗族人喜爱穿各种带龙的衣服,据统计大约有100多种,各式各样,丰富多彩,如龙头有牛头、猪头、人头、虎头、猫头、蜈蚣头;龙身有鱼身、蛇身、虾身、鸟身;龙尾有鱼尾、花尾;龙角有牛角、羊角等等。

龙在日常生活中也经常用到,例如水果有火龙果、龙蛇果,药名有"龙骨",营养品有"龙眼";植物名称有"龙舌兰""龙爪柳""龙血树""龙角木""龙爪槐""龙胆草""龙牙花""龙凤爪""龙吐珠"等;动物名称有"龙虾""变色龙""海龙""龙落子"等;还有诸如

"龙卷风""龙云""水龙头"等也都是生活中常见的。另外,在生活中人们形容好的山势为"龙脉";清澈的泉水为"龙泉";幽深的潭水为"龙潭"。盆景中人们把盘曲错落的石、花、树、木称"盘龙之姿""虬龙之态";盘旋生长的千年古木称龙柏、龙松,也有用龙首、龙尾、龙舌、龙眼、龙牙来命名青山秀水、花草、树木、亭台楼阁的。还有上等好茶有"龙井";名贵的马匹称"乌龙驹"。这些生活中以龙命名的例子不胜枚举,大家都耳熟能详。

在长期的崇龙习俗中,各族人民形成了各具特色的农历龙节。正月初五是云南瑶族的"龙头节";正月十五是汉族的"龙灯节";正月十一是广西宾阳的"炮龙节";正月辰日是广西哈尼族的"祭龙节";二月二日龙抬头,既是汉族的"春龙节",又是云南普米族的"祭龙潭节";四月是毛南族、畲族的"分龙节";四月十五是云南与藏东南藏族的"祭龙王节";五月二十日是贵州苗族的"龙舟节",六月六日是湘、鄂、渝土家族的"晒龙袍节";七月二十日是云南瑶族的"龙母上天节";春节前是西双版纳大勐龙傣族"送龙节"。这些龙的节日体现了人们对龙的信仰。

2007年,首届中国龙文化节在广东顺德举行,场面盛大,观者如潮。巨龙长300多米,共99节,在众人的合力下,上下翻腾,一会儿横空出世,一会儿潜入深渊,并有龙凤同舞,舞出"龙凤呈祥""天下太平"等吉祥语向人们祝福,让中外游客叹为观止,这是龙文化在人们生活中的又一次完美展现。

在艺术创作中也有诸多与龙相关的项目。古人很早就创作了琴曲《龙吟》,后来演变成词牌名《水龙吟》,又称《龙吟曲》。清代乾隆年间有《龙舟歌》,在粤语区域已经流传了200多年。歌舞中以"龙游场""龙戏凤""龙脱皮""二龙戏珠"为演艺曲目颇为常见。2006年,中国首部龙文化大型歌舞剧《龙乡放歌》在重庆上演。该剧以"激情龙之舞,彰显中华魂"为主题,气势磅礴,具有浓厚的龙文化氛围。该剧现已走出国门,在国际舞台上传播着中国龙文化。儿童歌曲《小龙人》也深受广大少儿喜爱,而《龙的传人》更是脍炙人口的歌曲,今天依然传唱大江南北。

绘画、雕塑、书法、建筑等传统艺术中龙文化品位更高。商周时期的青铜器物上,北京北海及山西大同的九龙壁上,各种画像石、画像砖上,都刻绘着各种各样的龙。二龙戏珠、九龙合璧、神龙飞舞等图案到处可见,彰显了深厚的龙文化底蕴和艺术魅力。

另外,今天的地名、山名、湖名、潭名、河名等多有以龙命名的。如现在使用的带龙的地名有:龙口市、龙井市、龙岩市、龙泉市、龙海市;龙山区、龙安区、龙凤区、龙华区、龙文区、龙岗区、龙沙区、龙马潭区、龙亭区、龙城区、龙港区、龙潭区、龙湖区、龙湾区、龙泉驿区;龙川县、龙门县、龙州县、龙江县、龙游县、龙南县、龙里县、龙山县、龙陵县;还有数不尽的村镇名称,如青龙桥镇、龙门镇、龙田镇、龙湾屯、龙门庄、龙背村,等等。以龙命名的山也有很多,如龙山、九龙山、蟠龙山、龙骨山等。以龙命名的水如黑龙江、大龙河、龙潭湖、白龙潭、龙眼泉等。可以说,龙山、龙泉、龙湾、龙溪、龙池、龙湖、龙河不计其数。

数千年来,许多与龙有关的词汇广为流传,经久不衰,彰显了强大的生命力,今天人们多用带"龙"字的成语或典故来形容生活中的美好事物。如用"笔走蛇龙""龙飞凤舞"来形容书法艺术的高超。用"藏龙卧虎""虎踞龙盘"来形容地势之险要;用"龙凤呈祥"表述吉庆之事;用"龙马精神""生龙活虎""龙腾虎跃"来形容精神饱满;用"望子成龙"寄托子女能在学业和事业上有所成就。龙跃凤鸣、龙行虎步、龙吟虎啸、龙游四海、龙子龙孙、龙眉凤眼、龙蛇飞舞、龙蛇不辨、龙驹凤雏、龙肝凤髓、龙章凤姿、龙腾虎啸、龙潭虎穴、龙蛇混杂、龙骧虎步、来龙去脉、乘龙快婿、攀龙附凤、叶公好龙、配套成龙、二龙戏珠、画龙点睛、飞龙在天、亢龙有悔、剑走游龙、猛龙过江、神龙摆尾、鲤鱼跳龙门、"龙投大海,虎奔高山"、"水不在深,有龙则灵"等词语和典故,脍炙人口,千古不衰。

据统计,《辞海》中关于龙的词汇就有230多条,它们大大丰富了汉语词汇,非常形象生动。

几千年来,在神州大地上,龙可以说无所不在。中国历代封建帝王都自视为真龙天子,龙也走进了物质生活和精神生活的各个领域。中国人生活的器物上有龙,衣着上有龙,人名中有龙,山水城乡的名称中有龙,建筑上有龙,艺术中有龙,崇山峻岭之巅有龙,海内外所有华人的心中都有一条龙。每逢佳节,那世代相传的舞龙,光彩万千的龙灯,争奇斗胜的龙舟,给神话中的龙注入了鲜活跃动的生命,即使在今天,全世界的炎黄子孙都会自豪地称自己为龙的传人。

第三节 弘扬传承龙文化

时至今日,作为龙的传人,我们更应该传承、弘扬中国龙文化,因为东方巨龙如今再度腾飞,为世界所瞩目,只有不断发扬光大这一优秀文化,理解龙文化的精髓,才能傲立于世界,才无愧于龙的传人。

一、龙文化是典型的"和合"文化,体现中国传统文化的精髓

"和合"是中国传统文化的精髓,它主要包括三个方面,即人与自然的和谐、人与人的和谐、人与自身的和谐。《辞海》中"和合"的解释为:原是中国神话中象征夫妻相爱的神名,常画二像,一持荷花,一捧圆盒,取和谐合好之意。《易传》载:"天下百虑而一致,同归而殊途。"《中庸》也说:"万物并育而不相害,道并行而不悖。"汉代刘安在《淮南子·人间训》中云:"阴阳合和而万物生。"也就是说,中国自古以来就重视"和合",在和而不同中追求和谐发展。

龙文化是典型的"和合"文化。作为一种神物,龙是多种动物和多种自然天象的模糊集合。众多的对象"合"成一个生动神奇的形象,这个形象进而同诸多的天象、动物、人事相和谐,增强了人与自然、人与人、人与自身的亲和感。龙的身上不仅表现出多物合一、多元归一、兼容并包、追求至善完美的境界,还体现出大团结、大统一及永远自强不息的精神,是中华民族凝聚力的所在。

龙的起源就是各部落融合的结果。神农、轩辕、蚩尤、三苗、东夷各个部落,从四面八方汇集中原,经过激烈的角逐,最终完成了民族大融合。各部落统一以前都有自身独特的文化特征和崇拜的图腾,如蛇、熊、狼、狗、牛、鹰等。民族的融合使各部落图腾巧妙结合在一起,形成了集百兽之长于一身的龙。渐渐地龙成为一种符号和文化的象征,成为整个华夏民族的图腾。

正如方尔加先生讲儒学文化时所说,中国的龙文化是"和合"的文化,是多边主义文化。世界各族多数都曾有自己的图腾,如罗马的图腾是狼,瑞典的图腾是狮子,俄罗斯的图腾有猎豹、虎、牛、羊,古埃及的图腾有鹰、眼镜蛇、狮子。我国古代的图腾崇拜也很多,炎帝的图腾是牛,黄帝的图腾是熊,犬戎的图腾是白色的狗,伏羲的图腾是蛇等,但中国的图腾崇拜和世界很多国家结果不一样。图腾崇拜的发展都是由多到少,如欧洲历史上的图腾有鹰、狼、虎、牛、羊等多种,最后基本剩下鹰了。欧洲人普遍崇拜鹰,原因是历史上崇拜鹰的部落如日耳曼、蛮族在战争中胜利了,把其他氏族灭掉了,灭掉氏族的同时也取消了该氏族的图腾,其实就是靠武力兼并消灭了其他的图腾。古埃及的图腾崇拜有鹰、眼镜蛇、狮子,最后崇拜狮子的部落胜利了,南埃及、北埃及、上埃及、中埃及、下埃及只剩狮子,其他的图腾如鱼、牛、羊等都被取消了,所以埃及的图腾是"狮身人面"了。可是中国不同,中国最终是以熊为图腾的黄帝部落胜利了,按照西方图腾的发展,中国的图腾本来应该是熊,但实际上中国的图腾是龙。

中国并没有取消其他的图腾,而是将各个部落、各个民族的图腾巧妙地结合在一起,最终就变成了龙,龙就成了我们中华民族共同的图腾。

中国龙文化就体现了"和合"文化,主要表现为:龙的身体似蛇,说明历史上有崇拜蛇的民族加入了中华民族;龙的头似鹿、似马,说明历史上有崇拜鹿或马的民族加入;龙头上有角,说明历史上有崇拜有角动物的民族加入;龙的身上有鳞,说明历史上有崇拜鱼的民族加入;嘴上有须,说明历史上有崇拜有须的动物的民族加入进来。龙能升天、能潜渊,能在地上走、能在树上盘,说明历史上有在高山居住的民族、在水边居住的民族、在陆上居住的民族以及在森林中居住的民族等加入中华民族。龙有各种各样的颜色,如青龙、白龙、赤龙、黑龙、金龙,各民族可以在龙的身上找到自己喜欢的颜色。这一切说明中国龙文化具有包容性,各民族都能在龙身上找到自己的影子、自己的颜色、自己的生活方式,所以说中国龙文化是一种"和合"文化,和而不同,共存共荣,融合共生。

从原始社会的图腾崇拜,到战国时期被赋予神力;从秦汉时开始被赋予象征意义,到明清时期成为一种文化内涵的标志,一种合力的象征;龙的形象与精神处在不断变化中。在演进过程中所形成的龙文化,其重大意义在于它全面体现了我们祖先和谐、民本思想发展的历程,发展至今就成为了"和合"文化与团结协作精神。

流传至今的众多与龙相关的民俗文化中,最有代表性的是舞龙和赛龙舟,而这两项民间集体竞技活动也最能体现龙文化的精髓——和合。团结协作是舞龙和赛龙舟制胜的关键,个人既不能超前也不能滞后,个人的力量要融合在集体的力量中才能发挥出来,个人的价值要在集体的价值中才能体现出来。舞龙和赛龙舟有增强民族凝聚力、振奋民族精神的潜在功能,体现了天、地、人的和谐统一,是"和合"文化的完美体现。

"和合"文化是中国传统文化的核心理念,龙以生动具体的形象和吉祥、尊贵的象征始终与中华民族的发展共存,展现着"和合"文化的观念。

二、勇于扬弃,弘扬龙文化

龙是神圣、吉祥、高贵、威严、智慧的象征,是中华民族引以为豪的品格,是炎黄子孙宝贵遗产,是中华民族自强不息、团结友爱的精神动力,更是维系中华儿女情感的精神纽带。

吉成名先生认为,在中国历史上崇龙习俗对民族精神产生了重要影响,主要表现在以下两个方面：其一是传说中龙能飞翔上天、兴云布雨，表现出自强不息、奋发向上的精神风貌，人们喜欢把有本领的人称为龙或者自誉为龙，说明人们也有一种自强不息、奋发向上的精神风貌。其二是人们把中国称为"龙"，把中华民族称为"龙"，说明人们希望中国日益强大、繁荣昌盛；人们还把龙作为民族文化的象征，自称"龙的传人"，这些都是爱国主义精神的体现。这两个方面都是我们建设社会主义现代化强国、振兴中华的宝贵精神财富。由此可见，崇龙习俗是一种优秀的文化遗产，我们应该批判地继承，将其中精华的部分发扬光大。

但是也有人对中国龙文化提出质疑。西方世界认为，龙是充满霸气和攻击性的动物，凶猛异常，口中喷火，头部硕大，面目可憎，破坏力大，经过的地方寸草不生、贫瘠一片。所以在西方人的眼中，龙是可怕的恶魔，是邪恶的象征，它的出现预示着恐怖、死亡与灾难。为此有人建议中国应该改变龙这一标志，也不要提龙文化，其实这是完全错误的。把中国的龙与西方的龙强加比附，是庸人自扰。一个国家的标志和图腾其实是一个民族最突出的精神特质的反映，并不囊括这个民族的方方面面。德意志民族的象征是一只黑色的雄鹰，埃塞俄比亚的象征是狮子，澳大利亚的象征是袋鼠，这些动物未必温驯、友善，人们也未必对它们都有很好的印象，但以这些动物作为自己国家的象征，是文化历史积淀的成果。德国人没有因为鹰属于猛禽而担心别的国家对德国产生误解，中国人更没有必要因为西方文化对龙的不同认识就对龙图腾产生质疑，进而去拒绝或丢掉龙文化。

还有人认为中国的龙就是恐龙，崇龙就是崇拜恐龙，而恐龙是"令人恐怖的动物"，所以应该摒弃龙。龙起源于恐龙的说法是不成立的，这一点在龙的起源一节已经介绍了。关于这一说法，郑慧生先生也给予了充分的解释：近代考古工作者从地下发掘出了人类诞生之前就已灭绝的恐龙骨骼化石。这骨骼因形似蜥蜴，于是就被命名为"令人恐怖的蜥蜴"。早年的译者考虑到中国人一向熟悉龙、认识龙，而中国龙的形体又与蜥蜴大致相当，于是就在翻译时，趁势把"令人恐怖的蜥蜴"命名为"恐龙"。其实，恐龙和中国的龙毫不相干，龙的形象委曲婉转、刚柔相济，不会令人恐怖。

其实，一个族群的图腾或者我们今天所说的国家象征并不取决于其是否凶悍，而取决于它在历史发展过程中所形成的地位。它并不是某些权威任命的，而是自然形成的。今天龙的形象已经发展成为形态唯美、翱翔天际、气吞山河的神像，中国的龙文化是中国传统文化的精华，更是同根共祖的民族认同。博大精深的龙文化凝聚着数千年来的华夏民族的智慧、理想和美德，是华夏民族的宝贵财富。只有深刻体会龙文化的精髓所在,并不断发扬光大这一优秀传统,才能傲立于世界,才无愧于龙的传人。

※ 思考提要

1. 龙的起源及演进说明了什么?
2. 龙与我们的现实生活都有哪些关系?
3. 如何弘扬龙文化?
4. 试述中国龙文化民俗及其意义。
5. 龙文化体现了怎样的"和合"思想?

本章参考文献

[1] 方勇,刘涛译注. 庄子译注. 上海:上海古籍出版社,2019.

[2] [宋]罗愿. 尔雅翼. 合肥:黄山出版社,2004.

[3] [明]李时珍. 本草纲目. 北京:线装书局,2019.

[4] 庞进. 中国祥瑞龙. 西安:陕西人民出版社,2012.

[5] [汉]许慎. 说文解字. 北京:中华书局,1963.

[6] [唐]韩愈. 管子. 上海:上海古籍出版社,2015.

[7] [汉]贾谊. 新书. 南京:凤凰出版社,2011.

[8] 方勇. 说苑. 北京:商务印书馆,2018.

[9] 庞进. 博大精新龙文化:以浙江龙游为例. 西安:西安地图出版社,2005.

[10] [先秦]列御寇. 列子. 北京:中国书店,2019.

[11] [汉]司马迁. 史记. 北京:中华书局,2014.

[12] 闻一多. 从人首蛇身像谈到龙与图腾. 人文科学学报,1942(2).

[13] 王东. 中国龙的新发现:中华神龙论. 北京:北京大学出版社,2000.

[14] 张振犁. 中原神话通鉴. 郑州:河南大学出版社,2017.

[15] 闻一多. 伏羲考. 上海:上海古籍出版社,2006.

[16] 阎云翔. 试论龙的研究. 九州学刊,1988.

[17] 杨静荣,刘志雄. 龙之源. 北京:中国书店出版社,2008.

[18] [明]董斯张撰. 广博物志. 上海:上海古籍出版社,1992.

[19] 王俊编校. 孟子. 北京:中国商业出版社,2019.

[20] [晋]郭璞. 玄中记. 上海:上海古籍出版社,1996.

[21] [宋]范烨著,[唐]李贤等注.后汉书.北京:中华书局,2014.

[22] 李埏.龙崇拜的起源.学术研究,1963(9).

[23] 徐乃湘,崔岩峋.说龙.北京:紫禁城出版社,1987.

[24] 刘敦愿.马王堆西汉帛画中的若干神话问题.文史哲,1978(4).

[25] 何星亮.中国图腾文化.北京:中国社会科学出版社,1992.

[26] 王明达.也谈我国神话中龙形象的产生.思想战线,1981(03).

[27] 王大有.龙凤文化源流.北京:北京工艺美术出版社,1988.

[28] 祁庆福.养鳄与豢龙.博物,1981(2).

[29] 何新.中国神龙之迷的揭破.民间文学论坛,1987(03).

[30] 刘城淮.中国上古神话.上海:上海文艺出版社,1988.

[31] 唐兰.古文字学导论.上海:上海古籍出版社,2016.

[32] 刘城淮.略谈龙的始作者和模特儿.学术研究,1964(3).

[33] 舒新城.辞海.上海:中华书局,1936.

[34] 陈绶祥.中国的龙.桂林:漓江出版社,1988.

[35] [汉]刘安.淮南子.哈尔滨:北方文艺出版社,2018.

[36] 何新.诸神的起源——中国远古神话与历史.北京:生活·读书·新知三联书店,1986.

[37] 朱天顺.中国古代宗教初探.上海:上海人民出版社,1982.

[38] 尹荣方.龙为树神说——兼论龙之原型是松.学术月刊,1989(7).

[39] 杨钟健.龙.北京:现代出版社,2017.

[40] 张笑恒.神秘的龙文化.北京:西苑出版社,2009.

[41] 李昉.太平御览.上海:上海古籍出版社,2008.

[42] [汉]王充.论衡.上海:上海古籍出版社,1990.

[43] [明]陶宗仪编.说郛.上海:上海古籍出版社,2018.

[44] 刘向,刘歆校订.山海经.北京:煤炭工业出版社,2019.

[45] [晋]葛洪.抱朴子.上海:商务印书馆,1932.

[46] [清]刘学宠辑.春秋元命苞.扬州:江苏广陵古籍刻印社,1930.

[47] 许顺湛.龙文化与中华民族.濮阳职业技术学院学报,2010(5).

[48] [宋]薛尚功撰.历代钟鼎彝器款识法帖.杭州:浙江古籍出版社,2019.

[49] [明]宋濂.元史.北京:中华书局,2016.

[50] [清]赵尔巽.清史稿.北京:中华书局,1998.

[51] 李国忠,杨雪芹主编.休闲体育.北京:人民体育出版社,2007.

[52] [战国]吕不韦编纂.吕氏春秋.武汉:崇文书局,2017.

[53] [汉]董仲舒.春秋繁露.上海:上海古籍出版社,1989.

[54] [汉]班固.汉书.北京:团结出版社,2018.

[55] 蔡质. 汉官典职仪式选用. 北京：中华书局,1985.

[56] [南朝梁]萧统. 昭明文选. 北京：华夏出版社,2000.

[57] [北魏]郦道元. 水经注. 北京：光明日报出版社,2014.

[58] [唐]魏征,令狐德. 隋书. 北京：中华书局,1973.

[59] [宋]孟元老著. 王莹注译. 东京梦华录. 北京：中国画报出版社,2016.

[60] [宋]吴自牧. 梦粱录. 杭州：浙江人民出版社,1984.

[61] [晋]郭璞注. 穆天子传. 上海：上海古籍出版社,1990.

[62] 闻一多. 闻一多讲国学. 北京：华文出版社,2009.

[63] [南朝梁]宗懔撰,宋金龙校注. 荆楚岁时记. 太原：山西人民出版社,1987.

[64] [南朝宋]刘义庆. 世说新语. 江苏：凤凰文艺出版社,2018.

[65] [晋]虞预. 会稽典录. 北京：商务印书馆,1930.

[66] [南朝宋]范晔. 后汉书. 武汉：崇文书局,2016.

[67] 杭州市地方志办公室编辑. 杭州府志. 北京：中华书局,2008.

[68] [清]顾禄. 清嘉录. 江苏：江苏凤凰文艺出版社,2019.

[69] [明]沈榜. 宛署杂记. 北京：北京古籍出版社,1980.

[70] [清]富察敦崇. 燕京岁时记. 北京：北京古籍出版社,1981.

[71] 吉成名. 中国崇龙习俗研究. 天津：天津古籍出版社,2002.

第六章　中国传统生肖文化

十二生肖是中华传统民俗中独具特色的文化符号,"生肖"中的"生"指出生,"肖"指相似,《中国历史大辞典》对十二生肖的定义是:"十二种用作纪年标志的动物,与纪年的十二地支相配属,多用以记录人的生年。"由十二生肖所形成的文化是中国传统文化中普及最广的文化,"全国十二个,人人有一个",每个中国人都有属于自己的生肖,而且不可选择,不可更改,它与每个炎黄子孙都有关联。那么影响广泛的十二生肖文化是如何起源、发展、传承的呢?带着这些问题我们一一去解读。

第一节　生肖的起源、确定及发展

一、十二生肖的起源

十二生肖是我国古老的民俗文化,关于其起源的探讨古已有之,如南宋理学大家朱熹曾向大弟子蔡元定询问:"十二相属起于何时,首见何书?"蔡元定不知如何作答。后世关于生肖的起源也众说纷纭。

(一)十二生肖起源于原始图腾崇拜

原始社会生产力非常低下,在大自然面前人显得极其渺小,对大自然的威力无能为力,很多现象无法认知,甚至对自我的认识都很模糊,更不知自己从何而来。为了解决"从哪里来"的疑问,氏族成员往往对本氏族的起源进行想象,赋予其神秘色彩,认为本氏族的起源与某种动物或植物有特殊关系,把某一种动物或植物视为神明或祖先,祈盼它能保护本氏族的繁衍生息,图腾崇拜应运而生。久而久之,氏族就把他们选定的图腾作为本氏族的名称或族徽,并且以此为信仰。当时与原始先民生活息息相关的动物,如马、牛、羊、猪、狗、鸡六畜,狩猎过程中常见的野生动物兔、猴、虎、蛇等,都成了各个氏族的图腾,而且常有以此为姓氏的,"中国十二生肖动物大多成为姓氏,如牛、虎、龙、蛇、马、羊、鸡、苟(狗)、菟(兔)、豚(彘、豨)、侯、袁(猴),只是没有鼠姓。"可见原始先民的图腾崇拜与十二生肖的起源有着某种必然的联系,正如王大有在《龙凤文化源流》中所说:"在中国以天干地支与十二生肖配合的纪年、纪日的传统习惯中,称地支中的辰为大龙,已为小龙。大龙即是仓龙,亦即扬子鳄,小龙即蛇。天干、地支、十二生肖,俱为中国远古图腾的演化与遗风。"

(二)十二生肖起源于北方游牧民族

这种说法认为,游牧民族的生产方式决定他们长期与动物杂处,对动物有很强的依赖性并且非常熟知,故以鼠、牛、虎、兔纪岁的习俗就应运而生,后来传入中原为汉人沿袭。清代学者赵翼就持此种观点,他在《陔余丛考·十二相属》中说:"盖北俗初无所谓子丑寅之十二辰,但以鼠牛虎兔之类分纪岁时,浸寻流传于中国,遂相沿不废耳。"北方游牧民族用生肖纪年的记载有很多。如《北史·宇文护传》记载了宇文护的母亲写给他的一封家书,信中说:"昔在武川镇生汝兄弟,大者属鼠,次者属兔,汝身属蛇。"这表明用十二生肖记人的生年在北朝已经普遍使用了。《新唐书·回鹘传》记载:"黠戛斯……以十二物纪年,如岁在寅,则曰虎年。"另外,《宋史·吐蕃传》中记载,吐蕃也以物纪年,所谓"道旧事则数十二辰属,曰兔年如此,马年如此"。十二生肖起源于北俗的说法已被很多人认可,但是还缺乏有力的证据。

(三)十二生肖来源于国外

有的学者认为十二生肖是外来文化,是由古巴比伦传入中国的,如郭沫若《甲骨文字研究·释支干》认为:"十二肖像于巴比伦、埃及、印度均有之,然均不甚古,无出于西纪后百年以上者。意者此始汉时西域诸国,仿巴比伦之十二宫而制定之,再向四周传播者也。"

有的学者研究认为,十二生肖起源于中国,是华夏民族和其他各族的文化相互影响、相互作用的结果,是炎黄子孙集体智慧的结晶。

二、十二生肖的确定

(一)生肖为何取数十二

华夏的十二生肖诞生在人类的童年时代,但有一个问题很值得思索,为什么生肖动物要选择十二个,而不是九个、十个或者十一个、十三个呢?这是因为在中国古人的观念中,有的数字是成数,或者说是观念化的数字,例如"三",在古人的观念中不是确切指"三"这个数字,而是指多的意思。"十二"也是如此,是中国古人心中一种观念化的数字,这一点史籍中多有记载,如《周礼·春官·冯相氏》记载:"掌十有二岁,十有二月,十有二辰,十日,二十八星之位。辨其叙事,以会天位。"也就是说,以十二为进制来计算时间,即一纪十二年,一年十二个月,一昼夜十二时辰。随后《国语·晋语》亦有:"黄帝之子二十五宗,其得姓者十四人,为十二姓。"《木兰诗》中说,"军书十二卷,卷卷有爷名","同行十二年,不知木兰是女郎",等等。由此可见,在中国人的语境中十二就是一个成数。同时在中国古人的观念中,十二也是"天之大数"。《左传》记载:"周之王也,制礼,上物不过十二,以为天之大数也。"也就是说,"十二"这个数字与天有关,如古有天子娶"十二女"之说,《后汉书·荀爽传》记载:"故天子娶十二妇,天之数也;诸侯以下各有等差,事之降也。"所以,"十二"体现了古人观天文、定历法的观念,确为天之大数。"十二"在中国人的观念中是个不同凡响的数字,可以说,中国人对十二这个数字情有独钟,甚至是与十二相关的数字,特别是十二的倍数,如三十六、七十二、一百零八等,在古人的观念中也是成数。很多人耳熟能详的话语都是"十二"的倍数,如神话中孙悟空七十二变;兵法中"三十六计,走为上策";行业中"三百六十行,行行出状元";孔夫子有"弟子三千,七十二贤人";梁山泊"三十六天罡、七十二地煞,合为一百单八将",等等。所以说,"十二"这个数字已经深深扎根于炎黄子孙的心中,所以生肖取数十二也就不难理解了。

　　生肖动物之所以选择十二为数,与十二地支也有紧密的联系。在长期的生产生活中,原始先民循环往复地体验一年四季的寒来暑往、草木枯荣。那时虽然没有确切的纪年,但以草一青为一岁,这种记岁的方法在北方游牧、渔猎民族中沿袭很久,如女真人在建国前就不懂正朔,问其年岁,答曰:"我见青草几度矣。"宋代孟珙《蒙鞑备录》亦载:"其俗每草青为一岁,有人问其岁,则曰几草矣。"后来古人不断地"仰则观象于天,俯则观法于地",在长期观测天象的过程中,发现太阳与月亮沿黄道运行一周,刚好会合十二次,日月相对,天地相合,于是先民把十二年定为一纪,与地支相互配属就非"十二"莫属了。1984年,神农架地区发现汉族首部创世史诗《黑暗传》,其中记载了干支来历的传说故事:"开天辟地之初,玄黄骑着混沌兽遨游,遇到女娲。女娲身边有两个肉包,大肉包里有十个男子,小肉包里有十二个女子。玄黄说:'这是天干革命地支神,来治理乾坤的。'于是,为他们分别取名,配夫妻,成阴阳。男的统称天干,女的则为地支。"这一神话故事讲述了十天干、十二地支的由来。事实上,古代天为阳,地为阴,地从属于天,十天干就称十母,对应的十二地支就叫十二子。十天干为甲、乙、丙、丁、戊、己、庚、辛、壬、癸;十二地支为子、丑、寅、卯、辰、巳、午、未、申、酉、戌、亥,天干地支相互配合来纪年。同时,也有采用地支配合十二种动物来简单纪年的方法,由甲子到癸亥,"配成六旬",即六十甲子一轮回,十二种动物配十二地支一一对应,十二生肖便应运而生,即子鼠、丑牛、寅虎、卯兔、辰龙、巳蛇、午马、未羊、申猴、酉鸡、戌狗、亥猪。以动物作地支标志,可见十二生肖是对十二地支的附会,生肖数目的选择与十二地支是密不可分的。

（二）十二生肖动物的选择

古代中国动物种群异常丰富,为什么古人要选择鼠、牛、虎、兔、龙、蛇、马、羊、猴、鸡、狗、猪这十二种动物作为生肖呢?历代学者众说纷纭。

神话传说:玉皇大帝要选十二种动物作为十二属相,当时四大天王一致认为:鸡司晨,狗守门,兔拜月,牛、马耕田,虎、猴镇山,龙、蛇治水,猪、羊供人食用,这十一种动物应在必选之列,老鼠因为机警可以入选,于是就定了这十二生肖。

十二生肖动物先天缺陷说:宋代曾三异的《同话录》记载:"十二辰属子午卯酉丑,其属体皆有亏,如鼠无胆,鸡无肾,马无角,牛无齿,兔无唇之类,惟三物配附不合。"明代叶子奇《草木子》也有类似的说法:"术家以十二生肖配十二辰,每肖各有不足之形焉。如鼠无牙,牛无齿,虎无脾,兔无唇,龙无耳,蛇无足,马无胆,羊无瞳,猴无臀,鸡无肾,犬无胃,猪无肋。人则无不足也。"这样的解释毫无疑问是荒诞不羁的,如"鼠无胆"可能是取自胆小如鼠之说;"马无角",马本来就没有角,这不能作为一种缺陷,这一说法应是取自一个马生角的典故,《史记·刺客列传》记载,燕王太子丹在秦国做人质,太子丹请求秦王放他回国,但秦王说:"令乌头白,马生角,乃许尔",意在永远不放他回去。明人胡俨在《列朝诗集》也戏说此事:"老马何曾有角生,羝羊触藩徒忿嚏。"关于"鼠无牙"一说更是离谱,众所周知,老鼠的牙齿是与众不同的,牙齿长成后牙髓腔不封闭,血液依然提供养料,所以老鼠的牙是不断地生长的,故老鼠只能靠不停啃咬东西来抑制牙齿的生长。而且古人很早就知道老鼠有牙,《诗经》有云:"谁谓鼠无牙,何以穿我墉。""相鼠有齿,人而无止。"明代郎瑛《七修类稿·十二生肖》也反驳此论说:"地之肖属十二物,人言取其不全者,予以庶物岂止十二不全者哉!"所以,因动物的先天缺陷才被选为十二生肖之列的说法是牵强附会的,没有任何科学根据,故不可取。

其实十二生肖动物的选择并不复杂,在中国古代,这十二种动物都是与人们的生活密不可分的。有人把十二生肖动物分为三类。

第一类是六畜,即马、牛、羊、猪、狗、鸡,这六畜是较早被驯化的动物,人们为了生产和生活的需要而驯养它们。在以农为本的中国古代社会中,六畜是人类生活的重要依靠,代代传承的传统观念中"六畜兴旺"代表着家族兴旺发达的美好愿望,每当春节的时候,人们都会写下如"六畜兴旺""金鸡满架""肥猪满圈"等祝福语贴在马厩、鸡架、猪圈的门上,以示祝愿。也就是说,六畜在中国人的生活中是不可或缺的,因此被选为生肖动物是有其必然性的,而且占十二种生肖动物的一半也是可以理解的。

第二类属于人们所熟知的野生动物,即虎、兔、猴、鼠、蛇。这些动物与古代的人们日常生活有着密切的关系,如虎和蛇是人们在生活中所敬畏的动物,处在原生态环境的古代社会,虎、蛇时常出没,对人们的生产、生活甚至是生命造成严重危害,人们会谈虎色变,景阳冈武松打虎的壮举深为人们赞誉,"苛政猛于虎"的记载从另一个角度可以看出老虎对古人生命的威胁。此外,农夫和蛇的故事虽然意在告诉人们一个为人处世的道理,但也不是空穴来风,在古代社会,蛇咬伤人或咬死人的事是时常发生的,于是人们总结出一条"一朝被蛇咬,十年怕井绳"的经验。被选为生肖的野生动物中也有人们厌恶、忌讳的动物,如鼠。在以农业为经济基础的古代社会,粮食在人们心中至关重要,民以食为天,而老鼠恰恰是与人类争夺粮食的动物,是人类的敌人,但人们又无法将其赶尽杀绝,有粮食存在的地方,多有老鼠出没,所以鼠是人们既熟悉又讨厌的动物。另外,也有人们所钟爱的动物,如兔、猴。兔子娇小、温顺,深受中国人喜爱,美丽的神话传说如嫦娥玉兔,儿歌有"小白兔,白又白,蹦蹦跳跳真可爱"。从进化论的角度讲,人类是由古猿进化而来的,所以人类对猴有某种亲切感,猴子聪明伶俐是人类的朋友,孙悟空被称为齐天大圣、美猴王,是正义的化身,这是人类赋予猴的文化意义。在古代,人们喜爱猴,还与"猴""侯"谐音有关。吴裕成在其《中国生肖文化》一书中说:"封建社会拜相封侯,显而且贵,是最为荣耀的人生价值取向。这就使猴成为一种祝福吉祥的符号。古代绘画猴常以吉祥的符号入图。一幅猴子骑马画,寓意马上封侯;猴向枫树上挂印的图画,寓意为封侯挂印;一只猴子骑在另一只猴子的背上,其寓意是辈辈封侯。这些画连同这些话,都能讨人欢喜。另有一幅民俗画《辟马瘟》,画猴画马,反映了古人在马厩中养猴,认为猴子能驱马病辟马瘟的习俗,这一民俗,也是《西游记》里猴子被玉皇封为'弼马温'故事的来源。"

第三类就是中国人传统象征性的吉祥物——龙。龙是中华民族的象征,代表富贵吉祥。炎黄子孙自称是龙的传人,龙是中国人心目中必不可少的"神物",所以被选为十二生肖是必然的,龙是十二生肖中唯一没有实物的动物。

综上所述,十二生肖动物的选择不是随意的,而是有特定的文化内涵的,是古代的人们在长期的生产生活中出于不同层面的考虑才最终确定的。

（三）十二生肖动物的排序

十二生肖选定后是根据什么排序的呢？为什么小小的老鼠会排在第一位，而在中国人心目中占有重要地位的龙却排在了鼠、牛、虎、兔的后面了呢？一直以来，对生肖顺序的确定众说纷纭。

1. 汉族民间传说

相传黄帝当了部落联盟首领后，要选十二种动物到宫殿中担任卫士，于是诏令天下动物正月初一这一天前来候选。动物们得知此事后欢呼雀跃，积极准备参选，猫也非常想参加，但怕自己睡过头，于是就托爱起早的老鼠叫它，但是到选举这一天老鼠给忘了，结果猫就落选了，从此猫鼠就成了天敌。牛是最勤劳的，它知道自己速度比较慢，所以在除夕之夜就启程了，老鼠起得比较早，经过努力赶上了牛，但已经筋疲力尽了，于是就主动讨好牛，牛就同意老鼠蹲到自己的背上，把它带到宫殿。到了宫殿老鼠就蹿到前面，于是鼠就排第一，牛排第二，随后各种动物一一较量、比拼，经过激烈的角逐，最后定位，形成了鼠、牛、虎、兔、龙、蛇、马、羊、猴、鸡、狗、猪的顺序。

另一种相似的传说在民间也比较流行。玉皇大帝过生日，下令让所有的动物在正月初九这天前来祝寿，并决定按前来祝贺生日的报到顺序选定十二种动物，作为通往上天之路的守卫，并按年轮流值班。于是就派神仙下凡将此事告知动物，并且说谁到得越早谁排得就越靠前，选定前十二名，后来者就选不上了。那时猫和老鼠是好朋友，猫知道自己爱睡懒觉，怕到时睡过了头，于是就托老鼠走时叫醒它，但老鼠却把这事给忘了。正月初九这一天，众动物纷纷赶向天宫，而猫还在睡觉。老鼠去找牛，希望牛能带着它，因为牛最勤劳，动身很早而且跑得比老鼠快，一定能早到并且排在前面，老鼠找到牛说："牛大哥，赶路好寂寞，我们一起走，在路上我为你唱歌，这样时间就会过得快些。"牛说："好啊，但是你的脚步小、走得慢，等着听你唱歌会耽误我的行程。"老鼠说："这样吧，让我坐到你的背上，那你既能听到我唱歌又不耽误行程！"牛答应鼠的请求，它们一路欢歌笑语来到南天门，天兵、天将分列两旁迎接前来参加选卫士的动物。牛最先到南天门，众将喊道："牛到得最早！"但到达天庭后，老鼠"嗖"的一跳从牛背上蹿下来，一个箭步直奔玉皇殿，刚好被玉皇大帝看见，不禁惊叹道："好大一头鼠！"于是玉皇大帝就让老鼠排第一，牛排第二。随后虎和兔相继赶到，分别排在了第三位和第四位。龙本来到得比较晚，按照规定是选不上的，但是龙做了精心的打扮，传说那时龙是没有犄角的，而鸡有犄角，于是龙就和鸡说，你已经很漂亮了，不用犄角你一定也能选上，参选的时候请把你的角借给我，事后我再还给你，鸡听到龙的表扬,非常高兴,于是就把角借给了龙,龙虽然晚到天庭,但是玉皇大帝被龙的高大和美丽打动了,所以破例把龙排在第五位,并且答应把龙的儿子排在第六位,但是龙说,"我儿子今天没来",这时后面的蛇听到了,赶紧说,"干爹,我上,我排第六",于是蛇就排在第六位。马和羊同时赶到天庭,它俩相互谦让,玉皇大帝把它们分别排到第七、第八。猴子本来到的也比较晚,但比较精明,玉帝将它排在第九。接着鸡狗猪相继被选上。这样十二个天庭卫士就选定了,这就是十二生肖的排序。选完后,众动物纷纷回家,这时猫醒了,得知老鼠没叫它,于是满世界追老鼠,此后猫鼠成了天敌。龙回来后,想它是借了犄角才选上的,这个犄角对自己很重要,于是就不打算还给鸡了,但怕鸡前来索要,于是在人间消失了,鸡非常气愤,每天早晨公鸡都会大喊:"快还我!快还我!"

这种生肖排序的解释虽是无稽之谈,但是它说明在很早以前人们就试图去解释生肖的排序问题,当无法来解释的时候,人们往往会借助神话传说。

2. 生肖阴阳两类说

此说认为古人按照阴阳观念,把十二种动物分为阴、阳两类,动物的阴、阳定位是按其足趾的奇偶排定的,奇数为阳,偶数为阴,以此来解释十二生肖的排序。

持这一观点的人首推宋代的洪巽,在其《旸谷漫录》中云:"子鼠、丑牛、寅虎、卯兔、辰龙、巳蛇、午马、未羊、申猴、酉鸡、戌犬、亥猪十二相属,前辈未有明其所以取义者。曩见家璩公选云:子寅辰午申戌俱阳,故以相属之奇数为名,鼠虎龙猴狗俱五指,马则单蹄也;丑卯巳未酉亥俱阴,故取相属之偶数为名,牛羊鸡猪俱四爪,兔两爪,蛇两舌也。"也就是说,生肖的排序是根据动物趾的奇偶,牛四趾,为偶;虎五趾,为奇;兔四趾,为偶;龙五趾,为奇;蛇无趾,为同偶(或两舌);马一趾(单蹄),为奇;羊四趾,为偶;猴五趾,为奇;鸡四趾,为偶;狗五趾,为奇;猪四趾,为偶。因为鼠的趾数比较特别,前足四、后足五,奇偶同体,所以排在第一。

此后,明代学者郎瑛在此基础上进行了进一步归类,其《七修类稿·十二生肖》云:"地之肖属十二物,人言取其不全者,予以庶物岂止十二不全者哉。予旧以地支在下,各取其足爪,于阴阳上分之。如子虽属阳,上四刻乃昨夜之阴,下四刻今日之阳,鼠前足四爪,象阴,后足五爪,象阳故也;丑属阴,牛蹄分也;寅属阳,虎有五爪;卯属阴,兔缺唇,且四爪也;辰属阳,龙乃五爪;巳属阴,蛇舌分也;午属火,马蹄圆也;未属阴,羊蹄分也;申猴五爪,酉鸡四爪也;戌狗五爪也;亥猪蹄分也;此或庶几焉。予又思蛇、兔且取唇舌,他物之足爪亦岂无如十二物者哉?夫十二支固属阴阳,皆于时位上见之,易卦取象亦然也,惟理义之存焉耳。如子为阴极,幽潜隐晦,以鼠配之;鼠藏迹也。午为阳极,显明刚健,以马配之;马快行也。丑为阴也,俯而慈爱生焉,以牛配之;牛有舐犊。未为阳也,仰而秉礼行焉,以羊配之,羊有跪乳。寅为三阳,阳胜则暴,以虎配之;虎性暴也。申为三阴,阴胜则黠,以猴配之;猴性黠也。日生东而有西酉之鸡,月生西而有东卯之兔,此阴阳交感之义,故曰卯酉为日月之私门。今兔舐雄毛则成孕,鸡合踏而无形,皆感而不交者也。故卯酉属兔鸡,辰巳阳起而动作,龙为盛,蛇次之,故龙蛇配焉。龙蛇,变化之物也。戌亥阴敛而潜寂,狗司夜,猪镇静,故狗猪配焉。狗猪,持守之物也。"这种归类法与洪巽的分类法大同小异。

3. 昼夜时辰说

中国古代天文学家将一昼夜二十四小时分为十二个时辰,每两个小时为一个时辰,依照十二种动物的生活习惯和活动的时辰,确定十二生肖与十二时辰相结合来计时,于是形成了生肖的排序。

明代李长卿在《松霞馆赘言》中对生肖的排序就有类似解释。如子时属鼠,他解释说:"然子何以属鼠也,曰:天开于子,不耗则其气不开。鼠,耗虫也,于是夜尚未央,正鼠得令之候,故子属鼠。"天地生成于子时,生之初,混沌一片,清浊不分,没有缝隙,气体跑不出来,物质无法利用,半夜鼠出来活动,将天地间的混沌状态咬出缝隙,"鼠咬天开",气体跑出来,物质可以利用了,鼠有打开天体的神通,同时子时是一天的开始,子夜时分(夜间十一点到凌晨一点),夜深人静时刻正是鼠活动的最佳时期,故子时就属鼠。丑时属牛:"地辟于丑,而牛则辟地之物也,故丑属牛。"天地形成后,牛便出来耕田辟地,把牛的耕田比作辟地,自然丑就属牛。寅时属虎:"人生于寅,有生则有杀,杀人者,虎也。又,寅者,畏也,可畏莫若虎,故寅属虎。"传说人生于寅,有生必有死,古人最怕虎,猛虎能置人于死地,"寅"字又有敬畏之意,寅时便属虎了。卯时属兔:"卯者,日出之候,日本离体,而中含太阴玉兔之精,故卯属兔。"卯时已经进入清晨,为日出之象,太阳本应离卦,离卦象火,内中所含阴爻,即太阳还没有出来,照亮大地的还是月亮,而月宫中唯一的精灵是玉兔,这样卯时便属兔了。辰龙与巳蛇:"辰者,三月之卦,正群龙行雨之时,故辰属龙。巳者,四月之卦,于时草茂,而蛇得其所。又,巳时蛇不上道,故巳属蛇。"辰龙与巳蛇的解释是以时令气候的特征为准,阳春三月正值万物复苏,春耕开始的季节,春雨贵如油,辰时又是一天中起雾的时刻,此时龙行雨再恰当不过了;巳时已近中午,太阳当空照,气候炎热,蛇属于冷血动物,出行时要在凉爽的地方爬行,四月正是草木茂盛的时节,可以为蛇遮阴。午时属马:

"午者,阳极而一阴甫生,马者,至健而不离地,阴类也,故午属马。"午时是下午,阳气达到极端,阴气正在萌生,马驰骋奔跑,四蹄腾空,马跑离不开地,是属阴类动物,午时属马。未时属羊:"羊啮未时之草而茁,故未属羊。"即午后牧羊,是羊吃草的最佳时刻,容易长得肥壮。申时属猴:"申时,日落而猿啼,且申臂也,譬之气数,将乱则狂作横行,故申属猴。"申时是太阳即将落下,猴啼叫攀援的时辰。酉时属鸡:"酉者,月出之时。月本坎体,而中含太阳金鸡之精,故酉属鸡。"即酉为月亮出现之时,月亮属水,应着坎卦。坎卦,其上下阴爻,而中间的阳爻代表太阳金乌之精,与玉兔相对应,因此酉属鸡。戌时属狗:"戌时方夜,而犬则司夜之物也。故戌属犬。"也就是说,因为狗的职责是为主人看家护院的,因此被排到入夜之时。亥时属猪:"亥者,天地混沌之时,如百果含生意于核中,猪则饮食之外,无一所知,故亥属猪。"亥于黑夜,天地之间混沌一片,而猪只知道吃,更是混沌之物,两者因混沌而近似,故亥时属猪。

　　关于生肖排序,另一种类似的说法现在广为流传,这种说法是以动物活动时间为参照而形成的。

　　二十三点至次日一点,老鼠出来觅食,此时是鼠活动最频繁的时刻,并且子时也是一天的开始,于是子时便与鼠联系在一起,称"子鼠"。

　　凌晨一点至三点,农家常在深夜起来挑灯喂牛,准备清晨出来耕地;或者牛已经吃足了草,正在反刍,总之这是牛活动的时刻,于是丑时便与牛联系在一起,故称"丑牛"。

　　凌晨三点至五点,昼伏夜行的老虎此时正到处游荡觅食,并且最为凶猛,村庄里的人们在此时常常会听到不远处传来虎啸声,极为恐惧,于是寅时与虎相联系,就有了"寅虎"。

　　五点至七点,天刚刚亮,兔子开始出窝觅食,它最喜欢吃带着露水的青草,据说这是兔子一天中最美的一餐。另外,因为天刚放亮,月亮还挂在天上,神话传说中的月宫里玉兔捣药正忙,这样兔子就与卯时相联系,便有了"卯兔"。

　　七点至九点,是容易起雾的时刻,龙喜欢在此时腾云驾雾,兴云布雨,滋润世间万物,给大地以勃勃生机,又值旭日东升时刻,蒸蒸日上,象征吉祥美好;另外,龙是中国人观念中的神物,在现实生活中是不存在的,人们认为只有在蒙蒙大雾中龙才能出现,龙和辰时相联系,便有了"辰龙"。

　　九点至十一点,大雾散去,太阳当空照,蛇出洞觅食,开始频繁的活动,古人对蛇是惧怕的,尤其是在出行时生怕被蛇咬。但蛇是冷血动物,九点至十一点出来觅食,为了躲避阳光的照射,常常隐蔽在草丛里爬行,而不在人行路上游动,此时人们可以放心地出行,不用担心被蛇咬伤。另外,在古人造字时,"巳"被画成了蛇的象形,于是蛇与巳时就天然地联系在一起了。

十一点至十三点,是日照最强的时刻,烈日当头,野马未被人类驯服,每当午时,四处奔跑嘶鸣,正是天马行空的时刻;另外,据说午时阳气达到极限,阴气将产生,马跑离不开地,是"阴"类动物,于是午时属马。

十三点至十五点,午后的未时,是牧羊的最佳时刻,草上的露珠已经消失了,经过露珠洗过的草非常干净,羊在这时吃草,会吸收得快,更容易上膘,有的地方称此时为"羊出坡",意思是放羊的好时候;另外,还有一种说法是羊吃了这时候的草,不影响草的再生,这样未时就属羊了。

十五点至十七点,太阳偏西了,天气显得清爽起来。猴子最喜欢此时在树林里玩耍啼叫,十分活跃;另外,猴子善于在树木间伸屈攀援,"伸"与"申"谐音,便把这一时刻与猴子联系在一起,于是有了"申猴"。

十七点至十九点为酉时,太阳快落山了,鸡吃完晚餐,在窝前打转、散步,伴随着农家的袅袅炊烟,显得格外安静祥和,这是农村一道亮丽的风景线,夜幕降临,鸡就该回窝了,故称酉时属鸡。

十九点至二十一点为戌时,忙碌了一天的主人准备休息了,狗开始了它的工作,为主人看家护院,让主人放心地休息,故戌时属狗。

二十一点至二十三点,此时万籁俱寂,一片混沌,只能听到猪正在鼾睡,于是亥时属猪。

就这样,一天的时辰和动物搭配就排列了下来:子鼠、丑牛、寅虎、卯兔、辰龙、巳蛇、午马、未羊、申猴、酉鸡、戌狗、亥猪。后来人们把这种纪时法用于纪年,就出现了十二生肖。十二种动物配十二时辰有了十二生肖,人们的愿望在不同的年份便有了不同的寄寓。

以上分别从不同角度解释了生肖的排列。民间生肖动物排列的传说故事固然不可信,但是它体现了先人试图解读生肖顺序的心愿,这些传说故事代代相传,在促进生肖文化传承发展的同时也丰富了生肖文化的内容;将十二种生肖动物分为阴阳两类,并将其纳入五行观念之中的排列方式也属于牵强附会之说,实不足信;而生肖动物分组排列则生动地体现了中国古人的阴阳辩证思想;根据十二种动物的不同习性特征配以十二时辰来解释生肖排序的说法现在广为流传,为多数学者赞同。

总之,十二生肖的排列不是一朝一夕完成的,它是在历史的长河中经过一代又一代人的发展完善才最终确定并流传至今的。

(四)十二生肖为何无猫

人们常说十二生肖的选择多是人们常见且与生产生活息息相关的动物,那么猫也是人们非常熟悉的动物,为什么十二生肖中没有猫呢?

提及此事,有人就会用民间故事来解答,说因为当年玉皇大帝选天宫卫士的时候,老鼠没有叫醒猫,所以猫落选了,这只是神话传说,是不可信的。

十二生肖中之所以没有猫,是因为在十二生肖形成的时代,中国还没有真正意义上的家猫,虽然《诗经》中记载"有熊有罴,有猫有虎",但这里的猫是指野猫。

有一种说法认为,猫原产于埃及。5 000多年前,生活在尼罗河流域的古埃及人发现野猫吃老鼠,于是便把野猫带回家驯养,渐渐地这些野猫就失去了野性,变成了温顺的家猫,而且捕老鼠的本领依然很大。家猫便在埃及人的家里广泛、普遍地繁殖起来,并且备受宠敬,之后埃及猫向外传播至世界各国。至于家猫何时传入中国已经不可考了,但最早在东汉以后是可以肯定的,因为现在见到的最早的猫捉老鼠图是东汉古石墓中发现的。

据考证,我国家猫来源于沙漠猫,原产印度,传入中国的时间大约是东汉明帝时期,是随佛教传入中国的。也有民间传说猫是唐三藏从印度带回来的,这种说法是不可信的,因为在唐代养猫已经非常普遍,如被武则天残害的萧淑妃,在临死之前破口大骂:"阿武妖精,乃至于此!愿他生我为猫,阿武为鼠,生生扼其喉。"据说武则天此后不敢在宫廷养猫,怕是萧淑妃投胎转世。晚唐诗人李商隐有"鸳鸯瓦上狸奴睡"的诗句,"狸奴"就是古人对猫的称谓,可见,猫传入中国应该早于唐代,汉代的说法还是比较准确的。由于汉代十二生肖早已经形成了,晚来的猫自然也就不在其中了。

另外,从生物学的角度来说,猫和虎属于同科动物,就像民间传说的那样,猫、虎是亲戚,家族中有虎为代表了,自然就不会有猫了。

三、十二生肖的发展

十二生肖在形成的过程中不是一蹴而就的,而是不断地发展和完善的,直到东汉时期十二生肖才最终形成。

现在关于十二生肖最早的文献记载是《诗经》,《诗经·小雅·吉日》记载,"吉日庚午,即差我马",这是午马相对应的记载,与现在十二生肖中的"午马"是吻合的。由此可知,早在春秋时期,就已经确立了地支与动物的对应关系,至于十二生肖是否完全与十二地支对应,还有待研究。

1975年,在湖北云梦睡虎地出土的秦简中发现了较为完整的关于十二地支与十二生肖动物对应的记载,竹简中的《日书·盗者》云:"子,鼠也,盗者兑口希须……丑,牛也,盗者大鼻长颈……寅,虎也,盗者壮,希须,面有黑焉。卯,兔也,盗者大面头。辰,(原文缺),盗者男子,青赤色……巳,虫也,盗者长而黑蛇目。午,鹿也,盗者长颈小胕,其身不全……未,马也,盗者长须耳。申,环也,盗者圆面……"这是用十二生肖来占卜盗贼体貌特征的记载。据考证,睡虎地十一号墓下葬于公元前217年,这说明早在先秦时期人们就已经用十二生肖来占卜了。学者们认为,这是迄今为止在中国发现的关于十二生肖的最早而又较系统的记载。此秦简所记载的十二生肖与今天的说法大体相近,但略有差异,《日书》所记十二生肖为鼠、牛、虎、兔、虫、鹿、马、环、水、老羊、豕,而今天通行的十二生肖为鼠、牛、虎、兔、龙、蛇、马、羊、猴、鸡、狗、猪。研究者认为,由《日书》中的"青赤色"可知辰为龙,虫即蛇,环申即猴,水可能为雉为鸡,但午鹿、未马、戌羊的搭配与现在的仍有不同。这也说明十二生肖有一个逐渐发展变化的过程,最后才稳定下来的。

十二生肖最完整的配属,应是东汉王充的《论衡》,其《物势》篇记载:"寅,木也;其禽,虎也。戌,土也;其禽,犬也。丑未亦土也,丑禽牛,未禽羊也。木胜土,故犬与牛羊为虎所服也。亥,水也;其禽,豕也。巳,火也;其禽,蛇也;子亦水也,其禽,鼠也;午亦火也,其禽,马也。水胜火,故豕食蛇;火为水所害;故马食鼠屎而腹胀。曰:'审如论者之言,含血之虫,亦有不相胜之效。'午,马也。子,鼠也。酉,鸡也。卯,兔也。水胜火,鼠何不逐马?金胜木,鸡何不啄兔?亥,豕也。未,羊也。丑,牛也。土胜水,牛羊何不杀豕?巳,蛇也。申,猴也。火胜金,蛇何不食猕猴?猕猴者,畏鼠也。啮猕猴者,犬也。鼠,水。猕猴,金也。水不胜金,猕猴何故畏鼠也?戌,土也。申,猴也。土不胜金,猴何故畏犬?"阎若璩曰:"独不及辰之禽龙。"龙见于《论衡·言毒》篇:"辰为龙,巳为蛇。"

由此可以看出,东汉时期就已经有了后世流传的十二生肖的全部动物名称及与其十二地支的配属,说明此时十二生肖文化已经流传于中华大地。至于十二生肖有"十二属相"之称,则源于南朝时期沈炯作的《十二属》诗:"鼠迹生尘案,牛羊暮下来。

虎啸坐空谷,兔月向窗开。龙显远青翠,蛇柳近徘徊。马兰方远摘,羊负始春栽。猴栗羞芳果,鸡砧引清杯。狗其怀物外,猪蠡官悠哉。"所以最迟在南北朝时期,十二生肖已经普遍使用了。此后生肖文化代代相传,时至今日,生肖文化已经成为雅俗共赏的民俗文化。

四、生肖文化的差异

在中华民族的大家庭里,十二生肖并不是汉族的专利,少数民族也有十二生肖。受汉族影响,许多少数民族的十二生肖与汉族生肖动物基本一致,但是由于少数民族各自独特的生存环境和信仰,所选择的生肖动物与汉族也有一定的差异。

柯尔克孜族十二生肖中以鱼代替龙,以狐狸代替猴;傣族以黄牛代替牛,以山羊代替羊,以象代替猪。黎族以虫代替虎,而且在生肖排序上也与汉族有区别,以鸡开头,以猴结尾。

傣族的十二生肖为鼠、黄牛、虎、兔、大蛇、蛇、马、山羊、猴、鸡、狗、象。大约在汉朝,汉族的干支纪时法就逐步传入傣族地区,不久,汉族的十二生肖也传了进来,其方法与农历一样,就是将十天干和十二地支相互搭配得六十甲子。在西双版纳等地,十二生肖与地支相配,不仅用来纪年,还用来纪月和纪日,如子年鼠骨,傣历中"骨"为年,"血"为月,"皮"为日。丑年黄牛骨、寅年虎骨;四月兔血、六月小蛇血、七月马血;申日猴皮、酉日鸡皮……这种纪时法至今仍是傣历中的重要组成部分。可见汉族十二生肖传入傣族后,其使用范围更加广泛。

有的少数民族的十二生肖与汉族基本一致,但是由于民族所崇尚的文化不同,所赋予生肖动物的文化寓意就有差别。藏族十二生肖为鼠、牛、虎、兔、龙、蛇、马、羊、猴、鸡(有的称乌鸦)、狗、猪。一般认为,藏族的生肖纪年是公元7世纪时文成公主出嫁松赞干布时带去的,所以与汉族的十二生肖基本相同,但是这十二生肖动物却有特殊的文化内涵。对此西藏学者尕藏才旦做了较为详细的介绍:鼠被认为小心眼,小动作,但聪明能折腾;牛则憨笨、老实,全身是宝;老虎是勇猛剽悍的形象,是男子汉的象征;兔属胆小鬼,经常处于惊恐不安状态;龙是高贵、万能、带来吉祥和甘霖,能造福人类的标志;蛇在藏族人心目中是灵活自如,没有贬义说法,若说有,则是滑腻难以掌握;马也被藏族人所热爱,认为属相马的人心地坦荡豁达,勤劳耐苦甘于奉献,能带来好的声誉及福禄;羊在藏文化中是吉祥如意,羊也是温顺、和谐、融洽的代表;猴是机敏、奋进又不安分,常常显得浮躁私心重,个人主义倾向突出;鸡是比较中性的,通常认为鸡不愁吃穿不伤害别的生灵,但也不会示弱受制于别人的欺凌,还能带来光明;狗代表着忠厚,不嫌贫爱富,吃苦耐劳,友谊为重;猪被认为有福气,丰衣足食无忧无虑,知足常乐。由此可以看出,虽然藏族的生肖动物与汉族基本相同,但是动物的文化内涵却存在一些差异,具有一定的民族特质。

藏族的生肖纪年也与汉族相同,即六十甲子为一个轮回,藏语称"回登",为木鼠之意,藏族六十甲子从木鼠开始,相当于汉族的甲子年。另外,藏历生肖纪年与阴阳、五行、生肖动物融为一体,虽然未明确注明天干地支,但实际上隐含着天干地支的顺序,与十天干是相互对应的。如:甲乙为木、丙丁为火、戊己为土、庚辛为金、壬癸为水。以上五对,每对当中前者为阳,后者为阴,因此有"阴火兔年""阳土龙年""阳金猴年"之类的叫法。此外,藏历中还以男女代替阴阳,如阴金牛年又叫女金牛年,阳水虎年,又叫男水虎年。

有的少数民族的十二生肖虽然与汉族一致,但是在排列顺序上有所不同,所蕴含的文化也有差别,如蒙古族的生肖顺序为虎、兔、龙、蛇、马、羊、猴、鸡、狗、猪、鼠、牛,以虎起首,以牛煞尾。

纳西族的生肖顺序为猴、鸡、狗、猪、鼠、牛、虎、兔、龙、蛇、马、羊,以猴开头,以羊收尾。纳西族是我国云南省境内的少数民族,以生肖纪日,并配以方位,方法独特。纳西族人将一年十二个月分为大月小月,每月三十天,单月第一天为猴日,按猴、鸡、狗、猪、鼠、牛、虎、兔、龙、蛇、马、羊顺序,排至单月的第二十九天为鼠日;进入双月,双月第一天隔过牛日,定为虎日,再按虎、兔、龙、蛇、马、羊……顺序排下来,至双月的最后一天,排为羊日;再进入单月,单月首日应为猴日,羊日之后恰为猴日,不需隔越生肖了。

纳西族择偶、添子命名都有讲究,尤其是他们的命名法往往带有生肖的含义,纳西人将生肖属相与"巴格图"结合起来命名。"巴格图"是一种绘有方位、属年、阴阳等内容的图谱,类似八卦。纳西人将整个图形分为八大方位,分别由十二生肖动物主管,因此这种命名法便称为十二属相命名法或十二地支命名法。

上述少数民族的生肖差异,主要是因为他们各自所生存的环境不同,对生肖的选择主要是以他们所熟悉的动物为主,或在生活中比较依赖的动物。

第二节 生肖民俗

十二生肖文化在发展传承的过程中渐渐地形成了诸多的民俗,如本命年的习俗、婚姻的生肖禁忌以及属相的禁忌等。

本命年的习俗和禁忌其实只是一种文化现象,刘心武在《本命年代表人生几道》中解读本命年说:"本命年"的说法是种自我暗示,从一个人心理发育的角度上看,本命年在人的生命进程中往往会成为一个大"坎儿",是一个"危险期"。12岁,身体的变化、心智的不成熟让我们措手不及,容易为诱惑所迷。24岁,初入社会,感情、工作、未来的不确定性让我们困惑,真正体会到世界很大、自己很小。36岁,此时工作可能遭遇瓶颈,感情可能出现"七年之痒",都会使我们心力交瘁。48岁,孩子成长期的叛逆,自己更年期的到来,事业的转折,健康的滑坡,只能一声叹息。60岁,弃官离职,退休在家,工作和生活上的巨大变化,让人无法适应,稍有不慎就会迷失自我。为了避免内心的焦虑,人们用"本命年"的说法进行自我暗示,保持心理平衡。

无论怎样,与生肖息息相关的本命年习俗和禁忌在中华大地上已经传承了上千年,作为中国传统生肖文化的重要组成部分,本命年已经深入炎黄子孙的观念中。

一、生肖与本命年

本命年就是指与生年属相相遇之年,即12周岁及其倍数,俗称属相年。如一个人出生于鼠年,再过12年,又逢鼠年,这一年就是他的本命年。由于十二生肖的循环往复,每过12年,人们就要遇到自己的本命年,人生本命年依次为12岁、24岁、36岁、48岁、60岁……12年是人生的一个小轮回,60年就是人生的一个大轮回,具有重生的意义。所以我国许多民族都有重视老人60岁生日的习俗,俗称"花甲",花甲为一生中第5个本命年,也是干支纪年的一个轮回,子女会为老人隆重庆生,以此祈求老人长寿、健康、吉祥。

(一)本命年的起源与发展

"本命年"这一说法在西汉时就已经出现了,即以十二生肖配十二辰为人命所属。中国古代用天干和地支组合的方法来纪年,但这种方法推算和记忆对百姓来说都比较困难,而北方少数民族所采用的以十二生肖配年为号纪年就比较简单便捷。《北史·宇文护传》载,宇文护的母亲给他的家书云:"昔在武川镇,生汝兄弟,大者属鼠,次者属兔,汝身属蛇。"《新唐书·回鹘传下》载,黠戛斯"以十二物纪年,如岁在寅,则曰虎年"。《宋史·吐蕃传》载:仁宗遣刘涣使吐蕃,厮啰"道旧事则数十二辰属,曰兔年如此,马年如此"。赵珙《蒙鞑备录》载:"珙每见其所行文字,犹曰'大朝',又称年号曰'兔儿年''龙儿年',自去年(1220年)方改曰'庚辰年',今曰'辛巳年'是也。"由此可知,蒙古汗国于1220年才改用干支纪年的,在此之前都是以十二生肖纪年的。《蒙古秘史》中也常见以十二生肖纪年的记载,如有鼠儿年、虎儿年、鸡儿年、狗儿年等。元朝建立后,民间仍然使用生肖纪年,可见方便记忆的生肖纪年法在民间广泛使用,与干支纪年法并行不悖。中古以来,北方游牧、渔猎民族契丹族、女真族、蒙古族、满族相继建立了辽、金、元、清等政权,他们在国家政治生活中占有越来越重要的地位,民族融合不断加强,于是他们部族长期流行的十二生肖纪年法便在民间得到广泛传播,为各族百姓所接受,正如清代学者赵翼在《陔余丛考·十二相属》中所说:"盖北俗初无所谓子丑寅之十二辰,但以鼠牛虎兔之类分纪岁时,浸寻流传于中国,遂相沿不废耳。"

在十二生肖动物与十二地支相对应的纪年方法中,一个人出生的那年是农历什么年,那么以后每到这一属相年便是此人的本命年。

在中国古代,最初的本命年是指与出生年干支相同之年,即60年为一个本命年。如一个人生于甲子年,再过60年,又到甲子年时,就是这个人的本命年。这一说法在唐宋时期比较流行,白居易《七年元日对酒》诗中提道:"今朝吴与洛,相忆一欣然。梦得君知否,俱过本命年。"其诗自注:"余与苏州刘郎中同壬子岁,今年六十二。"诗中说白居易与刘禹锡同在壬子年(772年)出生,写此诗这一年都62岁了,已过了一个本命年。这里的本命年就是60年,正好是一个甲子,也是干支纪年的一个轮回。宋代宋敏求《春明退朝录》记载:"太宗以谓干支相承,虽止于六十,本命之外,却从一岁起首,并不见纪年。若存两周甲子,共成上寿之数,使期颐之人,犹见本年号。"这也说明当时是以60年为一个本命年。后来随着北方少数民族十二生肖纪年法在中原大地流行,十二年及其倍数也逐渐纳入本命年的范畴。宋德金《说本命年》载:"与之相联系的本命年习俗由原来的60岁和12岁及其倍数并行,而逐渐变成以后者为多。传承至今天的本命年一般也是指12岁及其倍数。"

本命年的习俗最初在契丹人中流行,契丹人采用十二生肖纪年,每12年生肖轮回一次,到了与某人生年属相相遇之年,就要举行仪式纪念自己的始生,这就是颇具契丹民族特色的"再生礼",又称"复诞礼"。《辽史·国语解》说:"再生礼,国俗,每十二年一次,行始生之礼,名曰再生。惟帝与太后、太子及夷离堇得行之。又名覆诞。"《辽史·礼志六》云:"凡十有二岁,皇帝本命年前一年季冬之月,择吉日。"书中还详细地记载了皇帝再生礼过程:"太巫奉襁褓、彩结等物赞祝之。预选七叟,各立御名系于彩,皆跪进……群臣皆进襁褓、彩结等物。"通过上述史料可知,契丹人的再生礼是每12年举行一次,在本命年前一年的冬月,仪式中有进献"彩结"等物。契丹再生礼中的若干习俗,被后世蒙古族、满族、汉族等承袭下来,如今北方仍十分流行12年一遇本命年。近代流行的风俗,如儿童穿红背心、红裤衩,成人系红腰带等,颇似契丹再生仪中的"襁褓""彩结"之类。金元以来本命年习俗继续得到传承与发展。契丹再生礼在我国传统本命年习俗的传承上起了很大的作用。

(二)本命年习俗

在传统习俗中,人们普遍认为本命年为凶年。在自己生肖值岁的一年里会多灾多难,如身体多病、事业坎坷、财运不佳等,故民间通常把"本命年"叫作"坎儿年",即度过本命年如同迈过关坎一样,人生每12年就会有一个"坎儿年"。人们为趋吉避凶、消灾免祸,就想出了一些平安度过本命年的办法,久而久之就形成了许多关于本命年的习俗和禁忌,成为中国独特的生肖文化的重要组成部分。

1. **本命年扎红**

现在本命年最为流行的习俗就是"扎红",每到自己的本命年时,全国各地特别是北方地区不论大人小孩都要"扎红",通常成人要扎红腰带,小孩要穿红内衣、红袜子等,这样才能趋吉避凶、消灾免祸。在今天有许多本命年祈福文化饰品专卖店出售各种本命年助运饰物,已经不单纯是各类红色的衣服了,更多的是助运饰品。红色的吉祥带、吉祥结、手机挂坠、首饰盒、腰链、手链、项链以及家里摆放的属相等,有些饰品上刻着可爱的本命生肖动物,有的印着吉祥语,如"蛇年吉祥""龙年好运""发财""福"等字样。

本命年"扎红"起源于中国人的"崇红"心理和"尚红"观念。红色在中国人思想中是积极性的色彩,能够使人产生激情、奋发、阳光的感觉,红色是吉利、喜庆、勇敢、赤诚、亲近、团结的象征。早在原始社会,我们的先民就已经有了崇红的观念,他们不仅用赤铁矿染红装饰品,而且在尸体周围遍撒红粉,这被考古界和美学界公认为是以红色为神圣之色的图腾现象。在原始社会,我国先民对红色就有了串通生死两界的神秘感受。中华民族集体无意识中红色崇拜的文化基因在这里开始孕育,这就是中华民族红色崇拜之源。进入文明社会后,崇红代代传承,历史上农民起义军有红巾军、红袄军、赤眉军,这里的红色被认为是农民军的护身符。革命时期我们有红军、红旗,象征着革命事业的蓬勃发展,神圣而庄严,今天我们流行的红歌象征积极奋进。由此可见,在历史的长河中,中国人对红色有浓重的情感记忆,这是中国传统文化的一种表现。正是由于中国人对红色的崇尚,认为红色可以驱邪护身、消灾免祸,所以在自己的关坎年就有了"扎红"的习俗。

今天的人们都知道,本命年扎红驱灾辟邪是一种迷信的说法,根本没有科学依据,本命年之所以被看重,无论老少都扎红,只不过是一种习俗,扎红不是为了辟邪,而是一种时尚,是人们祈求好运的美好愿望的体现。本命年饰品是一种喜庆、吉祥的象征,可以用来烘托节日气氛,已经不是单纯的物质消费了,而是人们的一种精神消费。

2. 本命年"跳姑圈"及"跳墙"

在北方地区有儿童12岁剃"跳姑圈"的习俗。儿童在第一个本命年(12周岁)生日那天要把头顶的头发剃光,四周留一圈不剃,因为发型像姑子,所以称"跳姑圈"。剃了"跳姑圈"可以驱邪除恶、保健康平安,届时家中会摆酒席,亲戚朋友来喝喜酒并送本命年礼物给孩子以示祝贺。"跳姑圈"发型与古代匈奴人或契丹人的髡发极为形似,又流行于北方地区,或许就是从这些少数民族中传承下来的本命年习俗。

北京、天津及东北地区,孩子第一个本命年还有"跳墙"的习俗。据《中华全国风俗志》载:"大凡缺少子嗣之人家,忽然生下一个男孩,自然爱如珍宝。但是一方面却时时惶恐,或是多病,或是夭殇。因此,为父母者往往带领小儿,到庙中焚香祷告,求和尚给小儿起一名,俗称寄僧名。其意盖谓自此以后,此孩便算出家。寄僧名之孩,往往作僧人之装束,直至12岁跳墙还俗之时方能更换。跳墙事前,必择一吉日,买簸箕一只、毛帚一把,预备老铜钱八枚。及期,为父母者带领小儿,又向神像焚香祷祝,一面使小儿持簸箕及毛帚,拂拭香案,洒扫地下。事毕,即令理发匠为小儿留发,随后再使小儿立于板凳之上,左右手各执老钱四枚。旁观之人喊声'赶和尚',小儿便将手中所持之钱向后撒去,跳下板凳,并不回头,直跑至家中。此即所谓跳墙还俗也。"这也是一种祈求吉祥、健康平安的本命习俗。

(三) 本命年禁忌

在古代,中国有与本命年干支相同的日子不临丧的禁忌。《续资治通鉴》记载,宋仁宗皇祐元年(1049年)正月:"庚戌,太傅致仕邓国公张士逊卒。车驾临奠,翼日,(仁宗)谓辅臣曰:'昨有言庚戌是朕本命,不宜临丧;朕以师臣之旧,故不避。'文彦博曰：'唐太宗辰日哭张公谨，陛下过之远矣。'"可见，宋代在自己本命年生日那天是不能临丧的，这种禁忌连皇帝都知晓，民间就更盛行了，但由于仁宗与邓国公君臣情谊深厚，故不避此禁忌。

民间认为本命年是灾年，运势不佳，如果在本命年结婚，婚后生活会多灾多难，不但很难白头偕老，而且影响子嗣，"不孝有三，无后为大"，本命年结婚影响子嗣这是中国古人最不能接受的。这虽是迷信说法，但结婚生子是人生大事，人们抱着"宁可信其有，不可信其无"的想法，通常都不选择在自己生肖属相之年结婚，这也成为本命年的一种民俗禁忌。

三、历史人物的属相禁忌

古往今来，中国人上至皇帝下至百姓很多人都有自己的属相禁忌，往往还闹出笑话，甚至达到可恶的程度。

唐代属相禁忌非常严重，甚至达到了十分痴迷的程度。柳宗元《三戒·永某氏之鼠》记载："永有某氏者，畏日，拘忌异甚。以为己生岁直子，鼠，子神也。因爱鼠，不畜猫犬，禁僮勿击鼠。仓廪庖厨悉以恣鼠，不问。由是鼠相告，皆来某氏，饱食而无祸。某氏室无完器，椸无完衣，饮食大率鼠之余也。"无独有偶，据徐珂《清稗类钞》记载："盐城有何姓者，其家主人自以子为本命肖鼠也，乃不畜猫，见鼠，辄禁人捕，久之，鼠大蕃息，日跳梁出入，不畏人。"因为属鼠，把鼠当作自己的生肖神，任鼠恣意，甚至严重影响生活也不加以控制，愚昧至极。

古往今来，有个别人忌食自己属相的动物，如属羊的不吃羊肉、属狗的不吃狗肉、属鸡的不吃鸡肉等等。如宋代颍州沈丘主簿穆度因为属鸡故不吃鸡肉，洪迈《夷坚志》记载此事：政和年间，穆度赴宴，不食鸡肉，主人再三礼让，穆度道出原委："度平生好斗鸡，一鸡既胜矣，复使再与他鸡斗而败，度甚怒，尽拔其腹背毛羽。鸡哀鸣宛转，一夕死。未几，梦为二皂衣追去。行无人之境。遇冠金冠七道人，皂衣黑带，拱立于侧，执礼绝恭，趋揖致祷。其一人曰：'汝生于酉，鸡为相属，何得残暴如是？今诉于阴司，决不可免。'度惧甚……自是之后，不复敢食鸡，举家亦因断此味，今十年矣。"

在古代，属相禁忌不仅在民间盛行，甚至皇帝也不能免俗，甚至制造出了可恶、可笑的属相禁忌。

宋徽宗赵佶是著名的书画艺术家，有很深的文化修养，但却作出了荒唐的属相禁忌规定：因为自己属狗，故禁止民间杀狗。《宋人轶事汇编》引朱弁《曲洧旧闻》："崇宁初,范致虚上言十二宫神,狗居戌位,为陛下本命,今京师有以屠狗为业者,宜行禁止。因降指挥禁天下杀狗,赏钱至二万。太学生有曰:'朝廷事事绍述熙、丰。神宗生戊子,当年未尝禁畜猫也。'其间善议论者曰:'狗于五行,其取类自有所在。今使之尊贵若此,审如洪范传所云,其患有不胜言者。'"这是皇帝属相禁忌的一段奇闻,如果禁止杀狗,狗就会泛滥成灾,而以屠狗为业者就会失业,也会造成社会不稳定,这种生肖禁忌是荒唐的,所以太学生才极力反对,而且证据有力,说神宗是属鼠的,也未有禁止养猫的规定。在群臣的反对下,宋徽宗最终取消了这条生肖禁忌。

明武宗朱厚照生于辛亥年,属猪,他是明朝历史上最为荒诞不羁的皇帝,不住后宫,而居豹房,数次出巡,游山玩水,给自己取名为朱寿,巡行期间封自己为"总督军务威武大将军总兵官太师镇国公"。这个荒唐的皇帝,在生肖禁忌方面更是荒谬至极。他下诏禁止民间养猪,一是因为他属猪,二是"猪"与"朱"同音。正德十四年(1519年),宁王朱宸濠在南昌造反,明武宗以"威武大将军朱寿"的名义南征朱宸濠,《明武宗毅皇帝实录》记载车驾到仪真县,武宗下诏:"禁民间畜猪,远近屠杀殆尽,田家有产者,悉投诸水。"大学士杨廷和敢于直谏,上书请求皇帝取消屠猪禁令,但武宗置之不理,当时几乎全国的猪都被杀光了,祭祀都找不到猪了:"是岁,仪真丁祀,有司以羊代之。"《万历野获编》记载此事,称其为"禁杀怪事","如正德己卯,武宗南巡禁宰猪,则民间将所畜无大小俱杀以腌藏。至庚辰春祀孔庙,当用豕牲,仪真县学竟以羊代矣。"对于这样荒诞的属相禁忌,当朝就有人记载,明代李诩《戒庵老人漫笔》卷四"禁宰犬豕"条:"余家藏旧通报中有正德十四年十二月十九日辰时牌面,其略云:养豕之家,易卖宰杀,固系寻常。但当爵本命,既而又姓,虽然字异,实乃音同,况兼食之随生疮疾。宜当禁革,如若故违,本犯并连当房家小发遣极边卫,永远充军。事有古今相同者固若此。"经礼部官员多方进言,明武宗禁止民间养猪的属相禁忌最终被废除。

《万历野获编》卷一"禁宰猪"条将宋徽宗、明武宗荒唐的属相禁忌合起来记载,称宋徽宗禁止杀狗是古今最可笑之事,而明武宗禁止养猪堪称古今怪事:"宋徽宗崇宁间,范致虚为谏官,谓上为壬戌生,于生肖属犬,人间不宜杀犬。徽宗允其议,命屠狗者有厉禁。此古今最可笑事。而正德十四年十二月亦有之。时武宗南幸,至扬州行在,兵部左侍郎王(宪)抄奉钦差总督军务、威武大将军、总兵官、后军都督府、太师镇国公朱钧帖,照得养豕宰猪,固寻常通事。但当爵本命,又姓字异音同,况食之随生疮疾,深为未便,为此省谕地方:除牛羊等不禁外,即将豕牲不许喂养。及易卖宰杀,如若故违,本犯并当房家小,发极边永远充军。"

中原汉族帝王的荒唐属相禁忌在少数民族皇帝中也存在,蒙古作为游牧民族,早已采用生肖纪年。蒙古人对自己的生肖属相非常看重,元仁宗就是其中一个。元仁宗生肖属鸡,为了提高自己生肖动物的地位,便下诏在都城内"不许倒提鸡,违者有罪"。当时的人们都将鸡竖着抱在怀里,以示珍爱,成为当时大都城一道可笑的风景,也被后人作为笑谈。掌管中国政权近半个世纪的慈禧,对自己的生肖也异常看重,禁忌颇多。慈禧属羊,于是禁止别人提到"羊"字。慈禧是戏迷,经常在皇宫里看戏,但是凡是带羊字的戏目都禁演,《苏武牧羊》《变羊记》《牧羊圈》等都不能在皇宫里上演,甚至连戏里有带羊字的台词都得改,如"羊入虎口,有去无还"的戏词改为"鱼儿落网,有去无还",据说有一位演员不小心唱了原词,被慈禧责罚赶出皇宫。

从人们的生肖禁忌看,无论百姓还是皇帝,都超越不了民俗禁忌的界限。这一方面说明了生肖文化影响之深之广;另一方面也展现出生肖文化不合时宜的方面正是由于古人对生肖文化未加辨别地全盘吸收,才出现了一些荒诞可笑的生肖禁忌。我们对生肖文化应该取其精华,去其糟粕,继承和发扬生肖文化的优秀成分,使中国传统的生肖文化生生不息。

第三节 生 肖 艺 术

随着生肖文化的普及、传承和深入发展,十二生肖动物在人们的观念中早已失去了自然属性,而被人们赋予了各种文化特征。作为精神财富或吉祥文化的象征,十二生肖已经被广泛应用于各种传统艺术形式中,如生肖计时器、邮票、纪年币、剪纸、年画、铜镜、雕塑、饰品等,甚至还成为某种民间艺术的主要形式。可以说,生肖艺术是中国传统艺术史上一颗璀璨的明珠,体现了从古至今人们对生肖动物的崇拜与喜爱,也反映出历代民间艺人充满智慧的审美观念、热情饱满的创作精神和对美好生活的向往。

一、十二生肖计时器

中国古代生肖艺术珍品之一为生肖计时器,即用十二生肖做十二时辰的刻度符号,每一个时辰用相应的生肖来表示,犹如今天的钟表。

设计巧妙的生肖计时器早在唐代就出现了,武则天时期就有地方工匠制造了"十二辰车"。唐人张鷟《朝野佥载》记载："则天如意中，海州进一匠，造十二辰车。回辕正南，则午门开，马头人出。四方回转，不爽毫厘。"十二辰车四周刻有十二个时辰，犹如钟表的刻度，以车辕为中心四周旋转，车辕转向哪个方向，相对应的生肖动物就会出现，四方回转，不差毫厘，可见计时之精确。十二辰车设计构思巧妙，将十二生肖工艺颇具实效地表现出来，展现了古人高超的技艺。还有一种类似的十二生肖计时器称"十二时盘"，圆盘四周围刻十二生肖图案，每到一个时辰就会有相应的生肖动物图案出现。宋代陶穀《清异录·器具门》记载："唐内库有一盘，色正黄，圆三尺，四周有物象。元和中，偶用之，觉逐时物象变更，且如辰时，花草间皆戏龙，转巳则为蛇，转午则成马矣，因号'十二时盘'。流传及朱梁犹在。"这种十二生肖报时器就是将十二种生肖图形和随时辰变化而变换的图案一一对应，转到辰时出现龙图案，转到巳时出现蛇图案，转到午时出现马图案，以此类推，循环往复，实现报时功能。

历史上最为著名的十二生肖报时器当属圆明园的水力钟了。圆明园这座举世闻名的皇家园林，曾经是昨日中国华丽的交响，这里既有民族风格的建筑也有西洋景观，因而被誉为世界万园之园。圆明园的海晏堂曾是圆明园内最大的一处欧式园林景观，此建筑的精华之处就是十二生肖兽首铜像以水报时的水力钟，闻名世界。十二生肖兽首铜像修建于乾隆二十四年（1759），由欧洲传教士、著名意大利画家郎世宁主持设计，法国神父蒋友仁设计监修，清代宫廷匠师制作。最初设计的时候郎世宁是按照西方园林的要素，将喷泉设计成西方裸体女人的塑像，小样呈给乾隆时，乾隆觉得这违背中国的伦理道德，责令重新设计。最后郎世宁根据中国传统民俗文化，以十二生肖兽首铜像取代了西方喷泉常见的裸体女人塑像，于是就有了举世闻名的圆明园十二生肖水力钟。

十二生肖兽首铜像具有极高的艺术价值，堪称世界园林艺术珍品，既有浓厚的中国传统审美情趣，也有西方造型艺术的特色，可谓是中西合璧的杰作。另外，兽首铜像所用的材料是皇家精炼的红铜，色泽深沉、内蕴精光，历经百年风雨而不锈蚀。兽首铸造非常精细，上面的绒毛和褶皱都是一凿一凿锻打而成，清晰而逼真，展现了极高的工艺水平。

十二生肖兽首铜像呈"八"字形排列在海晏堂喷水池的两侧，一侧分列子鼠、寅虎、辰龙、午马、申猴、戌狗；另一侧分列丑牛、卯兔、巳蛇、未羊、酉鸡、亥猪。按照每昼夜十二个时辰，由十二生肖依次轮流喷水，每到一个时辰相应的生肖动物就开始喷水，如子时，鼠喷水；丑时，牛喷水；正午12点众生肖一齐喷水，场面极其壮观。

水力钟也给西方人留下了深刻印象,一位当年在中国海关工作的法国人莫里斯·亚当(自署汉名亚乐园)回忆道:"(海晏堂)有最美丽的喷水池。在水池中间,有一个大喷泉,它周围有一个灵巧的漏壶,即水钟,这只水钟是蒋友仁发明的。它共有12只兽头的铜像顺次排列在水池周围,用以表示一天的12个时辰。每隔两小时它们便轮番从嘴中喷一回水,当到12点时,12只动物便一齐喷水,称作'十二星兽'。十二星兽的奇怪外形使咸丰的母亲感兴趣。"瑞典学者奚伦在《中国花园》一书中也专门介绍了十二生肖兽首:"(海晏堂)建筑前面有一个大水池,水从一支巨大的蓬壳里喷出。水池两侧各有6只兽头铸像,这些雕像象征着日夜的12卫士,每隔两小时依次喷水一次,以表示时辰。"由此可见,圆明园十二生肖水力钟影响之大,它作为中西文化交融的艺术珍品,已经把生肖造型发挥到了极致,最好地反映了中国传统生肖文化的渗透力。但使炎黄子孙深感痛心的是,1860年,英法联军不但焚毁了圆明园,而且将十二生肖兽首铜像等文物劫掠到海外,从此十二生肖兽首散落世界各地。

经过百余年的沧桑岁月,十二生肖兽首命运如何呢?目前牛、虎、猴、猪、马五个兽首已经分别在2000年、2003年和2007年抢救回国,现在收藏在保利艺术博物馆。2009年2月,鼠首和兔首在法国巴黎拍卖会上现身,以900万欧元起价,最后以1 400万欧元成交,买家是中华抢救流失海外文物专项基金收藏顾问蔡铭超,但蔡铭超说:"我不会付款。在当时那样的情况下,每一个中国人都会站出来,我只是尽到了自己的责任。"2013年4月,法国皮诺家族将这两只兽首无偿捐献给中国。据说龙首目前在台湾藏家的手中,鉴于鼠首和兔首的拍卖风波,龙首恐怕短期内不会现身。其余的四件兽首蛇、羊、鸡、狗至今仍然下落不明。我们真心希望这12件艺术珍品都能回归祖国,实现大团圆的美好结局。

二、生肖邮票

生肖邮票是生肖文化的记录和传播载体,生肖邮票已经成为一种"国家名片",传达着一种吉祥文化,寄托着人们祈福迎祥的美好愿望,是中国生肖文化的一种特有的传承方式。生肖邮票的艺术魅力已经深入每一个集邮人的心中,其"生肖情结""生肖文化底蕴"尽在方寸邮票之间,同时生肖邮票也为百姓所熟知,其认知性和受众性已经根深蒂固。

《中国集邮大辞典》"生肖邮票"条:"以中国古老的干支纪年的十二种生肖动物为图案的贺年邮票。"其一,"农历贺年邮票,即生肖邮票,这种邮票都为祝贺农历新年而发行,采用传统的十二生肖动物为图案"。其二,"生肖邮票是一种以系列形式发行,用当年生肖动物为图案的贺年邮票。"生肖邮票作为祈福贺岁的邮票已经被邮政部门每年按时发行,并成为一种惯例。生肖邮票具有区别于其他邮票的特点:首先,生肖邮票是按照十二生肖的顺序发行的贺岁邮票,又称为"年票";其次,生肖邮票的图案设计以十二生肖动物为主图;最后,邮票上对于生肖与地支的名称有明确的文字标注,如"庚申猴年"、"辛丑牛年"等。

(一)生肖邮票的发行

世界上较早发行生肖邮票的国家是日本。据统计,目前全世界已有100多个国家和地区发行了一千多种生肖邮票。我国生肖邮票的发行,港台地区要早于大陆,1967年香港邮政署发行了农历羊年生肖邮票。台湾于1968年开始发行农历鸡年生肖邮票,澳门生肖邮票的发行比大陆稍晚,1984年澳门发行农历鼠年生肖邮票。

中国大陆1980年始发行生肖邮票,由邮票发行局申请,邮电部批准发行。于是就有了1980年的第一套生肖猴票。生肖主题呼应百姓属相风俗,使第一轮单枚生肖邮票在中国邮政史上占有很重要的地位,创造了举世公认的生肖邮票精品。

从1980年发行生肖邮票,到今天已经发行到了第四轮。第一轮即1980年庚申年猴票,到1991年辛未年羊票,12年中每年发行1枚。第二轮从1992年猴票开始,到2003年羊票结束,也是12年一个轮回。与第一轮不同的是,第二轮生肖邮票每套均为2枚。第三轮生肖邮票从2004年甲申猴票开始,到2015年乙未羊票结束,总计12枚。第四轮生肖邮票从2016年丙申猴票开始,每一种生肖邮票全套两枚,截至2021年已经发行了六套,分别是猴、鸡、狗、猪、鼠、牛。

(二)生肖邮票的设计

中国生肖邮票的板式、形制、规格都经过精心设计,有一定的规律,体现中国人和谐统一的思想。生肖邮票的寓意主要是体现了中国传统生肖文化和审美情趣,体现祈福贺岁和积极向上的精神理念。

1. 生肖邮票的设计形制、规格

首轮生肖猴票采用影雕套印技术,由邵柏林设计,中央美术学院黄永玉教授绘画,图案为一个精灵的金丝猴,背景为中国人喜爱的喜庆颜色——红色,增添了节日的喜庆。面值0.08元,邮票规格26mm×31mm,发行量500万枚,由北京邮票厂印制。除最后一套"羊"票,面值为20分外,其余11套面值均为0.08元,全部为当时的平信邮资。

关于我国生肖邮票设计的形制、规格等,林轩在《中国生肖邮票漫谈》一文中总结得比较全面,现摘录如下。

第一轮生肖邮票形制一致,版式统一,都是 26mm×31mm 的规格。起先每年的邮票图案都邀请一位著名美术家进行绘画设计,后来则采取向社会公开征集和匿名评选的方式来确定。生肖邮票由专职邮票设计师进行版式设计,底色上采取白色和深色轮流出现的方式。这使得 12 枚生肖邮票既有统一,又有变化;总体框架不变,每枚风格各异。在第一轮生肖邮票上,既可以看到美术界前辈张仃先生的"报晓雄鸡"和周令钊先生的"烧瓷狗",也可以看到画坛新秀祖天丽的"装饰龙"和雷汉林的"回首羊"。

第二轮和第三轮生肖邮票的设计也大体沿袭了这一思路,因此我国生肖邮票的发行是很有章法的。第二轮生肖邮票仍然采用 26mm×31mm 规格的小票形。每年两枚一套,一枚面值是国内平信邮资,另一枚面值是挂号信函邮资。邮票图案则分属两个系列:第一枚是生肖形象的民间工艺品,第二枚是生肖汉字的书法艺术。在这一轮生肖邮票上,我们可以欣赏到民间艺术家精湛的剪纸、泥塑、布艺作品,也可以领略到我国悠久的书法艺术。

第三轮生肖邮票则从 2004 年开始发行,这一轮生肖邮票的规格变大了,成为 36mm×36mm 的正方形。每套邮票恢复为一枚,面值依旧为国内平信邮资。邮票图案采用装饰画风格,边上凿有六角星形的异形齿孔。

2. 生肖邮票设计的寓意

生肖邮票在每年春节前夕发行,以烘托节日气氛,作为贺岁邮票其寓意一定是喜庆吉祥。在这五彩缤纷、绚烂夺目的方寸世界,涉及内容极为广泛,设计构图别致有趣。生肖邮票中的主题动物"采用夸张、变形手法、动画漫画相结合设计,使得十二生肖动物个个稚气、活泼、灵巧、可爱,传统画技法使票面动物神态亲切自然而雅致,生肖邮票底色花纹简洁中又呈现辞旧迎新、欢快吉庆的气氛,有的是红火热烈、浓郁乡土气息,有的是色彩缤纷、猴桃瑞寿、喜鹊登梅式满园春色,有的是闻鸡起舞、普天同庆、云散日出、吉祥如意之百花园景,有的是牛耕年丰、万马奔腾、大红灯笼、浓香重彩的丰收场景。气韵生动、妙趣横生,体现中华儿女勤劳、顽强、奋发的精神风貌,激发人们以清新欢快之盛情迎接中国农历的每一个春节"。除此之外,生肖邮票的设计还蕴涵着中国特有的民间文化,如神话传说或民间故事、岁时习俗或民间信仰、剪纸窗花或民间雕塑、陶瓷等传统工艺、传统名画及书法艺术、寓言故事或诗词作品等都在生肖邮票中有所反映。中国生肖邮票所反映的生肖文化可谓是丰富多彩、包罗万象，方寸之间呈现绚烂多彩的世界，蕴涵着博大精深的中国传统文化。

生肖邮票的设计都加入了喜庆吉祥的文化元素。1991年羊票是第一轮十二生肖邮票的最后一枚，图案是采用装饰画法的回首小羊。羊头回首，祈望吉祥；一对强有力的犄角鲜明挺拔，寓意坚韧顽强。集中国传统名花牡丹、荷花、菊花、梅花于羊身，象征一年四季繁花似锦，造型生动，色彩鲜艳，富有浓郁的乡土气息。据邮票设计者雷汉林说："小羊回首，象征着回顾总结十余年来改革开放的经验；羊足向前，羊身缀花，象征吉祥，兴旺发达；回眸凝视，似告诉人们12年不过弹指一挥间，要珍惜时间，加快建设步伐。"其实羊头回首，也代表第一轮生肖邮票发行完毕，首尾呼应。

1992年壬申年的猴桃瑞寿是我国第二轮十二生肖邮票的第一套，图案以猴、桃为主体，桃花、蜜蜂为点缀，以红色调为主，大大的桃子套着精灵的猴，猴在桃中，又可吃桃，围绕猴头桃花朵朵开，勤劳的蜜蜂飞翔期间，一派祥和、丰收、热闹、喜庆的场景，而且此套邮票寓意深刻，"桃"是增寿的瑞果，是福寿的象征，猴桃组合寓意猴桃瑞寿，另外，猴耳朵两侧有一对蝠形线，寓意"福寿双全"，这一套生肖邮票呈现出一片吉庆、祥和的节日气氛。

1995年，乙亥年的生肖邮票为"肥猪拱门"。在中国人的观念中猪是财富的象征，汉字"家"的意思就是房子里有豕，在原始社会人们就用猪头或猪的下颌骨来随葬，考古发现在大汶口文化的墓葬中这样的葬俗占该墓地墓葬总数的三分之一。汉代随葬玉中的玉握通常都做成猪形，手中握猪代表富有，现在有的地方特别是农村，人们的年夜饭有吃猪手的习俗，寓意日子红火。猪憨态可掬，无忧无虑，是福运的使者，会带给人们吉祥，正如《渊鉴类函》所记载的那样，"猪入门，百福臻"，金猪是富贵、丰收、吉祥、福气、美满、富足的象征，正如诗中写的："年逢亥岁红运开，人遇贤君定发财。抬头见喜迎富贵，肥猪拱门送福来。满腹经纶题朱笔，进士及第添光彩。"用一头小黑猪拱开千家万户门，把喜气吉祥带给人们，迎合了中国百姓的祈福心理，既表达了人们的美好祝愿和幸福情感，又能反映民族文化的乡土特色，更能引起百姓的情感共鸣。除此之外，生肖邮票当中所展现的鼠咬天开、金鸡报晓、龙腾虎跃、三羊开泰、马到成功、万马奔腾等内容都具有祈福贺岁的吉祥寓意。

（三）生肖邮票备受青睐

从1980年庚申猴票拉开生肖邮票发行的帷幕开始，生肖邮票的发行已经有40

余年的历史了,这40年中,生肖邮票引起越来越多人的关注,特别是越来越受广大集邮爱好者青睐。实际上,许多集邮者都是受生肖邮票的启蒙而加入集邮行列的,生肖邮票的收藏有着广泛的群众基础。如今生肖邮票已经成为"国家名片"。这主要是因为传统的十二生肖邮票作为贺岁邮票具有非凡的意义,它本身带有贺岁祈福、吉祥如意的意义;内容丰富、设计独特,以生肖动物为主体,动画漫画结合,并绘有装饰图案,呈现了丰富多彩的内容;生肖邮票是传承中国传统生肖文化的特殊载体,具有文化底蕴,贴近大众心理;生肖邮票与每个人息息相关。方寸的邮票之中包含着对人、对生命的肯定和称赞,生肖邮票的活力寓在其中。"全国十二个,人人有一个",每一个中国人都有属于自己的生肖,对自己的属相情有独钟,这是生肖邮票的群众缘,珍藏自己属相的生肖邮票,体现了中国人的生肖情结;生肖邮票发行历时较长,一轮需要12年,12年间12个生肖动物逐年闪亮登场,温顺可爱的羊、活泼聪明的猴、勤劳诚恳的狗、憨态可掬的猪等,都在人们心目中留下了美好的印象,成为人们辞旧迎新的吉祥物以及值得收藏的珍品。

在中国谈起集邮,有一张绕不过去的邮票,即1980年发行的"庚申猴票"。这枚新中国发行的第一枚生肖邮票在邮票界独领风骚数十年,创下新中国邮票升值最快的纪录,是新中国邮票发行史上的一个神话。这枚当初只有8分面值的邮票,整版价格也只有6.4元/版,在30年后的2010年5月12日中国嘉德春季拍卖会上,两整版猴票(1980年T46庚申年猴邮票八十枚全张)双双突破90万元大关,分别以99.68万元人民币和91.84万元人民币成交,而在2017年的一场拍卖会上,高品相整版"猴票"甚至拍出过200万元的高价,成为邮票界的"明星",缔造了令亿万邮人心驰神往的"金猴神话","金猴情结"也成了中国邮人特有的一种情感,首轮"猴"票已经成为集邮爱好者以及各界人士争相收藏的珍品。

目前收集生肖邮票的集邮者数以万计,而且有了集邮组织——生肖集邮研究会,出版了《生肖集邮》刊物。中国的生肖热已经波及世界,目前生肖邮票已经是所有集邮品种中发行量最大、销售最旺的生肖邮品,生肖邮票越来越成为人民群众喜爱的民族吉祥物。

生肖邮票是中国生肖文化的缩影,是中华民族特有的传统文化的集中展现,生肖邮票体现了中华民族弘扬生肖文化的精神,在丰富多彩的方寸世界中尽显中国生肖文化的博大精深,雅俗共赏。生肖邮票把生肖起源、生肖传说、生肖图案、生肖与万物、生肖与春节、生肖与吉庆紧紧联系在一起,展现了炎黄子孙生肖情节的源远流长。

三、生肖纪念币

生肖文化在艺术领域还有一种生肖产品具收藏价值，那就是生肖钱币。早在宋代就曾铸造生肖币，宋代生肖币中有"斗鸡"钱币，造型生动，构图饱满，现存世的已经很少了。《古钱大辞典》引《稗史类编》："命钱，面有十二生肖字。张端木曰：'此钱旧称命钱，有地支十二字，又有生肖形。'生肖之说始于《淮南子》，则此钱不必出于近世也。今此钱有一字者、两字者、四字者、十二辰全者，大小不等，品种尤繁。"

宋元以后铸造生肖纪念币的习俗一直延续，1976年香港首先发行了龙年生肖金币，至1987年发行完第一轮，随后澳门于1979年发行羊年生肖金币，至1990年发行完第一轮。中国大陆1981年发行了首枚"8克生肖鸡年纪念金币"，此后每年发行一套金银纪念金币。

贺岁生肖纪念币都是国人青睐的，如新中国成立40周年的蛇年生肖金币和新中国成立50周年的兔年生肖金币，现在有很多人争相收藏，已升值七八十倍，这是国人生肖文化情结使然。

从2003年开始，中国人民银行发行十二生肖流通纪念币，到2014年，已经发行完第一轮，第一轮流通生肖纪念币面额都是一元，直径为25毫米，材质为黄铜合金。以往纪念币的正面图案均标注国名，但是从第一轮贺岁流通纪念币开始，这个系列的纪念币正面均标注中国人民银行。

生肖钱币发展到今天，又有了一些新的形式。由于生肖钱币所象征的特有的文化底蕴以及对中国传统风俗的彰显，今人常常以纪念币的形式发行。生肖纪念币往往结合国内重大历史事件，集人文性、艺术性、文化性与收藏性于一身，因此受到了人们的青睐。十二生肖是中国民俗文化中的奇葩，而古钱币则是中华上下五千年悠久历史的见证，将生肖文化巧妙地融合在钱币这一形式当中，一方面，为钱币打上了文化的烙印，时间越久，生肖钱币便会增值越多；另一方面，这也是民俗文化的一个非常重要的方面，不仅体现了人们的勤劳和智慧，还丰富了人们的文化生活，反映了人们对于生肖文化的热爱以及生肖文化本身的深刻影响力。

四、生肖剪纸

剪纸是我国流行较广的民间艺术形式，历史悠久，题材广泛。据考证，在南北朝时期我国就出现了剪纸。随着生肖文化深入人们的生活，生肖剪纸也逐渐活跃于剪纸艺术当中，成为民间剪纸艺术造型中不可缺少的题材，广为流传，经久不衰。时至今日，十二生肖剪纸已成为中华民族传统文化的重要组成部分，历代剪纸艺人都对生肖剪纸情有独钟。

生肖剪纸主要表达的是吉祥文化的意念，春节时，很多人都会买十二生肖剪纸，将其贴在窗户上或门上，烘托节日气氛，并希望新的一年平安幸福。十二生肖剪纸的表现方式就是以十二生肖为主要题材，用其他图案纹样加以点缀。民间剪纸艺人通常把十二生肖镶入福、寿、喜等表示吉祥的字里面，以各种夸张的手法体现生肖动物的形象，如机灵的鼠、勤劳的牛、威武的虎、奔驰的马、矫捷的猴、忠实的狗、憨厚的猪等等，都会活灵活现地跃然纸上。这些生肖剪纸展现了动物活泼、可爱、灵气、聪明、栩栩如生的形象，既有变形夸张，又显得浑厚古朴，尽显中国生肖民俗文化的魅力。

生肖剪纸作品形式多种多样，内容丰富多彩。主要有四种构图样式：

单独的一个生肖配以各种纹饰的剪纸，如小老鼠上灯台，就是以一只活泼可爱的小老鼠为主图，配以器皿、果品合成一幅精美的剪纸。生肖民俗认为老鼠是聪明智慧的化身，也是富贵、福气的象征，尽管在现实生活中人们很厌恶老鼠，但当以剪纸形式将其表现出来时，老鼠活泼、机灵的模样，可谓人见人爱，所以单一的老鼠剪纸已经成为传统生肖剪纸中必不可少的题材。其他生肖动物在单一式剪纸中也时常出现，而且不乏精品，如龙戏珠、猴吃桃、牧童骑牛、猛虎下山、兔吃萝卜等，都是人们所喜爱的剪纸题材。

生肖剪纸中也有两种生肖双双组合入图的，最常见的就是"蛇盘兔"。这种剪纸的样式通常是兔首蛇头相对，蛇身环绕兔身，相拥相依，给人一种幸福祥和的感觉。蛇盘兔具有吉祥的寓意，民间流传着"蛇盘兔，必定富"的俗语，因此这种剪纸通常被用来祝福婚姻。大喜的日子用最喜庆的红纸剪成"蛇盘兔"图案，张贴在新房的窗户上，既表示对新人的祝福，也能烘托喜庆的气氛。

还有人们称为"全家福"式的生肖剪纸，即把所有生肖集体入图，在构图上错落有致，这种剪纸也是目前比较流行的。通常情况下，"全家福"式剪纸会选择十二生肖中的一种图案作为中心，其余生肖则在四周依次排开，活灵活现的生肖动物共处一图中，体现了热闹祥和的场景。

生肖剪纸中也有生肖与人物共同构图的，这种样式的剪纸大都是兽面人身，逐一排列。"陕北一带的十二属相剪纸中,图案上部分为持莲娃娃,下部分为龙,就表示龙属相;下部分为牛,则表示牛属相。"

这四种生肖剪纸的构图样式属传统样式,历年以来在民间都比较流行,具有吉祥文化的象征意义,是中国传统生肖文化的重要传承方式。

随着时代的发展,生肖剪纸艺术也在不断的创新,成为雅俗共赏的文化。今天,生肖剪纸已经从平民百姓的家里走进了高雅艺术的殿堂,很多艺术设计中都有生肖剪纸的身影,如室内装潢设计、商标广告设计、影视动漫设计等。随着生肖文化的广泛传播,民间涌现出了许多颇有成就的剪纸艺人,生肖剪纸越来越被人们所喜爱,生肖与民间剪纸的结合,极大地促进了生肖文化与民间剪纸艺术的传承与发展。时至今日,生肖剪纸已经成为人们重要的精神财富和中华民族的文化瑰宝,不断传承发扬。

五、生肖画

十二生肖也是传统的绘画题材,随着时代的发展,生肖画以各种各样的形式活跃于人们的生活当中,彰显了独具特色的艺术魅力。生肖画通常是每张画一个生肖动物,然后按照顺序排列,以十二张为一组画,十二生肖就聚齐了。生肖画的民俗含义是生生不息、五行运转,目的在于祈求岁岁平安、时时吉祥。

寓意吉祥、平安的十二生肖画主要体现在生肖年画上,现在流传下来最著名的十二生肖年画是清代的《莲生贵子图》,该图是用红、黄、绿、紫四种颜色套印的,整个画面由两个大圆构成,一圆内用两个儿童身躯环绕拼成四孩;另一圆内以三个儿童头脸、五个儿童身躯环绕拼成六孩,圆圈内的儿童俯仰卧立。两圆之上是十二生肖图案,龙、虎、兔位居中央,蛇、鸡、狗、猴、猪依次列在左侧,鼠、羊、牛、马依次排在右侧。"莲生贵子"与十二生肖共同组图,以祈求多子多孙,人丁兴旺。

清代苏州年画《春牛图》,画中央一丑官钻在钱眼里,钱孔外写"一本万利"四字,外圈画十二生肖。苏州传统年画《采茶春牛图》,十二个美人各持花篮,人物间刻有十二月采茶歌,画中央十二生肖围成一圈。另有光绪三十一年《华英生肖月份牌》,边框为十二地支,四周对应十二个与生肖相关的故事。

有时十二生肖俱全的画作过于烦琐,内容太多,体量太大,不宜摆放或保存,于是出现了单一生肖或两种生肖构图的年画。古代《封侯图》就是一种常见的生肖年画,每当猴年时,这种年画就会备受欢迎,画中猴子在嬉戏,蜜蜂在花丛中飞舞,"蜂"与"封"同音,"猴"与"侯"同音,故《封侯图》寓意官运亨通、吉祥如意。也有猴与马共同组图的生肖年画,通常是猴骑在马背上,寓意"马上封侯",或几匹奔腾的骏马入画,表示"马到成功"。总之,生肖年画寓意着吉祥如意、岁岁平安,代表人们对节日的祝贺,是中华民族颇具特色的生肖民俗文化载体。

中国古人在视死如生的观念影响下,一直有厚葬的习俗,特别是帝王将相、达官显贵的墓葬十分考究。随着生肖文化在人们的生活中影响日益广泛,生肖自然也成为墓葬的装饰,生肖墓壁画就是比较常见的一种形式。在古人的观念中,十二生肖是天庭中的卫士,故人们把十二生肖看作神,不仅生前对其顶礼膜拜,更希望死后它们能随葬地下以保护和庇佑亡灵,于是达官显贵墓室的墙壁上就有了十二生肖的彩画,以期望这十二位天宫卫士以其超凡的法力守护着墓主人。其实这只是人们的一种愿望而已,事实证明十二生肖神像未能避免墓葬一次次地被盗。十二生肖墓壁画作为一种丧葬习俗,很早以前就出现了。1980 年,考古学家在山西太原发现了一座北齐时期的墓葬,其墓室的墙壁上就按照十二个方位绘画了十二生肖神像,正北为子鼠、丑牛,正东为寅虎、卯兔,以此类推。

生肖墓壁画在唐代比较盛行,1999 年陕西省考古所对高力士的墓进行了抢救性发掘,墓葬多次被盗,文物已经荡然无存了,但墓室的墙上绘着描摹人间生活的各种壁画,虽有脱落却还可辨认。壁画中有十二生肖像,分两组列于以棺床为中心的墓室两壁,想必它的含义就是守护墓主人的亡灵。

1994 年陕西省考古所对明熹宗的靖陵进行抢救性发掘,发现墓的甬道两壁各有 2 个小龛,墓室东、西、南三壁共有 8 个龛,各个小龛内绘有十二生肖壁画,造型生动,形态各异。

生肖墓壁画在少数民族墓葬中也有发现。2002 年,考古学家在北京石景山区发现了金代赵励墓,墓室中绘有十二生肖壁画(仅存十个属相,残缺虎和兔),每个生肖画都是以一个大大的圆圈为框架,将生肖动物绘在圆圈内,如飞腾的龙、细长的狗、端坐的猴、奔跑的猪等形态各异、惟妙惟肖。这十二生肖壁画充分反映了狩猎民族的特色,如狗的形象就与中原地区的家狗略有不同,而是女真猎狗的形象,猪的画像也与家养的猪不同,而是一头野猪,这体现了狩猎民族观念中的生肖形象。

六、生肖饰品

从古至今,生肖饰品颇受人们喜爱,古人佩戴生肖饰品一是为了美观,二是为了辟邪。随着十二生肖文化的发展和时代的进步,生肖饰物已经抛弃了迷信色彩,而成为一种习俗文化,被越来越多的人喜爱。生肖饰品在我国古代早已流行,单是生肖颈饰头饰就有项链、顶圈、排圈、金银冠坠、护头箍、金银插针、金银衣帽饰、吊饰、长命锁等多种样式,动物造型多样,有龙形佩、虎形佩及玉羊、玉兔、玉狗、玉马、玉猴挂件等。现代人们的生活中也少不了生肖饰品的点缀,如项链、手链、手机装饰链、香包、钥匙链、生肖摆件、挂件、生肖车饰,等等。人们在购买带有动物图案的饰品时,往往选择与自己属相相同的动物,以祈求吉祥好运。

总而言之,十二生肖文化以其民族性在炎黄子孙的生活中起到黏合剂的作用,它是维系全世界中华儿女情感的纽带。十二生肖文化带给我们精神上的愉悦感和认同感,人们把各自美好的感受寄托在这12种动物身上,十二生肖集动物的灵气与人的喜怒哀乐于一身,使人与动物水乳交融、合二为一。

十二生肖文化作为一种特有的民俗文化,以动物直观的形象反映了中华民族的人情世故。而通过这一幅幅画卷,又可以透视出一种古老而又传统的文化在中国人的精神生活和物质生活中所产生的积淀。十二生肖文化折射出时代的背景和中华民族的意识形态,是雅俗共赏的文化,是反映一定的社会历史条件下人们所共有的某种思维方式的深层文化。

十二生肖文化为我们打开了一扇认识中华文化和中国本身的窗户,它使我们看到一种发自人性本质的原始文化,以及它如何在漫漫历史长河中传承、变化、发展。在中华文化宝库中,十二生肖文化以其独特的魅力占有一席之地,而作为这种文化的传承者,每个中国人在继承和发扬这一古老文化的过程中起着不可低估的作用。人们通过自己的理解,在原有的基础上有所创新,再将它自觉或不自觉地传给下一代,十二生肖文化就这样生生不息、代代相传。

当然,十二生肖文化作为一种民俗文化,在发展的过程中也有一些迷信的东西,如生肖禁忌、生肖算命术、视生肖动物为神灵等,这些消极面我们是应该摒弃的。

※思考提要

1. 试述天干地支的传统纪年法。
2. 概述生肖的起源诸说。
3. 试述生肖艺术的吉祥意义。
4. 试述生肖民俗及其意义。

本章参考文献

[1] 常峻. 中国生肖文化. 上海：上海辞书出版社, 2001.

[2] 王大有. 龙凤文化源流. 北京：北京工艺美术出版社, 1988.

[3] 郭沫若全集. 考古编. 第1卷. 北京：科学出版社, 2017.

[4] 吴裕成. 中国生肖文化. 天津：天津人民出版社, 2004.

[5] [宋]洪巽. 旸谷漫录. 北京：商务印书馆, 1927.

[6] [明]郎瑛. 七修类稿. 上海：上海书店出版社, 2009.

[7] [东汉]王充. 论衡. 北京：中华书局, 1985.

[8] 丁福保编. 全汉三国晋南北朝诗. 北京：中华书局, 1959.

[9] 佚名. 外国也有十二生肖, 文史杂志, 1987(2).

[10] 张恩荫, 杨来运. 西方人眼中的圆明园. 北京：对外经济贸易大学出版社, 2000.

[11] 林轩. 中国生肖邮票漫谈. 中国信用卡, 2008(2)

[12] [清]张英, 王士禛撰. 渊鉴类函. 上海：上海古籍出版社, 2008.

[13] 王艳峰, 尚论聪. 中国生肖文化. 北京：外文出版社, 2010.

[14] 郑军. 中国装饰艺术. 北京：高等教育出版社, 2001.

[15] 吴裕成. 生肖与中国文化. 北京：人民出版社, 2003.

[16] 冯贺军, 李文儒. 中国古代雕塑述要. 北京：紫禁城出版社, 2007.

[17] [宋]李昉. 太平广记. 北京：中华书局, 1961.

[18] [明]高濂. 雅尚斋遵生八笺. 北京：书目文献出版社, 1980.

[19] 宋德金. 说本命年//中华书局编辑部编. 学林漫录. 第15辑, 北京：中华书局, 2000.

[20] 张志春. 中国服饰文化. 北京：中国纺织出版社, 2001.

[21] 胡朴安. 中华全国风俗志. 下编. 石家庄：河北人民出版社, 1986.

[22] [清]毕沅. 续资治通鉴. 北京：中华书局, 1957.

[23] [唐]柳宗元. 柳河东集. 上海：上海古籍出版社, 2008.

[24] [清]徐珂. 清稗类钞. 北京：中华书局,2010.

[25] [宋]洪迈. 夷坚志. 北京：商务印书馆,1937.

[26] [明]李诩. 戒庵老人漫笔. 北京：中华书局,1982.

[27] [明]沈德符. 万历野获编. 北京：中华书局,1959.

[28] 冀安编著. 生肖文化. 北京：中国经济出版社,1995.

[29] 李世化. 生肖文化十六讲. 北京：当代世界出版社,2019.

[30] 敦梅花. 中国民众生肖文化. 太原：三晋出版社,2015.

第七章　中国传统节日文化

中国传统节日的形成与发展,经历了漫长的历史过程。丰富多彩的节日文化不仅记载了我们的先民对自然运动规律的认知和把握,还显示了不同历史阶段社会、经济、科技发展的水平,同时,也反映了我国民众张弛有度、应时而作的自然生活规律。

第一节　中国传统节日概况

中国传统节日源远流长,节日的形成与发展,经历了十分漫长的历史过程。我国传统的岁时节日,主要是农业文明的伴生物。在漫长的历史长河中,随着社会的发展与变化,节日风俗日渐丰富。这些节日风俗,承载着我国人民热爱生活、尊老爱幼、追求幸福、爱国爱家等传统美德。

一、中国传统节日的起源

中国传统节日是一定历史条件下的产物。随着农业生产、宗教信仰和社会生活水平的不断提高,人们对节日产生了强烈的社会需求,要求有一系列节日丰富自己的精神生活。同时,社会生产力水平的不断发展,为节日的产生和发展提供了必要的条件,从而产生了节日。中国传统节日众多,起因也各不相同,它的起源是多元的。

中国传统节日植根于农业社会的土壤中,是农业文明的伴生物。中国是个以农为本的国家,远在八九千年前就有了原始农业。在先秦时期,人们在长期的农耕生活中认识到,人类要生存,庄稼要收成,就必须观察和掌握天象(日月星辰的变化)、物象(动植物随季节而生的变化)和气象(寒暑雨雪的变化)及其规律,顺应天地运行的节奏和气候变化的秩序,来合理地计划和安排农业生产及日常生活。人们根据时段的不同,从事不同的生产劳动,在农忙前后的时间就要进行休整、娱乐,在活动中祈求新的丰收。最初的活动设在年末,人们经过一年的生产劳动,到农闲的年终要休息,感谢诸神，腊祭就是年终祭神的主要活动之一。腊祭的对象很多，号称"诸神"，包括天神、地神、山神、河神、土地神、祖先神、井神、床神、灶神等。届时，人们除了祭祀诸神以外，还进行聚会宴饮，借以调剂生活，这种腊祭后来发展为春节。古代祭祀土地神的习俗也来源于农业生产。最初的土地神是视土为神，后来加以人格化，如周人以后土为土地神。祭祀土地神分春秋二祭，前者在立春，后者在立秋。此外，二月二日为土地神诞辰，也是祭祀之日，加上二月二为龙抬头，自然也是农业性节日。在其他节日里，也多有祈求农业丰收的巫术和禁忌。由此看出，中国古代的不少节日与农业文化有着密切的关系。

农业性节日的出现与天文历法的发展也有着密切的联系，后者为前者的出现提供了可能。我国在史前时代已有历法知识，有考古资料证明，我国史前时代的居民已有一定的天文知识，对一年四时更替的规律已有一定程度的把握。反映夏代历法的《夏小正》，已有各月晨昏北斗斗柄的指向及某些恒星的见状，以及中天记录。在《尚书·尧典》中有"四仲中星"的划分，即春分、夏至、秋分、冬至四节气。后来发展为八节气——立春、春分、立夏、夏至、立秋、秋分、立冬、冬至。战国时期，人们又根据太阳在黄道上的位置，将一年分为二十四节气。在测时方面，商代以天干纪时，周代以圭表测影计时，进一步明确了冬至、夏至，还定出了"朔日"。历法知识的发展，对指导农业生产有着积极的作用，对节日的形成和发展也有着重要影响。岁时节令一经确立，一些特别的日期相对于常日日益凸显出来，它们作为农耕周期中的关节点，备受先民的重视，每当特定的节气来临之时，都要举行与这个节气相应的仪式和庆典活动，这样，农耕周期也就逐渐成了庆典周期。"'节'正是对岁时的分节，把岁时的渐变分成像竹节一样的间距，把两节气相交接之日时定为交节，由此转意为节日。"

远古时代，人们由于受到生产条件和科学认知的局限，尚不能完全克服自然界出现的种种困难，不能科学地解释许多异常的自然现象，因此把自然界看得极为神秘。早期的人类，总是不能把自己从大自然中分离出来，并因无法驾驭它而把所有的自然力都当作一种超凡的神力加以崇拜，这就形成了自然崇拜，它不仅包括对人体、天象的崇拜，还包括对山石、水土、鸟兽、虫鱼、花草、树木等的崇拜。中国民众自远古先民起就对神秘的自然环境及与其息息相关的生态系统表现出崇拜的热情，并以这种崇拜为起点，向对更广阔的宇宙空间环境物象的崇拜发展，于是构成了自然崇拜形式的广义范畴。这种自然崇拜，又成为后来节日的渊源。例如，中国人崇拜龙，闻一多先生认为，古代越族祭祀龙图腾的"龙舟竞渡"，就是端午风俗形成的渊源。另外，商周时代的天子,都有祭祀社稷山川、日月星辰的祀典。《礼记》载:"天子春朝日,秋夕月。朝日以朝,夕月以夕。"由此衍生出了后来的中秋赏月之俗。

在我国,佛、道二教对世俗生活的影响是至深至广的,宗教尽量利用民间俗信扩大自己的影响,民间俗众也常把世俗人情寄托于宗教信仰,通过节日活动,实现圣、俗之间的交往。这样,一些本来只是宗教信徒才过的节日,逐渐成了僧、俗共度的节日。如道教提倡阴阳信仰:奇数为阳,象征光明、有力、兴旺;节日中多取月日复数为吉利的象征,如正月一、三月三、五月五、七月七、九月九。其中的五月五日为天中节。体现阴阳调和均匀之意。所谓三元节——正月十五上元节、七月十五中元节、十月十五下元节,就是道教祭祀天地水三官大帝的专门节日。又如佛教对节日也有重要影响,十二月初八吃腊八粥,即在腊祭习俗发展过程中,有佛教因素的渗入而形成节日风俗,据佛教传说农历十二月初八是释迦牟尼得道之日,传说在他成道之前,有牧女曾向他进献乳糜。于是佛寺中都在这一天诵经,并用精良谷米与干果做粥供佛,叫作腊八粥,渐渐广传民间,成为节日饮食,于是,腊八也由佛教的成道节而转化成为综合节日。

节俗的渊源,是古人的原始信仰崇拜,随着人们对自然认识的不断发展,原始信仰逐渐削弱。对节俗的解释必然也要重新界定,才有可能在新的条件下继续存在和发展。各种上古神话传说广泛流传,给节俗的重新诠释带来了新的发展契机。七夕节即与中国古代牛郎织女的爱情神话紧密相关,牛郎织女原是上古人们崇拜的两颗星星,二者并无关系。到汉代,牛郎织女之间开始有了爱情纠葛的传说;民间也有了七夕之夜外出看牛郎织女相会的活动,宫廷中还有于此夜穿七孔针、跳于阗舞之俗。到魏晋南北朝,七夕牛郎织女相会的故事情节日趋完善。节日期间的乞巧、做巧果、丢花针等一系列习俗,便与这个传说紧密联系在一起,神话传说对节俗的发展影响之大由此可见一斑。中秋节的发展演变,也与神话因素的渗入相关,中秋节渊源于古代的拜月习俗。到了汉代,《淮南子·览冥训》中有了姮娥偷吃不死药成仙奔月的传说。到唐代,又进一步演绎出西河人吴刚砍伐桂树的说法,情节更加丰富完整。优美的嫦娥奔月神话,给古老的拜月风俗注入了新的活力。终于在宋代形成了以拜月赏月为主要内容的中秋节。时至今日,中秋节合家团圆赏月、吃月饼依旧是炎黄子孙都很看重的节日习俗。

历史人物传说常常是广大民众历史观的一种艺术表现,因为某种契机,融入节日之中,作为节日的一种溯源性解释,并左右节日活动、节俗观念的流变。例如端午节的起源,历来众说纷纭。比较通行的说法是战国时期楚国大夫屈原五月初五投汨罗江自尽,以身殉国,人们为了纪念他,才有五月初五端午节。但据考证,端午节的许多活动早在屈原以前就存在了。有人认为端午起源于春秋时期,越王勾践为了操练水兵而划龙舟;有人认为是纪念伍子胥投江钱塘;还有曹娥救父之说;也有人主张端午节与介子推有关;还有源于古越民族的图腾祭祀以及恶日说,等等。如今,纪念屈原说成为端午节起源的主流说法,主要是由于屈原的爱国精神和高尚人格为人民所共仰,所以此说很快取代了其他诸说,产生了广泛而深远的影响。这样,一些先于屈原即已存在的习俗也被重新加以解释,与纪念屈原发生了联系。人们借助节日风俗活动,寄托自己对伟大的爱国主义诗人的崇敬之情,节日风俗也因这种历史因素的注入而获得了更强的生命力,继而传之久远。

二、中国传统节日的发展

节日活动是一个能动的文化因素,在固定的时间里过某个节日是基本确定的,但就其内容而言,又随着时间的推移、经济的发展、文化的变化、民族的迁徙、信仰的改变而不断变化和发展着。

我国的传统节日,很多都起源于远古时期。进入夏商以后,节日又有了新的发展和变化,有些民俗上升为礼俗,有些节日成为国家的盛典。但总体而言,当时节日较少,内容不够丰富,宗教色彩浓厚,各地过节时间也不固定。

到了秦汉时期,我国的主要节日已经基本形成。除夕、元旦、人日、元宵、上巳、寒食、端午、七夕、重阳等已经成为社会习俗,基本趋于定型。一方面,某些历史人物取代了原始的鬼神信仰,如屈原、介子推、伍子胥已成为某些节日纪念的著名人物,在一定程度上左右了节日的性质,并为后来所继承。另一方面,又有一些风俗上升为礼俗,甚至成为国家的重要祭典,进一步扩大了节日的影响。

魏晋南北朝至隋唐时期,是我国传统节日发展的一个新时期,在继承汉代节日基本内容的基础上,又为节日文化融入了许多新的内涵。如登高、祓禊、曲水流觞、诗酒风流等,都是此时节日活动的新内容。

到了宋代,传统节日开始从宗教迷信的笼罩中解脱出来,发展为礼仪性、娱乐性的文化活动。如春节的爆竹原来是一种驱鬼巫术,此时已演变为欢乐的象征;中秋节的祭月,宋代以后开始变成赏月活动;元宵节的祭神灯火,后来演变为灯火艺术;上巳节则由原来的求子和野合发展为春游和踏青活动,等等。同时,在各种节日活动中,也不断增加文化娱乐活动,如放风筝、拔河、射箭、斗草、走马等等。节日内容日益丰富,传统节日发展到一个高峰。这与中国封建社会的高度发展、市民文化生活的丰富和日益提高是紧密联系在一起的。到了明清以后,我国传统节日的变化不大,节俗内容日趋稳定。

三、节日文化中的传统美德

在中国传统节日之中,人们通过节俗活动寄托情感,表达对美好生活的追求与向往,节日文化中寄寓了很多中华民族的传统美德。

（一）热爱生活,追求幸福

在传统节日文化中,许多风俗习惯都寄寓着人们祈福迎祥、生活圆满、健康平安等美好的心理企盼,表达了人们对幸福生活的向往。如传统节日中的许多美食佳肴,都有着一定的象征寓意,除夕子夜与新年交替时吃饺子,即取"交子"的谐音,有"辞旧迎新"和"喜庆团圆"之意;春节餐桌上必有鱼,但切忌一次吃光,表示"富贵有余",等等。在传统节庆用品中,人们也都以物寄情,巧妙地利用各种物质符号,传递着丰富的文化信息和复杂的心理情感。如新春佳节,民间有在门窗上贴"福"字的习俗,"福"字含有幸福、福气、福运等寓意,寄托着人们对幸福生活的向往,对美好未来的追求。为了更充分地体现这种向往和追求,许多地方干脆将"福"字倒过来贴,借"福"字倒了的谐音表示"福气到了"的寓意。由桃符发展而来的春联,言简意深,以汉字和中国书法完美结合的艺术形式,表达着人们对生活、生命的赞美和祝愿。

（二）敬祖孝先,尊老爱幼

中华民族对自己的祖先历来有着异常浓厚的感情,慎终追远的情怀成为中华文明的一条重要根脉,每逢佳节都要虔诚地祭祀祖先,以表达对祖先的孝思和怀念。春节、清明节、中元节等,都有祭祖的仪式和内容,在祭奠与追思中,孕育着后人的感恩之心和责任意识。敬老爱幼是我们中华民族的优良传统,中国传统节庆活动中还处处体现着对长者的尊敬,以及对儿童的关爱。重阳节,秋高气爽,九九重阳,祝福老人长久长寿是这个节日的主要内容之一,现已将九月九日定为老人节;春节期间晚辈必须给长者拜年,为长辈们送上可心的礼物,节日宴席上对长者座次必须优先考虑,要为长辈们敬酒祝福。孩童幼儿更是节日的宠儿,春节长辈要给"压岁钱",屠苏酒要从年幼者喝起;端午节要给儿童涂雄黄、佩香囊、戴艾虎;中秋节有儿童喜爱的"兔儿爷""流星香球"等,这些习俗寄托着人们对后代的祝福与期望。

(三) 弘扬正义，忧国忧民

中华民族在历史发展长河中，形成了精忠爱国的浩然正气和坚持正义的民族气节。中国传统节日中，有许多与爱国传统和民族气节相关联。端午节是人们为纪念伟大的爱国诗人屈原而过的，他一生上下求索，忠心报国，在他冤死后，人们为了纪念他，逐渐形成了划龙舟、吃粽子等节令习俗。今天我们过端午，吃粽子、划龙舟，更重要的是继承和学习屈原上下求索、爱国忧民的家国情怀，让爱国忧民的传统通过节日这一载体发扬光大。清明节中融入的寒食节，其起源是为了纪念传说中的晋国忠臣介子推。介子推在帮助晋文公取得王权以后，居功不取，隐居绵山，宁被烧死，也不复出。用自己的生命为代价，为民请命，谏言君王自修自省、勤政清明。人们把介子推蒙难的日子定为寒食节，每年此日禁忌烟火，只吃寒食，以示纪念。过寒食节的同时，人们也世世代代赞美与弘扬着介子推的刚正气节。

第二节　春节和元宵节

春节是中华民族历史最悠久、最隆重、最富于民族特色的节日。春节又叫"过年""年节"，是我国许多民族都过的一个重要节日。春节一般从除夕算起，到正月初七结束，有的地方甚至到正月十五才结束。元宵节，又称灯节、上元节，节期是每年农历正月十五。正月是农历的元月，古人称夜为"宵"，所以称正月十五为元宵节。正月十五日是一年中第一个月圆之夜，也是一元复始、大地回春的夜晚，人们对此加以庆祝，也是庆贺新春的延续。

一、春节的由来与发展

中国的春节起源于何时，历来有许多不同的说法。有的学者认为，春节源于上古时期的腊祭："关于春节的由来，或说源于上古社会的腊祭，腊即岁终祭众神之名，因而春节乃是由一年农事毕后为报答神的恩赐而来。"有的学者认为春节源于古代的巫术仪式，还有的学者认为春节源于鬼节。有的学者在对上述诸说提出质疑之后，根据春节与年的关系推论，认为春节的出现应该是在人们有"年"的时间概念以后，进而得出春节是在夏代以前就已出现的古老节日的结论。

综观以上说法，春节作为我国重要的传统节日，它的形成和发展是有着悠久历史的，至于其起源的具体时间，由于记载文献杂陈，很难得出一个确切的结论。关于它的发展情况，我们可从春节名称的历史演变过程管窥一斑。

先秦文献中谈及春节名称的资料不多。在《尚书》中有"上日""元日"的记载，《诗经》中称为"改岁"，《楚辞》中则称为"献岁"。到了汉代，人们对春节的称谓相对多了一些，有"三朝""三始""岁旦""正旦""正日"等名称。"朝""旦"的本义都是早晨，早晨为一日之始，故引申为初始义；"正"有标准、准则的意思，由此时春节的命名，我们也可以看出古人对春节的美好寄托。魏晋南北朝时期，文人们新创了许多词汇来指称春节，见诸文献记载的有"元辰""元正""元首""岁朝""履端""三正""三元"等，后世最为流行的"元旦"和"新年"也是在这一时期创造出来的。春节在古诗中也多有表现。梁萧子云《介雅》有"四气新元旦，万寿初今朝"的诗句，北周庾信《春赋》中也有"新年鸟声千种啭，二月杨花满路飞"之句。唐宋元明时期是"元日"一统天下的时代，《古今图书集成·历象汇编·岁功典》中收录了唐宋元明四朝有关春节的诗词共112首，其中题目中用"元日"一词的多达69首，有些诗题目中虽然没用"元日"，但诗句中则有。我们今天常把春节称为"年"，继而衍生出过年、拜年、年货、年画、年饭、年糕等词汇，这一意义上的"年"也是这一时期出现的，但当时"年"用得很少。明清时期，"元旦"之名逐渐取代"元日"，成为春节的专称。

"春节"一词最早见于东汉文献。《后汉书·杨震传》记载杨震上疏安帝说："冬无宿雪，春节未雨，百僚燋心。"但这里的"春节"是春季的意思，与我们今天所说的春节无关。到了清代，有些地方将夏历的新年称为"春节"。《富平县志》载："春节，元日黎明时，家设香火牲果，盛服，拜天地，次拜灶，次祖考茔中，然后拜父母，见兄长，曰贺年。"这是我们见到的最早称夏历新年为"春节"的资料，但这一名称在当时鲜为人知，没有什么影响。

作为新年年节的"春节"之名普遍为国人所知，是在1912年中华民国政府成立以后。1912年1月2日，孙中山发布《临时大总统改历改元通电》通电各省，宣告"中华民国改用阳历，以黄帝纪元四千六百九年十一月十三日，为中华民国元年元旦"。于是旧历的元旦被改称为"春节"。1949年9月，中华人民共和国成立前夕，中国人民政治协商会议第一届全体会议通过了《关于中华人民共和国国都、纪年、国歌、国旗的决议》，规定"中华人民共和国的纪年采用公元"。紧接着又在1949年12月23日召开的政务院第十二次政务会议上通过了《全国年节及纪念日放假办法》，规定了"新年"（公历元旦）、"春节"、"劳动节"、"国庆纪念日"等法定节假日及其放假日期。从此"春节"一名才取代了流行三百多年的"元旦"，沿用至今，"元旦"则成了公历新年的节日名称。

二、春节的文化习俗

在漫长的历史发展过程中,春节期间形成了许多特有的风俗活动,主要包括除夕守岁、拜年、贴门神、贴春联、贴福字、放爆竹等。

除夕守岁是春节前人们的一项主要活动。除夕中的除字,本义是去,引申为易,即交替的意思,夕字的本义是"日暮",引申为夜晚。因此除夕便含有旧岁到此夕而除,明日即另换新岁之意。除夕是一年最后一天的夜晚,又叫大年三十。大年夜灯火通明,全家人围炉夜话,通宵不眠,名为"守岁"。据资料记载,晋朝已有守岁之俗,周处《风土记》载:"除夕达旦不眠,谓之守岁。"届时合家欢聚一堂,是家庭团圆幸福的时刻。

南朝时,梁代宗懔的《荆楚岁时记》记载:"岁暮,家家具肴蔌,诣宿岁之位,以迎新年。"这里的"宿岁"就是"守岁"。隋唐时,守岁之风大行。据说,隋炀帝除夕守岁,用沉香、檀木两种香木架篝火,火焰高达十余丈,香闻数十里,一夜要烧掉珍贵香木200多车。唐代宫中守岁,也"燃巨烛,燎沉檀",大摆宴席,大臣应制作诗。宋承唐风,守岁之风更加盛行,苏轼有"儿童强不睡,相守夜欢哗"的诗句,描写当时守岁的情形。

时至今日,除夕守岁之俗相沿不衰。守岁的习俗,既有对逝去岁月饱含惜别留恋之情,又有对即将来临的新年寄以美好希望之意。从古至今,守岁都包含了珍惜时间、珍惜生命的寓意。

拜年也是春节期间一项重要的活动,又称走春、探春,是人们辞旧迎新相互表达美好祝愿的一种方式。拜年有两种方式,一种是向诸神、祖先叩拜。除夕之夜,把家谱、祖先影像等挂出来,摆好香炉、供桌和供品,黄昏后祭祖。与此同时,也向天神、土地神叩拜。由家长主祭,叩拜后,祈求丰收,最后烧纸,俗称送纸钱。另一种是向健在的长辈拜年,一般是在年夜饭后,家中晚辈向长辈叩拜,祝福长者健康长寿、万事如意。长辈受拜以后要将事先准备好的"压岁钱"分给晚辈,并对晚辈加以教诲、鼓励。

春节期间,人们为了祈求家宅平安,往往要在门户之上张贴门神。据说,中国最早的门神是神荼和郁垒。先秦时期,人们就有用桃木削刻神荼、郁垒形象立于门外以免妖魔鬼怪侵扰的习俗。汉魏六朝时期,人们沿袭了先秦这一风俗,每至春节,家家都要在门前立上桃人。唐宋时,人们对这一习俗进行了变通,多在桃板上绘制神荼、郁垒二神的画像,或写上二神的名字,除夕更换,叫作"仙木",或叫"桃符"。唐末五代时，人们还以钟馗为门神。钟馗一名最早见于《唐逸史》，该书记载，唐明皇病中梦见一个大鬼捉住一个小鬼，挖下小鬼的眼珠吞掉。此鬼自称是落第武举钟馗，高祖年间应考武举人，但因其貌不扬落第，羞愤撞死于殿前。蒙高祖赐绿袍陪葬，钟馗化鬼后立誓要为大唐斩妖除魔。唐明皇醒后，病不药而愈，遂向吴道子忆述梦中所见，并命其绘出钟馗像，颁布天下，民间遂挂其画像于门以驱鬼辟邪。唐代的门神还有秦叔宝和尉迟恭。相传，唐太宗生病，听见门外鬼魅呼号，彻夜不得安宁。秦叔宝和尉迟恭自愿守门，于是夜里就再也没有鬼魅骚扰了。其后，唐太宗让人把这两位将军的形象画下来贴在门上，这一习俗开始在民间广为流传。

由于门神信仰风俗的影响和印刷术的兴起，唐末五代又出现了贴春联的习俗，这一习俗源于桃符。唐代，人们已经开始在纸上印门神。印出的门神不仅用于驱鬼，而且还具有观赏性，桃符就逐渐失去了原来的意义。五代时，人们开始在桃符上书写一些吉利的词句，挂在门上。据史书记载，蜀后主孟昶命学士题写桃符，孟昶对学士所题词语皆不满意，即自己挥毫书写了"新年纳余庆，嘉节号长春"。据说这是我国的第一副春联。明太祖朱元璋建都南京后，命令各家贴对联，并将门联改名为春联，一律用红纸书写。传说有一次，朱元璋到民间查看，见一户人家门上没有贴春联，便问何故。原来主人是个阉猪的，不识字，朱元璋当即挥毫，写下了"双手劈开生死路，一刀割断是非根"的春联，送给了这户人家。经明太祖的提倡，许多文人学士便把题写春联视为雅事，春节题春联遂蔚然成风。

春节贴福字也是我国民间由来已久的风俗。"福"字就是幸福，春节贴"福"字寄托了人们对幸福生活的向往，也是对美好未来的祝愿。后来，为了更充分地体现这种向往和祝愿，人们将福字倒过来贴，表示幸福已到，福气已到。"福"字倒贴一俗，在民间有一则传说，当年明太祖朱元璋正月期间微服出访，来到一个镇上，看到许多人围着一幅画着一个赤脚女人抱着西瓜的漫画嬉笑。朱元璋认为这是在有意取笑马皇后，因为马皇后是淮西人，也是大脚。回宫后，他立即吩咐军士到镇上调查，看有哪些人曾去围观，这幅画出自什么人之手，统统登记下来。对于没有围观的住户，都一律在他家门口贴上"福"字。军士以此为据，要去没有贴"福"字的百姓家去抓人，控以讥笑皇后之罪。好心的马皇后为消除这场灾祸，派人到那个镇上，传令各家在军士去捉人的前天晚上于自家门上都贴上福字。皇后的旨意自然没人敢违抗，于是家家门上都贴了福字。其中有户人家不识字，竟把福字贴倒了，第二天，朱元璋派人上街去按暗记查看抓人，可差人上街一看，立即回宫禀报说家家都贴有福字，其中还有一家把福字贴倒了。朱元璋一听,勃然大怒,立即令御林军把那家满门抄斩。马皇后一看事情不好,忙对朱元璋说:"那家人知道您今日来访,故意把福字贴倒了,这不是皇恩福到的意思吗!"朱元璋一听有道理,便下令把一家人放了,一场大祸终于消除了。从此人们便将福字倒贴,一求吉利,二为纪念马皇后。

爆竹是中国特产,也称爆仗、炮仗、鞭炮。其起源很早,上古先民使用爆竹的原意在于驱逐恶鬼。据汉东方朔《神异经》记载,在西山里住着一种叫山臊的怪物,长有一尺多,长着一只脚。它不怕人,谁若是碰上它,就会生病。但是它怕光怕声。于是人们用火烧烤竹节发出噼噼啪啪的响声,山臊听见这种声响,就会远远地逃避。所以古人在元旦之日,便早起于庭前燃放爆竹,这便是爆竹的起源。《荆楚岁时记》载:"正月一日,三元之日也。《春秋》谓之端日,鸡鸣而起,先于庭前爆竹,以辟山臊恶鬼。"这一记载说明,爆竹在古代是一种驱瘟逐邪的工具,这就使得燃放爆竹的习俗从一开始就带有一定的迷信色彩。

爆竹的发展与火药的发明密切相关。魏晋时,炼丹家在炼丹过程中,发现硝石、硫黄和木炭按照一定比例放在一起加热能引起燃烧和爆炸,由此逐渐发明火药。相传,唐初,一些地方天灾连年,瘟疫四起,当时有个叫李田的人,便在小竹筒内装上硝,导以爆炸,以硝烟驱逐山岚瘴气,减少疫病流行,这便是最早装硝爆竹的雏形。后来,人们用纸造的筒子代替竹子,并用麻绳把炮竹编成串,所以称"编炮"。又因为其响声清脆如鞭响,也叫"鞭炮"。宋代,鞭炮的花样已有多种,除夕时遍布开封京城街头,据《东京梦华录》记载,全国各地已有了专门生产鞭炮的作坊,最初的纸卷爆竹,发展成为连响、双响等各式各样的花炮。经过几千年的发展,科技的不断进步,烟花爆竹的制作在现代科学技术发展的基础上又前进了一大步,不仅制作精美,就是名称也带有浓厚的中华文化色彩和时代特色,如"双响""全家福""鸳鸯戏水""二龙戏珠"等。还有各种各样的烟花,这些爆竹和烟花在节日燃放起来,繁华似锦,姹紫嫣红,把节日装点得绚丽多彩。如今,爆竹已成为春节的一个主要标志,成为新年里不可缺少的一个年俗活动。

三、元宵节的起源与发展

关于元宵节的起源,历来有多种说法。

一种说法认为元宵节源于汉文帝时为纪念"平吕"而设。汉高祖刘邦死后,吕后之子刘盈登基为汉惠帝。惠帝生性懦弱,优柔寡断,大权渐渐落在吕后手中。汉惠帝病死后,吕后独揽朝纲,吕氏宗族把持朝政,朝中老臣及刘氏宗室深感愤慨,但都惧怕吕后残暴而敢怒不敢言。吕后死后,周勃、陈平等人协力扫除诸吕,拥立代王刘恒登基,即汉文帝,因为戡平诸吕的日子是正月十五,汉文帝就把这一天定为元宵节。以后每到这个晚上,刘恒就出宫游玩,与民同乐,以示庆贺。

另一种说法认为元宵节起源于汉武帝祭祀"泰一神"。汉武帝在五帝之上设了一个最高天帝,叫泰一神,在甘泉宫修建泰一神祠坛,正月十五黄昏开始,用盛大的灯火祭祀,通宵达旦。从此有了正月十五张灯结彩的风俗。

还有起源于汉明帝燃灯敬佛之说。东汉明帝提倡佛教,听说佛教有正月十五日僧人观佛舍利、点灯敬佛的做法,就命令这一天夜晚在皇宫和寺庙里点灯敬佛,令士族庶民都挂灯。以后这种佛教礼仪节日逐渐变成了民间的盛大节日。

另有一说是元宵燃灯的习俗起源于道教的"三元说":正月十五日为上元节,七月十五日为中元节,十月十五日为下元节。主管上、中、下三元的分别为天、地、人三官,天官喜乐,故上元节要燃灯。

与此相关的还有一个传说。相传很古的时候,天上有一只神鸟降落到人间,被一个猎人射伤,玉皇大帝为此大发脾气,为了替神鸟报仇,准备在正月十五这天派天兵天将来人间放火,想把人间的财物全部烧光。天宫中有一个仙人认为不妥,冒险来到人间报告了这个消息,让人们在正月十五前后,家家户户门前挂红灯,同时放火花和火枪,把人间装扮成起火的样子,以骗过玉皇大帝。到了正月十五,天兵天将准备下凡放火,打天开门就见到凡间处处是灯光火光,以为已经着火燃烧起来了,于是回禀了玉皇大帝,这样人间才避免了一场灾难。

凡此种种,不一而足。无论何说,均说明元宵节在我国是个有着悠久历史的传统节日。从这些说法之中,我们可以推论,在汉代,元宵节应该已经成为一个节日了。到了南北朝时期,元宵节欢庆活动更加热闹,梁简文帝曾作《列灯赋》,描写元宵张灯景象:"南油俱满,西漆争燃。苏征安息,蜡出龙川。"

到隋炀帝时,带头铺张,每年正月,万国来朝,留至正月十五,在端门外设戏场,绵延8里。届时,组织3万多名歌舞人员盛装表演,文武百官都在路旁搭起棚子观看。灯火光照天地,彻夜不熄,歌舞也夜以继日,直到正月三十日。

唐朝时,社会经济发展,人民生活安定,元宵节的庆祝活动规模更加盛大。唐玄宗时,为了庆祝国泰民安,下旨正月十四、十五、十六张灯游玩三天。宋代城市生活进一步发展,元宵节灯火也愈加兴盛。帝王为了粉饰太平,与民同乐,元宵节亲登御楼宴饮观灯,张灯的时间也由三夜扩展到五夜。到了明代,元宵放灯节俗自初八点灯,一直到正月十七的夜里才落灯,整整十天。清代的元宵节灯市依旧热闹,只是张灯时间有所减少,一般为五夜,十五为正灯。

四、元宵节的文化习俗

元宵节是中国的传统节日,全国各地都过,大部分地区的习俗是差不多的,但各地也还是有自己的特点。

正月十五吃元宵,在我国由来已久,元宵俗名汤圆,传说起源于春秋末期。唐代称之为"面茧"。宋代称"上元油䭔",又叫"油画明珠""焦子""乳糖元子""宝糖槌""圆子"等。北宋时是在烧开的汤锅里撒进白糖,再下糯米粉煮熟,实际上是一种无馅的圆子。无馅圆子配以蜜枣、桂花、桂圆肉等制成的各式甜味的圆子羹。到了南宋,才改进为包糖馅,叫做"乳糖圆子"。

清代是"元宵""圆子""汤圆"多种名称并存的时代。关于"汤圆"之称的来历,还有一个传说,据说袁世凯篡夺了辛亥革命成果之后,一心想复辟登基当皇帝,但又怕人民反对,终日提心吊胆。一天,他听到街上卖元宵的人拉长嗓子喊"元——宵",觉得元宵两个字有"袁消"之嫌,联想到自己的命运,于是在1913年元宵节前,下令禁止称"元宵",必须呼"汤圆"或"粉果"。然而,在民间照样流传着元宵的叫法。

元宵的品种很多,味分甜、咸、香、酸、辣等多种,馅有芝麻、桂花、枣泥、豆沙、百果、花生等若干种,做法有包元宵、摇元宵、滚元宵等,吃法有汤煮、油炸和蒸食等。吃元宵的目的最初是为了改善生活,后来则取"团团圆圆"的吉祥之意。正如台湾民歌《卖汤圆》中所唱:"一碗汤圆圆又圆,吃了汤圆好团圆。"

元宵节一到,民间有张灯结彩的习俗,所以元宵节也叫灯节。元宵节张灯起源于汉初。那时,正值佛教传入,东汉明帝刘庄十分笃信佛教,听说在印度有观灯习俗,故下令燃灯表佛,并亲自到佛灯寺燃灯。到唐代,元宵节由挂灯发展为盛况空前的灯市。因为节日需要灯的人特别多,加上其制作工序繁杂,于是制灯与售灯的"灯市"应运而生:"作灯轮高二丈,衣以锦绮,饰以金银,燃五万盏灯,簇之如花树。"唐明皇李隆基令人制作过高达150尺的灯楼,灯楼上挂着珠玉、金银穗坠,风吹金玉,铮铮作响。杨贵妃的姐姐韩国夫人令人制作的灯山亦毫不逊色:"百枝灯树,高十八尺,竖之高山,上元之夜,百里皆见,光明夺目也。"由此可见当时元宵节制作花灯规模之大。

到了宋代,灯节更是通宵达旦、热闹非凡。当时有人以五色琉璃巧妙制成各种奇异灯形,灯上还绘有花卉百鸟、山水人物。为了鼓励人们到御街观灯,朝廷甚至规定:"凡来观灯者,赐酒一杯。"因此观灯者人山人海,人声鼎沸,前呼后拥,比肩接踵。《东京梦华录》记载:"正月十五元宵,大内前自岁前至冬至后,开封府绞缚山棚,立木还正对宣德楼,游人已集御街,两廊下奇术异种,歌舞百戏,鳞鳞相切,乐声嘈杂十余里。"花灯在争奇斗艳中不断发展与翻新,到明清时,北京王府井大街和前门外厂甸一带,都曾开设了灯市,悬挂各式各样的花灯,且以诗谜贴于灯上,供观灯游人猜解,谓之"春灯谜"。

汉代的《春秋繁露》等史籍记载了元宵节舞龙的习俗,到唐宋时期此俗更为盛行。宋代吴自牧的《梦粱录》中记载了元宵之夜人们舞龙灯的情形:"以草缚成龙,用青幕遮草上,密置灯烛万盏,望之蜿蜒,如双龙飞走之状。"到清代,制作龙灯的技艺更加成熟,舞龙的场面也更加盛大。清代《沪城岁事》记载了元宵节龙灯的形状:"环竹箔作龙状,蒙以绤,绘龙鳞于上,有首有尾,下承以木柄旋舞,街巷前导为灯牌,必书'五谷丰登,宫清民乐'。"

舞龙发展到今天,常见的有纸龙、草龙、绸龙、竹龙,还有用木板或铁架连接的节节龙、单人龙和双人龙等。每条长龙由11人或13人组成,最长的由百人组成,在龙前面都有一位手举绣球者引龙去扑抢、玩耍,戏耍的主要动作是模仿想象中的蛟龙扑抢宝珠的形态,忽左忽右,忽高忽低,或摇头,或摆尾,或盘旋,或腾挪,可在大小不同的场地上表演各种花样动作,同时伴有锣鼓助威。

第三节 清明节和端午节

清明节,又名冥节、鬼节。清明本为二十四节气之一,由于它在一年季节变化中占有特殊的地位,加上祭祖、寒食节等并入其中,清明便成为一个重要的节日。农历五月初五,是中国民间的传统节日——端午节,也称端阳节、重五节、五月节、诗人节、浴兰节等。它是中华民族古老的传统节日之一,与春节、中秋节并称中国三大民族节日。

一、清明节的起源

在清明节的前几天,本来还有一个节日叫"寒食节"。关于寒食节的起源,有的学者认为,寒食节起源于周代仲春末禁火的习俗。古人因季节不同,用不同的树木钻火,有改季改火之俗。而每次改火之后,就要换取新火。新火未至,就禁止人们生火。

寒食节的另一个源头,是春秋晋国故地山西一带祭奠介子推的习俗。介子推是春秋时晋国的大臣,晋国发生内乱,公子重耳在介子推等人的护佑下逃离晋国,到处流亡。逃亡途中,有一次重耳害了一场大病,当时饥寒交迫,大家都没有办法,忠心的介子推割下腿上的肉给重耳吃。重耳在外流亡了19年,终于得到机会回国,做了君王,他就是历史上有名的晋文公。得到政权的晋文公论功行赏,提拔奖励了和自己共患难的臣子们,却将介子推忘了。但介子推并没有去找晋文公请赏,却带着他的母亲到绵山隐居起来。有人在晋文公面前替介子推抱不平,晋文公想起旧事,心里很觉惭愧,马上与臣子们到绵山寻找介子推。寻觅了好久,还是找不到。于是有人献计放火烧山,以为介子推是有名的孝子,看到着火,一定会背着母亲跑出来。可是大火烧了三天三夜,仍不见介子推出来。等大火熄灭后,人们才发现介子推和他母亲一起被烧死在一棵柳树之下。介子推临死前,还给晋文公留下一首血诗:

割肉奉君尽丹心,但愿主公常清明。

柳下作鬼终不见,强似伴君作谏臣。

倘如主公心有我,忆我之时常自省。

臣在九泉心无愧,勤政清明复清明。

为了纪念介子推,晋文公下令把绵山改为"介山",在山上建立祠堂,并把放火烧山这一天定为寒食节,晓谕全国,每年的这一天禁忌烟火,只吃寒食。

还有的学者认为,寒食节的起源,与古人的星辰信仰有关,尤其是与天空中的参星和大火星有密切关系。按照中国古人的观念,天上的星星和地上的州郡是有对应关系的,山西太原地方相对应的是属水的参星。但是到了春天,火属性的辰星力量变强,一天天变得明亮,这对于山西太原一带的属星显然不利,所以人们纷纷采取断火的手段来削弱"火"的影响,增强自己水属性参星的力量。这是山西太原地区最早而且长时间流行寒食的一个重要因素,也是这个地区后来产生介子推传说的一个重要原因。

寒食节的时间,一般在清明节前一两天。最初的寒食时间为一个月,在汉代时是在清明节的前三天,至唐、宋两代改在清明节的前一天,后来二者就合而为一,寒食变成清明节的一部分了。

二、清明节的文化习俗

由于清明节在历史上和寒食节的紧密关系,尽管很多地方只过清明而不过寒食,但是,寒食节作为清明节历史重要的组成部分,处处反映在清明节之中。今天在很多地方,清明节有蒸"寒燕""子推燕"的习俗,即在清明节时,人们蒸用白面做的面鸟,称为"寒燕(寒食之燕)"或"子推燕"。此外,清明节期间的食品还有饴糖、大麦粥、枣糕、馓子等。

清明节有插柳戴柳的习俗,人们把柳枝编成圆环形戴在头上,或者把嫩柳枝编结成花朵插在发髻上,还有的把柳枝插在门楣上。关于此俗的成因,有多种说法。一说是古代皇帝赐杨柳之火,伴之而来的柳枝也身价大增,成为插柳的来源。据《辇下岁时记》《太平广记》等记载,唐代宫中有关人员都在宫殿前钻柳榆取火,先钻得者还得到赏赐。皇帝还将钻取的柳榆火种赐给近臣。有的达官显贵将传火的柳条插在门前,以向人炫耀。五代、宋时,这种炫耀御赐柳条的方式,逐渐演变为在门口插杨柳枝的风俗。

此外,关于清明节插柳戴柳的起源,有人认为柳枝有灵性,可以辟邪,所以成为人们节日期间常用的装饰物。北魏贾思勰《齐民要术》载:"正月旦,取杨柳枝著户上,百鬼不入家。"梁代宗懔《荆楚岁时记》又云:"正月十五日……以杨柳枝插门,随杨枝所指,以酒脯饮食及豆粥插箸而祭之。"这种做法在唐人那里也有继承。段成式《酉阳杂俎》载:"唐中宗三月三日,赐侍臣细柳圈,戴之可免虿毒。"寒食期间,柳树正发芽吐绿,生机勃勃,唐人沿袭了古人用柳驱鬼之法,在寒食节,仍有插柳于门上和戴柳于鬓边的做法,这种风俗后来逐渐渗透到清明的节俗中来。

扫墓祭祖也是清明节的主要节日活动之一。中华民族有敬祖、祭祖的优良传统,古代上至天子、下至庶民都十分重视祭祖,借以表达慎终追远之意。作为清明祭祖直接来源的坟墓之祭究竟始于何时,古来意见不一。有的认为古无墓祭之礼,也有的认为墓祭之俗古已有之。《周礼·春官·冢人》:"凡祭墓,为尸。"说明在先秦时期就已经有墓祭之礼了。秦汉以后,墓祭习俗更加普遍。清明节扫墓祭祖显然是对古代墓祭习俗的承袭与延续。唐玄宗于开元二十年(732)下诏:"寒食上坟,礼经无文,近代相传,浸以成俗,士庶有不合庙享,何以用展孝思?宜许上墓,同拜扫礼于茔。南门外祭奠,彻馔讫,泣辞,食余馔任于他处,不得作乐。仍编入五礼,永为恒式。"皇帝的一道圣旨,使民间自发的上坟祭祖活动成了国家法定的节日礼俗,于是每逢清明,家家祭祖,蔚然成风。

　　清明祭祖有两种形式:一种是在家或祠堂祭祀祖先;另一种是上坟或扫墓,又称墓祭。墓祭时,人们要携带酒食果品、纸钱等物品到墓地,将食物供祭在亲人墓前,再将纸钱焚化,为坟墓培上新土,折几枝嫩绿的新枝插在坟上,然后叩头行礼拜祭。

　　现在的清明节,人们仍然承袭着扫墓祭祖的习俗,只是城乡差别很大。在农村,人们前往坟地,整坟除草,摆供祭祀,焚香烧纸钱。在城市,因政府倡导火化,亡人之灵多存于公墓,人们更多的是以鲜花、香烛、供品凭吊,少去了整坟除草、焚烧纸钱等仪式。与以往扫墓活动相比,现在人们除了拜祭自己的祖先、亲人以外,还前往革命公墓或烈士陵园,以不同的方式凭吊那些为革命和人民做出贡献的英烈,缅怀他们的功绩。

　　清明时节,春回大地,万物复苏,满目葱茏,是人们踏青欣赏大自然景观的大好时机。清明踏青,应该发源于上古游春习俗,同时又承袭了古代上巳祓禊遗风。魏晋三月三日修禊,就已有踏青春游之意。京师不分皇帝士庶,男女老幼,无不毕出,到水边洗濯祓除病气,沐浴大好春光。东晋文人学士还借踏青春游之机,聚会写诗作赋。王羲之的千古佳作《兰亭集序》,即是上巳郊游时留下的不朽名篇。

　　到了唐代,春游踏青更为盛行。太学放假三日,以踏青郊游。太学生崔护,清明节独游长安城南,写下了传诵至今的《题都城南庄》诗:"去年今日此门中,人面桃花相映红。人面不知何处去,桃花依旧笑春风。"后演绎成戏剧《金琬钗》,成为陕西人民的传统剧目。

　　宋代清明踏青的风气比前代更浓,已经形成大型的娱乐活动。宋代吴自牧的《梦梁录》记载临安清明节俗时说:"宴于郊者,则就名园芳圃,奇花异木之处;宴于湖者,则彩舟画舫,款款撑驾,随处行乐。此日又有龙舟可观,都人不论贫富,倾城而出,笙歌鼎沸,鼓吹喧天,虽东京金明池未必如此之佳。"北宋画家张择端的《清明上河图》则描绘了当时东京汴梁汴河两岸的景物以及清明人们游戏娱乐的盛况。

　　风筝在中国有着悠久的历史。据《墨子》记载,公输般削竹木以为鹊,成而飞之,三日不下。大约在西汉时期,木鸢改用竹子和丝绸来制作,后来,人们又以纸制作,称作"纸鸢"。到唐代,各种民间游艺有了很大的发展,纸鸢更多地用于娱乐。据明代陈沂的《询刍录》记载,五代时,有人在纸鸢上装竹哨,风吹哨响,声如筝鸣,故称"风筝"。南方则称"鹞子""纸鹞"。宋代开始,清明节放风筝的习俗盛行民间。宋伯仁在《纸鹞》诗中写道:"弄假如真舞碧空,吹嘘全在一丝风。惟渐尺五天将近,犹在儿童掌握中。"

明清以后,清明放风筝的风俗遍及全国各地。风筝的制作工艺也日益发展,相传明代著名剧作家梁辰渔善扎风筝,尤其以扎制凤凰风筝闻名于世。有一次他用彩绸扎的凤凰风筝送上天空后,有百十只不同种类的鸟雀围绕翻飞,如百鸟朝凤。

三、端午节的起源

关于端午节的由来,至今仍众说纷纭。主要有纪念屈原说、纪念伍子胥说、纪念曹娥说、纪念越王勾践操练水军说、吴越民族图腾祭说、恶月恶日驱避说等等。

以上各说,各本其源。但千百年来,屈原的爱国精神和高尚人格,已广泛深入人心,因此,纪念屈原之说,在诸说之中影响最大,占据主流地位。在民俗文化领域,中国民众把端午节的龙舟竞渡和吃粽子等习俗,都与纪念屈原联系在一起。

屈原名平,字原,战国末期楚国杰出的政治家和爱国诗人。他出身贵族,早年深受楚怀王的宠信,后遭到子兰等保守派贵族的反对和诋毁,被流放到远离京都的沅、湘流域。在听到郢都被攻破的噩耗后,他仰天长叹,写下绝笔《怀沙》,抱石自沉汨罗江。这一天,正是夏历的五月初五日。传说屈原死后,楚国百姓哀痛异常,纷纷涌到汨罗江边去凭吊屈原。人们有的划起船只,在江上往来奔忙,打捞他的尸身。有的拿出事先准备的饭团、鸡蛋等,丢进江里,用来喂食鱼虾,免其咬噬屈原遗体。有的说黏米可以粘住鱼嘴,使鱼不能吃到屈原尸体。后来的人们又想出用楝树叶包饭,外缠彩丝,发展成后来的粽子。以后,每年的五月初五屈原投江殉难日,楚国人民都要吃粽子,到江上划龙舟,以此来纪念屈原这位伟大的爱国诗人。此后,"端午节"就逐渐发展成为全国性的节日,"端午节"及其活动,也沿袭至今。正是由于这个缘故,端午节也被称为"诗人节"。唐末江南僧人文秀在《端阳》诗中写道:"节分端午自谁言,万古传闻为屈原。堪笑楚江空渺渺,不能洗得直臣冤。"

关于端午节源于纪念屈原之说,较早的记载见于南朝梁吴均的《续齐谐记》:"屈原五月五日投汨罗而死,楚人哀之,每至此日,竹筒贮米,投水祭之。汉建武中,长沙欧回,白日忽见一人,自称三闾大夫,谓曰:'君当见祭甚善,但常所遗,苦蛟龙所窃。今若有惠,可以楝树叶塞其上,以五采丝缚之,此二物蛟龙所惮也。'回依共言。世人做粽,并带五色丝及楝叶,皆汨罗之遗风也。"

《襄阳风俗记》中亦有类似记载:"屈原五月五日投汨罗江,其妻每投食于水以祭之。原通梦告妻,所食皆为蛟龙所夺,龙畏五色丝及竹,故妻以竹为粽,以五色丝缠之,今俗其日皆带五色丝食粽,言免蛟龙之患也。"

上面二说尽管略有不同,但都主端午是为纪念屈原之说。此后,端午纪念屈原之说便成为最为流行的解释。

关于端午节起源的另一种说法,认为是纪念春秋时期的伍子胥,这种说法在江浙一带流传甚广。伍子胥,名员,楚国人,父兄均为楚王所杀,他投奔吴国,助吴伐楚,五战而入楚都郢城。当时楚平王已死,伍子胥掘墓鞭尸三百,以报杀父兄之仇。吴王阖庐死后,其子夫差继位,率军大败越国,越王勾践请和,夫差许之。伍子胥建议,应彻底消灭越国,夫差不听,吴国太宰受越国贿赂,谗言陷害伍子胥,夫差信之,赐伍子胥宝剑,令其自刎。伍子胥死前对邻舍人说:"我死后,将我眼睛挖出悬挂在吴京之东门上,以看越国军队入城灭吴。"说罢,自刎而死。夫差闻伍子胥死前之言,大怒,令人取伍子胥尸体装入皮革中,于五月初五投入大江。伍子胥含冤死后,"吴人怜之,为立祠江上,因命曰胥山"。把他当作神明来崇拜。后来,勾践用突然袭击的方法,破吴都城,虏吴舟船,吴国形势岌岌可危,吴王夫差深悔杀子胥之过,至吴郊的大江边设奠祭祀伍子胥。以后伍子胥更进一步被神化,逐步被奉为江神、波神、涛神。至五月初五,"后世遂划龙舟,作救伍员状"。这样,在江浙一带,端午节就成了纪念伍子胥的日子。宗懔在《荆楚岁时记》中讲竞渡来源时引邯郸淳《曹娥碑》云,"五月五日,时迎伍君,逆涛而止,为水所淹",并言"斯又东吴之俗,事在子胥,不关屈平也"。十分明确地提出,龙舟竞渡在于纪念伍子胥。

在浙江东部地区,当地居民把端午节看作是纪念孝女曹娥的节日。曹娥是东汉时期人,为拯救迎涛溺水的父亲,投江而死。最早记载此事的是三国魏邯郸淳写的《曹娥碑》,其文云:

孝女曹娥者,上虞曹盱之女也……盱能抚节按歌,婆娑乐神,以汉安二年五月时迎五(伍)君(宋章樵注:伍子胥为涛神),逆涛而上,为水所淹,不得其尸。时娥年十四,号慕思盱,哀吟泽畔,旬有七日,遂自投江死。经五日,抱父尸出。①

东晋虞预的《会稽典录》,也记载了曹娥的事迹:"女子曹娥者,会稽上虞人,父能弦歌为巫。汉安二年五月五日,于县江泝涛迎波,沉溺死,不得尸。娥年十四,沿江号哭,昼夜不绝声七日,遂投江而死。"

后人为纪念曹娥的孝节,在曹娥投江之处兴建曹娥庙,将她曾居住过的村镇改名为曹娥镇,曹娥殉父之舜江则更名为曹娥江,并一直沿袭至今。

---

① 转引自杨琳:《中国传统节日文化》,236页,北京,宗教文化出版社,2000年。

曹娥庙始建于东汉年间,此后几度毁坏,几度重建。1985年重修开放,被誉为"江南第一庙"。据《上虞县志校续》记载,元嘉元年(151)度尚始建曹娥庙。历代封建帝王对曹娥曾大事宣扬,加封赐匾。最盛时,有匾额170块,楹联57副。

在浙江,还有端午节来源于勾践操练水军之说。该说法萌芽于《越地传》。隋代杜公瞻注引《越地传》云:"(竞渡)起于越王勾践。"宋潘自牧《记纂渊海》卷二引《岁时记》亦称:"《越地传》云竞渡起于勾践。"只有宋高承《事物纪原》卷八"竞渡"条所引出处不同:"《楚传》云:起于越王勾践。"《中国大百科全书》沿袭了这种说法:"古越国(今浙江绍兴)地区流行的传说认为,勾践曾于是日操演水师,竞渡的风俗就是人们仿效这一做法而产生的。"

有的学者对此提出异议,认为这一说法系无稽之谈,因为《越地传》仅仅含糊地说竞渡起于越王勾践,并没有提及因何而起,是后人进一步想象为操演水师。杨琳在《中国传统节日文化》一书中指出:"竞渡是一种娱乐、一种游戏,可以独立地、不受他人、个别集团影响而产生。越地是如此,楚地也是如此,黄河流域、云贵高原湖泊地区亦复如此。我们甚至可以说,游戏性竞渡(一种没有固定时间、地点、目的,没有成为惯例的活动)并非只能在中华民族生活的这块大地上产生。即凡早期人类居住的水网区,都是孕育游戏性竞渡的场所。"这一观点具有一定的合理性。生活在江河湖泊地区的人们闲暇时间驾舟竞渡,正如生活在陆地上的人们赛跑之举一样自然,所以竞渡活动很有可能并不存在唯一的起源。

另有端午节来源于吴越民族龙图腾祭祀的说法,故端午节又称"龙日"。闻一多先生持此说,他在《端午考》中认为,端午节是中国古代吴越民族举行龙图腾祭祀的节日。古时候,我国长江及其以南大部分地区五月江河都会涨水,人们就把希望寄托在掌管水的龙的身上,祈祷一年风调雨顺和行舟安全。据闻一多考证,当初有5个以龙为图腾的部落一起择定吉日,以五月的第五个日子为祭祀日。近代以来,在长江中下游广大地区,出土了大量几何印纹陶和以石器为特征的文化遗存。据考古专家研究推断,这些遗存属于新石器时代晚期至秦汉以前的、以龙为图腾崇拜的古老民族——百越族。出土陶器上的纹饰和历史传说相对照表明,百越族先民生活于水乡地区,有断发纹身的习俗,自比是龙的子孙。直到秦汉时代,尚有大量百越人居住在浙江、福建等地的山区,端午节就是他们创立的用于祭祖的节日。在长期的历史发展中,大部分百越人融合到汉族中去了,只有很少部分演变为南方的少数民族,因此,端午节成了全中华民族的节日。

关于端午节的起源,还有恶月恶日驱避之说。端午时值农历五月,正是仲夏疫病流行的季节,俗称"恶月",又称"毒月""凶月",故"百事多禁焉"。东汉末年应劭所著《风俗通》云:"五月盖屋,令人头秃。"又云:"不得曝床荐席。"《荆楚岁时记》亦载:"(五月)忌曝床荐席,及忌盖屋。"此俗唐代又有发展,段成式《酉阳杂俎·广知》载:"俗讳五月上屋,言五月人蜕,上屋见影,魂当去。"清人潘荣陛《帝京岁时纪胜》亦云:"京俗五月不迁居,不糊窗槅,名之曰恶五月。以艾叶贴窗牖,谓之解厄。五月多不剃头,恐妨舅氏。"五月不到官也是禁忌。《风俗通》载:"俗云:五月到官,至免(死)不迁。"《北齐书》载:"或曰:阴阳书,五月不可入官,犯之,卒于其位。"而五月初五日,则更是"恶月恶日"。在民俗观念中,五月自先秦以来就是不吉利的日子,人们采取了各种方式加以避忌,于是逐渐形成了端午节。

《荆楚岁时记》中说"五月五日谓之浴兰节","浴兰"即在放兰草蒸煮过的水中洗浴。在《大戴礼记·夏小正》中就可见到"(五月)蓄兰,为沐浴也"的记载,虽然没有具体说明几日浴兰,但说它跟端午节有联系不算牵强。后世一些地方沿袭了端午浴兰的习俗。从端午节又称浴兰节的情况来看,浴兰是端午节的一项重要习俗。兰草在古代民俗观念中有辟邪的功效。《太平御览》卷五十九引东汉薛汉《韩诗章句》:"当此盛流之时,众士与众女执兰而拂除邪恶。"《后汉书·礼仪志上》载:"是月上巳。"梁刘昭注引《韩诗》曰:"郑国之俗,三月上巳之溱洧两水之上,招魂续魄,秉兰草祓除不祥。"这是针对《诗经·郑风·溱洧》诗而言的。诗中说:"士与女,方秉蕳兮。"于此可知兰草辟邪信念的古老。《神农本草经》中亦提到兰草有"杀蛊毒,辟不祥"的药效。南朝宋盛弘之《荆州记》中也说:"香兰乃香草,能辟不祥。"民俗观念中兰草有辟邪的功能,而端午节有浴兰之俗,说明端午原本是辟邪的节日。端午节的习俗中包含辟邪意蕴的远非浴兰一端。其他像戴朱索、佩菖蒲、悬艾于门、饮雄黄酒、采制药物等,无不旨在辟邪除疾,正如辽宁《新民县志》中所说的:"盖是日为瘟神下界,种种设施不外祓除不祥之意。"

四、端午节的文化习俗

端午节在漫长的历史发展过程中,形成了独具特色的文化习俗,主要包括吃粽子、赛龙舟、饮菖蒲酒、挂五色丝、采艾草等。

端午节吃粽子是中华民族的传统习俗。粽子,古称角黍,因粽子形状如角状之故。关于端午食粽子的来源,与端午节的起源一样,有着多样的说法,如夏至食粽说、祭祖说、祭天神说、对龙的崇拜说、祭鬼说,等等。

"粽"字在《说文解字》的正文中没有找到,它只是一个"新附字",这说明东汉许慎时,该字还未出现,第一个使用这个字的是吴人周处,因此这一风俗最早可能产生于吴地。周处生活在东吴至西晋时期,他所作的《风土记》中说,吴地"俗以菰叶裹黍禾,以淳浓灰汁煮之,令烂熟,于五月五日及夏至啖之,一名粽,一名角黍"。这是已知的有关粽子的最早记载。吴地是世界最早种植稻米的地区之一,早在六七千年以前就已有水稻的种植,糯米的栽培也很早,又是菰(茭白)与芦苇的盛产地,有煮粽的传统。至今,苏州近旁的嘉兴、湖州(古时均属吴地)的粽子仍盛行于海内。自五月端午纪念屈原的说法产生后,粽子也逐渐与屈原联系在一起了,南朝梁代的《续齐谐记》《荆楚岁时记》等均有类似记载。

粽子在流传的过程中,无论形状、用料、馅心及品种均日益丰富发展,南北朝时出现了"杂粽",可见当时粽子品种开始增多。唐代糯米粽子享有盛名。《酉阳杂俎》记述长安有"庾家粽子,白莹如玉"。此外,也有用黍(黄米)制作粽子的。当时品种有角粽、锥粽、菱粽、筒粽、九子粽等。九子粽在唐代已经是御宴之物,玄宗曾在《端午三殿宴群臣探得神字并序》诗中赞美说:"四时花竞巧,九子粽争新。"宋代端午粽子名品甚多,形状不一,如筒粽、角粽、锥粽、茭粽、秤锤粽、九子粽、方粽等,在制作原料和方法上较前代也有了较大的发展,此时出现的"艾香粽",以艾叶浸米而成。当时四川一带的粽子很出名,叫"粢筒",现在四川的"艾叶粑"即其流传后世的产物。当时,还出现了带馅的粽子,吴氏《中馈录》中有"用糯米淘净,夹枣、栗、柿干、银杏、赤豆,以茭叶或箬叶裹之"的记载。用箬叶代替菰叶包粽子,改变了菰叶的季节限制,是粽子发展过程中的一次变革。苏东坡的诗句"时于粽里得杨梅",说明当时已开始用蜜饯作粽子的加料。而"水团冰浸砂糖裹"之句,则说明当时已经吃冰镇粽子了。这一时期还出现了造型精致的组合粽。《西湖老人繁胜录》:"天下惟有是都城,将粽凑成楼阁、亭子、车儿诸般巧样。"明代又出现了用芦苇叶包的粽子,加料有了豆沙、猪肉、松子仁、胡桃等。火腿粽子出现于清代,袁枚的《随园食单》有此记载。

现在中国很多地方都有粽子,因各地饮食习惯和口味爱好不同,粽子形成南北不同的风味,馅心也有荤素之别。南方包粽子多用箬叶,北方则多用菰叶、芦叶。北方人包粽子比较简单,原料以糯米加红枣、大黄米(黍米)加花生仁、豆沙馅等甜香口味为主,煮熟后蘸糖食用,热时吃有一股浓浓的枣香,放凉了吃风味更佳,是一种很清爽的食品。南方的粽子花样较多,咸的有湖州粽子,包着大片瘦肉,有淡淡的酱香味,软糯感十足；也有加上火腿肉、咸蛋黄、香菇或栗子、虾米为馅的；甜的则有豆沙粽子、枣泥粽子等，近来更有红豆、莲子、莲蓉为馅的甜粽子。江南粽子以宁波、苏州、上海最负盛名，多以豆沙、枣泥、鲜肉、脂油、火腿等为馅。北方则以北京的江米小枣粽为佳，馅心多以小枣及各种果脯为主。

端午节的主要习俗除了吃粽子，还有龙舟竞渡。关于端午龙舟竞渡的说法，一说以为其本源于驱邪避灾。也就是说，竞渡活动原本是一种辟邪禳灾的手段，后来才融汇进端午习俗之中。古人将船当作送走灾邪的工具，用纸船送瘟神的做法其实就是真船送灾邪的演变，端午竞渡就是为了用船送走灾邪。竞渡之所以能成为端午习俗的一项重要内容，"是因为它跟端午节的宗旨是合拍一致的。既然是送邪，送得越快越远当然就越好，这便是端午竞渡的由来"。

端午龙舟竞渡习俗之另一说，则主要是围绕着端午节所纪念的人物而发生和承袭的。南朝梁宗懔的《荆楚岁时记》："五月五日竞渡，俗为屈原投汨罗日，伤其死，故并命舟楫以拯之。舸舟取其轻利，谓之飞凫，一自以为水军，一自以为水马。州将及士人悉临水而观之。"邯郸淳《曹娥碑》云："五月五日，时迎伍君逆涛而上，为水所淹。斯又东吴之俗，事在子胥，不关屈平也。《越地传》云起于越王勾践，不可详矣。"

这里列举了四个与端午节竞渡相关的主要人物，即屈原、曹娥、伍子胥和越王勾践。南方吴地之俗，是纪念伍子胥和曹娥。据南宋吴自牧《梦粱录》载，伍子胥自杀后，被吴王夫差以皮革裹着扔进钱塘江，化为波神。每年五月五日，当地人都要泛舟江上，以迎波神。东汉孝女曹娥投江殉父后，当地人为其立碑，以旌其表。每到阴历五月五日，当地为纪念曹娥，在龙舟上为其塑像，划龙舟竞渡。赛龙舟纪念屈原的说法，流行于荆楚地区，据南朝梁吴均《续齐谐记》载，五月五日屈原投汨罗江而死，人们"并将舟楫以拯之"，"竞渡事，本招屈"。竞渡起于越王之说，除上引《越地传》记载之外，《事物原始·端阳》也说："竞渡之事起于越王勾践，今龙舟是也。"

由此可见，在南北朝以前，五月端午各自纪念本地的历史人物。隋唐以后，经过各地风俗的渗透、融合及民众的普遍筛选，龙舟竞渡纪念屈原的说法，得到人们的普遍认同。唐朝编撰的《隋书·地理志下》载："屈原以五月望日赴汨罗，土人追至洞庭不见，湖大船小，莫得济者。乃歌曰'何由得渡！'因尔鼓棹争归，竟会亭上，习以相传，为竞渡之戏。"《松江府志》记载，徐守斋11岁时，偷偷从家里跑出去观竞渡，其父惩罚他说："汝能作一诗，当贳汝。"守斋应声而作："艾虎悬门日，龙舟竞渡时。屈原遗恨在，千载楚人思。"松江府在今上海市吴淞江以南，旧属吴地，竞渡应纪念伍子胥或者曹娥,至此也变成屈原了。

端午节人们除了吃粽子外,还饮菖蒲酒。菖蒲,生于水边,又名"剑水草""白菖",俗称蒲草。《本草纲目》记载,菖蒲,乃蒲类之昌盛者,故曰菖蒲,有香气,是提取芳香油的原料。它是一味中药,具有开窍、行气止痛、祛风湿的功能,也可作芳香健胃剂。最初饮菖蒲酒是为了预防五毒叮咬和外伤发炎,后转化为和平长寿之意。《荆梦岁时记》:"端午以菖蒲一寸九节者,泛酒以避瘟气。"宋代欧阳修在《端午帖子词》中写道:"共存菖蒲酒,君王寿万春。"在民间常将菖蒲叶与艾叶结成束,或烧其花序,以熏蚊虫。从药物学上讲,农历五月,雨水丰沛,百草蔓生,大多中药根深叶茂,进入成药期,这是采药最佳季节。菖蒲此时枝叶茂盛,正进入开花期,正是采集入药的大好时节。而此时正值初夏,多雨潮湿,细菌繁殖快,人易得病,无论门插菖蒲还是身戴菖蒲都有驱病功效。

端午节时,家长要用麻扎成小巧玲珑的小笤帚、小葫芦,用五颜六色的绸布拼缝成小粽子、小娃娃及瓜果、小动物等,然后用五彩丝连在一起,拴在小孩的衣扣上,以祛除瘟疫和杂灾,或用五色丝拴在小孩子的手腕、脚脖、脖颈上,称作"长命缕""百索"。传说长命缕可以驱恶免疾,使小儿长命如缕。应劭在《风俗通》中记载:"五月五日,以五彩丝系臂者,辟兵及鬼,令人不病温。"即汉代以青、赤、黄、白、黑等色合成的五色丝系于手臂,可以驱瘟、除邪、止恶气。《后汉书·礼仪志中》又载:"五月五日,朱索五色印为门户饰,以难止恶气。"五色印又称桃印,是以五色书写的桃木板。道教产生后,桃印又演变为天师符,用来镇恶。北齐魏收《五日》诗:"辟兵书鬼字,神印题灵文。"周处《风土记》记载:"仲夏端午,烹鹜角黍……造百索系臂。"

隋唐以后,五色丝逐渐由驱鬼逐邪演变为长寿欢乐之意。唐代皇帝经常在端午节向臣子赐赤符、朱索以示恩宠,窦叔向《端午日恩赐百索》:"仙宫长命缕,端午降殊私。事盛蛟龙见,恩深犬马知。"用朱索、画符驱邪避疫,祈求长命百岁,当然不一定有效,但人们还是通过此种方式表达对健康和长寿的愿望。于是女儿家端午节在臂上系五彩丝、在衣衫上或头上装饰艾虎,朱符成为历代的风尚,五代时的花蕊夫人《宫词》中写端午节换上新的夏装:"美人捧入南薰殿,玉腕斜封彩缕长。"宋代词人苏轼在《浣溪沙》词中描述端午节的美人:"彩线轻缠红玉臂,小符斜挂绿云鬟。"史浩《卜算子》词中描绘他眼中的端午节的女性是:"符箓玉搔头,艾虎青丝鬓。"杨无咎《齐天乐》在词中则用"衫裁艾虎,更钗袅朱符,臂缠红缕"形容端午节女子的时尚服饰。宋朝端午节,文武百官要向皇帝献朱丝。章得象《端午阁帖子》:"清晓会披香。朱丝续命长。一丝增一岁,万缕献君王。"辽朝时,君臣在端午宴会上共系五彩丝,谓之"合欢结"。

"采艾"也是端午节的一项重要民俗活动。艾,俗称艾蒿、家艾,是一味中药,有暖子宫、祛寒湿的功能。对"采艾"最早的记载可追溯到中国的文学源头《诗经》。《诗经·王风·采葛》记载:"彼采艾兮,一日不见,如三岁兮。"可见"采艾"已经成了当时人们生产劳动的一部分,但是这里的"采艾"并没有和端午节挂钩。

汉代以后的许多文献中记载了端午节"采艾"的习俗。南朝梁宗懔《荆楚岁时记》:"五月五日,四民并踢百草,又有斗百草之戏。采艾以为人,悬门户上,以禳毒气。"这里所谓踏百草,即指端午这一天,人们到野外赤脚踩踏青草,沾上草中的露水,据说这样可以祛除体中的湿热之气,预防病痛。以艾草束为人形叫"艾人",端午悬艾人于门户的风俗后世一直沿袭下来,宋孟元老《东京梦华录》:"端午,又钉艾人于门上,士庶递相宴赏。"人们还将艾草编成虎形,或用彩绸剪为小虎形,贴上艾叶,佩于胸前,女儿家将其挂在头发上,或作为钗头,称为艾虎,是端午节的重要饰物,宋周紫芝《永遇乐》:"艾虎钗头,菖蒲酒里,旧约浑无据。"史浩《卜算子》:"符箓玉搔头,艾虎青丝鬓。"为什么将艾草编为虎形呢?东汉应劭在《风俗通》中解释道:"虎者,阳物,百兽之长也,能执搏挫锐,噬食鬼魅。"人们还将菖蒲的根茎刻成许多具体的形象,如剑等,在端午节时和艾虎一起悬挂在门上辟邪。这一风俗,后世仍历久不衰,明彭大翼《山堂肆考·宫集》说:"端午以艾为虎形,或剪彩为虎,粘艾叶以戴之。"清富察敦崇《燕京岁时记》:"端午日用菖艾子插于门旁,以禳不祥,亦古者艾虎蒲剑之遗意。"

第四节　七夕节和中秋节

农历七月初七为七夕节,简称"七夕",是我国两千多年来盛行的传统节日。七夕节大约形成于汉代,后来随着牛郎织女爱情传说故事的不断完善和广泛传播,逐渐成为人们普遍都过的节日。因为节日里有乞巧习俗,且参加活动者为女性,所以又被称作"乞巧节""女儿节"。农历八月十五日,是传统的中秋佳节。这时是一年秋季的中期,所以被称为中秋。在中国的农历里,一年分为四季,每季又分为孟、仲、季三个部分,因而中秋也称仲秋。八月十五的月亮比其他几个月的满月更圆、更明亮,所以又叫作"月夕"。此夜,人们仰望天空如玉如盘的朗朗明月,自然会期盼家人团聚,远在他乡的游子也借此寄托自己对故乡和亲人的思念之情,所以中秋又称"团圆节"。

一、七夕节的起源与发展

七夕中涉及的织女星是北半天球最亮的早型星,因此很早就受到人们的注意,在上古时期,人们将织女星作为季节的标志星,与它隔银河相对的是牵牛星,也受到人们的特别关注,作为星纪的标志。随着社会生活的发展,人们的想象力日益丰富,于是将人间生活投射到苍穹之中,逐渐滋生出有关织女、牵牛的神话传说。织女、牵牛的传说起源很早,在《诗经·小雅·大东》中有这样的描述:"维天有汉,监亦有光。跂彼织女,终日七襄。虽则七襄,不成报章。睆彼牵牛,不以服箱。"此时的织女星与牵牛星已被人格化,但他们之间还没有发生联系。

织女与牵牛的情感纠葛传说在战国末期至秦朝初年已经广为流传,据云梦睡虎地秦简《日书》甲种第一五五简正记"取妻"忌日说:"戊申、己酉,牵牛以取(娶)织女,不果,三弃。"简文的大意是说,戊申日、己酉日牵牛迎娶织女的喜事没有办成,如果在这样的日子娶妇的话,三年丈夫就会离弃妻子。在另一简文中说:"戊申、己酉,牵牛以取(娶)织女而不果,不出三岁,弃若亡。"由此可证,当时不仅流传牵牛与织女缔婚的传说,而且织女、牵牛为河汉所阻未能成婚的传说还影响到民俗生活,形成一种民间婚嫁的时间禁忌。

真正将七夕视为节日并定为七月七日是在汉代。织女与牛郎的悲剧演进为鹊桥相会的喜剧故事,大约发生在汉武帝时期,《太平御览》记载了七月七日汉武帝与西王母多次聚会的传说,表明七月七日已是人神交游的吉日良时。而西王母降临前每有青鸟探看,又为汉代将乌鹊融入牛郎与织女的传说提供了依据。汉代民间认为鹊重情感,"鹊脑令人相思",因此汉代有巫术"取雌雄鹊各一,燔之四通道,丙寅日,与人共饮酒,置脑酒中则相思也",由鹊之导向相思的特性,逐渐变化推演出乌鹊搭桥的传说。东汉应劭的《风俗通》:"织女七夕当渡河,使鹊为桥。"明确记载了织女与牛郎鹊桥相会。

随着七夕由忌日向民俗节日的转变,节俗内容也逐渐丰富起来。魏晋南北朝时期,就有了关于七夕节俗活动的多种记述。《西京杂记》记载汉代宫廷七夕节俗的情形,汉宫至七月七日,"临百子池,作于阗乐。乐毕,以五色缕相羁,谓为相连爱"。"汉彩女常以七月七日穿七孔针于开襟楼,俱以习之。"由此可见,早在汉代,男女好合、乞巧等习俗已开始出现在七夕节俗之中。

晋人周处的《风土记》为我们描述了当时民间七夕节俗的生动场景:"七月俗重

是日。其夜洒扫于庭,露施几筵,设酒脯时果,散香粉于筵上,以祀河鼓、织女。言此二星神当会。守夜者咸怀私愿。或云:见天汉中有奕奕正白气,有光耀五色,有为征应者,便拜而愿乞富乞寿,无子乞子。唯得乞一,不得兼求。三年后言之。或云颇有受其祚者。"七月七日成为欣赏天庭欢会、乞求人间幸福的良宵。此外,《荆楚岁时记》还记述了南朝妇女七夕穿针乞巧等民俗。七夕原有的禁忌意义在六朝时期已经完全消解,汉魏以后,七夕主要成为女性表达愿望的节日。

随着七夕节俗活动的不断丰富和发展,牛郎、织女七夕相会的故事也逐渐丰满起来。南朝宋孝武帝《七夕》、谢惠连《七月七日咏牛女》、鲍照《和王义兴七夕》等诗中都说到牛女相会之故事。以梁吴均《续齐谐记》所言较详:桂阳成武丁有仙道。常在人间,忽谓其弟曰:"七月七日织女当渡河,诸仙悉还宫。吾向已被召,不得停,与尔别矣。"弟问曰:"织女何事渡河?去当何还?"答曰:"织女暂诣牵牛,吾三年当还。"明日,失武丁。至今云织女嫁牵牛。同一时期的殷芸在《小说》中对此也有比较完整的叙述:"天河之东有织女,天帝之子也。年年机杼劳役,织成云锦天衣,容貌不暇整。帝怜其独处,许嫁河西牵牛郎。嫁后遂废织。天帝怒,责令归河东,许一年一度相会。"尽管这些记载有不合之处,但牛郎、织女七夕相会的故事情节较前确已日益丰富和完善了。

唐代以后,牛郎、织女七夕相会的故事大致框架已定,至宋、元、明、清,故事更趋完善,虽有各地区之差异,但大致情节相同。其定型后基本故事梗概如下:

相传在很早以前,南阳城西牛家庄里有个聪明、忠厚的小伙子,父母早亡,只好跟着哥哥嫂子度日。嫂子马氏为人狠毒,经常虐待他,逼他干很多的活。一年秋天,嫂子逼他去放牛,给他九头牛,却让他等有了十头牛时才能回家,牛郎无奈,只好赶着牛出了村。

牛郎独自一人赶着牛进了山,在草深林密的山上,他坐在树下伤心,不知道何时才能赶着十头牛回家。这时,有位须发皆白的老人出现在他的面前,问他为何伤心,得知他的遭遇后,笑着对他说:"别难过,在伏牛山里有一头病倒的老牛,你去好好喂养它,等老牛病好以后,你就可以赶着它回家了。"

牛郎翻山越岭,走了很远的路,终于找到了那头有病的老牛。他看到老牛病得厉害,就去给老牛打来一捆捆草,一连喂了三天,老牛吃饱了,才抬起头告诉他:自己本是天上的灰牛大仙,因触犯了天规被贬下天来,摔坏了腿,无法动弹。自己的伤需要用百花的露水洗一个月才能好。牛郎不畏辛苦,细心地照料了老牛一个月,白天为老牛采百花露水治伤，晚上依偎在老牛身边睡觉，等老牛病好后，牛郎高高兴兴赶着十头牛回了家。

回家后，嫂子对他仍旧不好，曾几次要加害他，都被老牛设法相救。嫂子最后恼羞成怒，把牛郎赶出家门，牛郎只要了那头老牛相随。

一天，天上的织女和诸仙女一起下凡游戏，在河里洗澡，牛郎在老牛的帮助下认识了织女，二人互生情意。后来织女便偷偷下凡，来到人间，做了牛郎的妻子。织女还把从天上带来的天蚕分给大家，并教大家养蚕抽丝，织出又光又亮的绸缎。

牛郎和织女结婚后，男耕女织，情深义重，他们生了一男一女两个孩子，一家人生活得很幸福。但是好景不长，这事很快便让天帝知道，王母娘娘亲自下凡来，强行把织女带回天上，恩爱夫妻被拆散。

牛郎上天无路，还是老牛告诉牛郎，在它死后，可以用它的皮做成鞋，穿着就可以上天。牛郎按照老牛的话做了，穿上牛皮做的鞋，拉着自己的儿女，一起腾云驾雾上天去追织女，眼见就要追到了，岂知王母娘娘拔下头上的金簪一挥，一道波涛汹涌的天河就出现了，牛郎和织女被隔在两岸，只能相对哭泣流泪。他们的忠贞爱情感动了喜鹊，千万只喜鹊飞来，搭成鹊桥，让牛郎织女走上鹊桥相会。王母娘娘对此也无奈，只好允许两人在每年七月七日于鹊桥相会。

后来，每到农历七月初七，相传牛郎、织女鹊桥相会的日子，姑娘们就会来到花前月下，抬头仰望星空，寻找银河两边的牛郎星和织女星，希望能看到他们一年一度的相会，乞求上天能让自己像织女那样心灵手巧，祈祷自己能有如意称心的美满婚姻，由此形成了七夕节。

故事在流传过程中，有所丰富，亦有所改变。最初拆散二人的天帝在流传过程中变为西王母，西王母的使者青鸟则成为后世诗人笔下爱情的使者，老牛、喜鹊等也在发展过程中逐渐融入故事中，且成为其中的重要角色。

二、七夕节的文化习俗

随着七夕节成为佳节良辰之后，七夕活动也日益丰富起来。乞巧习俗是七夕活动中的主要内容之一，因此七夕节又被叫作"乞巧节"。乞巧，即乞求做针线纺织的技巧。在乞巧节的各种活动中，不仅带有祭拜牛郎、织女之意，妇女们借此机会还向织女乞求智巧诸事，并预卜自己未来的命运。

据现有文献考察，穿针乞巧的习俗在汉代就已经出现了。刘向所撰《西京杂记》

载:"汉彩女常以七月七日穿针于开襟楼,俱以习之。"汉高祖刘邦戚夫人的侍儿贾佩兰,出宫后嫁扶风段儒为妻,忆及宫内七夕情形,"至七月七日,临百子池,作于阗乐,乐后以五色缕相羁,谓为相连爱"。这些已见七夕乞巧的端倪。

大量记载这种习俗则是南北朝以后的事情。南朝宋孝武帝《七夕》诗:"秋风发离愿,明月照双心。偕歌有遗调,别叹无残音。开庭镜天路,余光不可临。沿风披弱缕,迎晖贯玄针。"《太平御览》引梁顾野王《舆地志》:"齐武帝起层城观,七月七日宫人多登之穿针,世谓之穿针楼。"梁宗懔《荆楚岁时记》记载,七月七日为牵牛织女聚会之夜:"是夕,人家妇女结彩楼,穿七孔针,或以金、银、石为针,陈瓜果于庭中乞巧。有喜子网于瓜上,则以为符应。"梁简文帝《七夕穿针》诗:"怜从帐里出,相见夜窗开。针欹疑月暗,缕散恨风来。"同时,梁代柳恽、刘遵、刘孝威都写有《七夕穿针》诗。这反映了穿针乞巧风俗在南北朝时期的盛行,也奠定了后世七夕节俗的主旋律。

唐代宫廷的七夕节,就已经很热闹了。宫中用丝织的锦缎搭起高达百尺的"乞巧楼",楼上摆设瓜果酒筵。到了晚上,牛郎星与织女星露出天空,皇帝亲临乞巧楼,对前来祭拜牛郎星和织女星的妃嫔们赐针线,观看她们穿针引线,以定拙巧。据说皇帝赐的针有7个孔,谁穿得又快又准,谁就是巧者。乞巧后,皇帝与妃嫔们通宵饮宴。唐人崔颢的《七夕》诗形象地描述了唐代长安七夕节穿乞巧针的风俗:"长安城中月如练,家家此夜持针线。仙裙玉佩空自知,天上人间不相见。"

宋元之际,乞巧之俗更加盛行,京城里还设有专卖乞巧物品的市场,世人称为乞巧市。宋罗烨、金盈之辑的《醉翁谈录》中记载,七夕期间,潘楼前买卖乞巧物。从七月一日起,至七夕前三天,街道车马相拥,不复得出。从乞巧市购买乞巧物的盛况,可见当时七夕的热闹景象。南宋吴自牧《梦粱录》载:"七月七日,谓之七夕节。其日晚晡时,倾城儿童女子,不论贫富,皆着新衣。富贵之家,于高楼危榭,安排筵会,以赏节序。又于广庭中设香案及酒果,遂令女郎望月,瞻斗列拜,谓乞巧于女、牛。"北宋词人秦观,七夕观看牛郎织女相会,写下了《鹊桥仙》,哀婉的唱词给世人留下了无穷的回味:纤云弄巧,飞星传恨,银汉迢迢暗度。金风玉露一相逢,便胜却人间无数。柔情似水,佳期如梦,忍顾鹊桥归路。两情若是久长时,又岂在朝朝暮暮!明清以后,开始流行"丢针儿"的游戏。在七月初六的晚上,放一碗水于花下,等到初七中午,妇女们将平日缝衣或绣花用的针投入碗中,针便会浮在水面上。如果水下有花朵、鸟兽、云彩之影,或细直如针形者,便是"巧"的象征,谓之"得巧",表示织女赐给她一根灵巧的绣花针,用这根针可以绣出美丽的图案。如果水底针影既粗且糙,或弯曲不成形者,就表示丢针的妇女是个"拙妇",因为织女给她的是一根石杵,绣不出花来。所以"妇或叹,女有泣者"。明人沈榜《宛署杂记》记载:"燕都女子,七日,以碗水曝日中,各投小针,浮之水面,徐视水底日影,或散如花,动如云,细如线,粗如椎,因以卜女之巧。"在明代刘侗的《帝京景物略》中,称此为"丢巧针"。

直到近世,穿针乞巧风俗还在流行,《中华全国风俗志》:"七月七日夜,妇女陈瓜果祭织女,结彩楼穿针,以乞巧。"又下篇卷三《南京采风记》载:"七月七夕五更时谓有巧云见于天半,于是闺女皆乞巧焉。乞巧之法:于初六日取净水一碗,置日中晒之,夜露一宵。初七日清晨,折细草,取浮水中,视其下所现之影形状如何而有种种名称,或戥子,或算盘,或针,或如意,或必定,牵强附会,以占休咎。"

在乞巧习俗中,还有一种蛛网卜巧的方式颇有意趣。即把小蜘蛛放在一个盒子里,或者在庭院中陈瓜果,看蜘蛛是否结网以及网的疏密来占卜得巧多少。《荆楚岁时记》记载,七夕之夜,人们"陈瓜果于庭中乞巧。有喜子网于瓜上,则以为符应"。喜子是一种红色长腿小蜘蛛,如果它结网在瓜果上,就会被认为得到织女的青睐,必然乞得灵心巧手,万事如意。《武林旧事》亦云:"妇人女子,至夜对月穿针,饾饤杯盘饮酒为乐,谓之乞巧以及小蜘蛛,贮盒内以候结网之疏密为得巧之多少。"

由于七月七日被看作一个吉祥的日子,因此除了"乞巧"外,人们还有"乞富""乞寿""乞子"之俗。《风土记》记载:"其夜洒扫于庭,露施几筵,设酒脯时果,散香粉于筵上,以祀河鼓、织女,言此二星神当会,守夜者咸怀私愿,或云见天汉中有奕奕白气,有光耀五色,有为征应者,便拜而愿乞富乞寿,无子乞子,唯得乞一,不得兼求,三年后言之,颇有受其祚者。"

明清时期,北京地区的人们在七夕也进行类似的祭拜活动,最常见的是"拜银河",也叫"拜双星"。少妇少女们几个人一伙,事先约好在谁家祭拜,多是推选庭院幽美或有花园的来担当主办者,大家分摊采购祭品。在前一天各自斋戒沐浴,准备停当,届时大家到主办者家中轮流焚香礼拜。有的则是主动发起,口头或下帖邀请相好的姐妹们前来祭拜、聚会。除这种集体祭拜外,一家一户各自祭拜的也不少。

祭拜双星的供案设在庭院或花园里,最好是能设在葡萄架旁。供案上陈设有用西瓜雕刻的"花瓜"、蜜桃等时令果品。少女少妇们盛装打扮,在月下秉烛焚香,默默祈祷自己的心愿。拜祭后,人们将祭献给织女的花粉分成两半,一半扔在房上,给织女享用,一半留给自己用。她们认为,使用与织女共享的化妆品,可以保持自己的青春美貌。之后,参加祭拜的妇女围坐在一起吃瓜果,未成年的小女孩则头顶红布,蹲到葡萄架下,去偷听牛郎、织女相会时的悄悄话。

在七夕节的节俗中,还有独特的饮食风俗,一般多以饺子、面条、油果子、馄饨等为此节日的食物,称为吃巧食。其中,吃饺子、面条的习俗在我国鲁西南地区较为盛行,妇女姑娘们常喜欢把针、钱、枣等物包进饺子里,如果谁能吃到包针的饺子,象征能得巧;吃到包钱的饺子,意味着得到财富;吃到包枣的饺子则象征早得贵子。还有吃云面,此面须用露水制成,吃它能获得巧意。另外在七夕节时还有很多糕点铺,制作一些织女形象的酥糖人像,俗称"巧人""巧酥",出售时又称为"送巧人",此风俗在一些地区延续至今。

三、中秋节的起源与发展

和其他传统节日一样,中秋节也有着悠久的历史。关于其起源有多种说法,一般认为中秋节源于上古时代人们祭月拜月的月神崇拜活动。古代帝王有春天祭日、秋天祭月的礼制,《礼记》中记载:"天子春朝日,秋朝月。朝日以朝,夕月以夕。"这里的"夕月"即"拜月"之意。中秋祭月,开始是帝王的"专利",后来贵族和文人学士也仿效起来,在中秋时节,对着天上的一轮皓月,观赏祭拜,寄托情怀,这种习俗逐渐流传到民间,形成传统的活动。

隋唐以后,随着天文知识的丰富与时代文化的进步,人们对月亮有了较理性的认识,月亮的神秘色彩明显消褪。这时皇家也逐渐失去了对月神祭祀的独占权威。月亮对一般平民来说,不再是那样高不可及。唐人精神浪漫、气象恢宏,亲近自然,中秋赏月玩月已成为文人的时尚。但古代祭月的秋分是八月的中期,日期并不固定。如果秋分出现在上旬或下旬,祭月时所见之月就是缺月,甚至还有可能根本见不到月亮,这种情况下祭月赏月不能不说是一种缺憾。所以唐代人们选择八月十五这一月满之日来祭月赏月,让祭月之俗摆脱秋分的束缚,并将宗教色彩的庄严祭典世俗化为娱乐色彩的民间娱乐活动。人们将清秋明月视为可赏可玩的宇宙奇观,吟咏中秋明月的华章丽句寻常可见。古代传承下来的有关月神的神话,这时出现了新的情节,月宫中除了寂寞的嫦娥、蟾蜍、玉兔外,又添了一位因学仙有过而被贬谪来的吴刚。吴刚从事的是一项惩罚性工作,即砍伐一棵永远砍不倒的桂树。桂树高五百丈,由于桂树有"树创随合"的神奇,吴刚只好年复一年地砍下去。从嫦娥偷吃不死仙药化为月精,到吴刚被贬往月中伐桂的传说来看,月神已由原始的宇宙主神演化为具有道教色彩的神仙。

宋代中秋节已成为民俗节日,中秋要放假一天。以赏月为中心的中秋节俗的形成,大概与宋代都市生活情境有着一定的关联。《梦粱录》说,八月十五日中秋节,此日三秋恰半,故谓之"中秋",因为此夜月色倍明于常时,又称为"月夕"。月夕之名,显然与古代秋分"夕月"有关。文人沿袭赏月古风,但宋人赏月的情趣大异于唐人。唐人大多由月亮的清辉联想到河山的壮美,宋人对月感物伤怀,常以阴晴圆缺喻人情世态。当然,对于宋人来说中秋还有另一种形态,中秋是世俗欢愉的节日。北宋东京中秋节前,"诸店皆卖新酒",市人纵酒度节;中秋夜,"贵家结饰台榭,民间争占酒楼玩月"。南宋杭州中秋夜更是热闹,在银蟾光满之时,王孙公子、富家巨室莫不登楼、临轩玩月,酌酒高歌,"以卜竟夕之欢"。中小商户也登上小小月台,安排家宴,"团圆子女,以酬佳节"。市井贫民虽无富户铺张的财力,可过节的愿望也十分强烈,"解衣市酒,勉强迎欢,不肯虚度"。宋代中秋夜是不眠之夜,主管治安的官员取消例行的宵禁,夜市通宵营业,"闾里儿童,连宵嬉戏",玩月游人,达旦不绝。

明清以后,社会生活中现实的功利因素突出,中秋节的习俗发生了很大的变化,岁时节日中世俗的情趣愈益浓厚,整个节俗的内容有显著的调整和变动。这时,唐宋时期那种浪漫的赏月传统忽然淡化了,虽然许多风景特别好的地方还有比较热闹的赏月活动,但是在一般的地方,民众踊跃赏月的情景不见了,各家的中秋活动不一定要包括赏月,《帝京景物略》中对中秋节的大段描述,就没有赏月的记载,取而代之的是对祭月的详细记载,拜月祈福是这一时期中秋节最隆重的内容。另外,明清时期亲人团圆成为中秋节俗的明确主题之一。明代田汝成《西湖游览记》记载:"八月十五日谓中秋,民间以月饼相送,取团圆之意。"《帝京景物略》中说:"女归宁,是日必返其夫家,曰团圆节也。"总体看来,明清之后中秋节俗的功利性内容显著增强,贵人伦、重亲情的主题逐渐突出,而唐宋时期那种赏月的浪漫抒情氛围、痛饮美酒的狂欢精神衰退了。

四、中秋节的文化习俗

中秋节的文化习俗丰富多彩,主要包括祭月、赏月、吃月饼、祈婚嫁子嗣、燃宝塔灯等。

中秋祭月在上古以前盛行,主要是因为当时人们对大自然无能为力,在缺乏科学知识的情况下对月亮生成的自然崇拜。祭月拜月表达着民众的特定愿望,宋代京师中秋之夜,无论贫富,皆登楼或于庭中"焚香拜月,各有所期"。男孩期望"早步蟾宫,高攀仙桂",女孩则祈求有一副美丽的容颜,"愿貌似嫦娥,圆如洁月"。

明清以后,祭月风俗发生了很大变化。一方面,早期纯道教色彩的以嫦娥为主的月宫图景,这时已演变为佛道交融的月光菩萨与捣药玉兔并存的世俗形象。人们在市肆中购买绘有月光菩萨像的月光纸,这种月光纸小的三寸,大的丈余,上面除了菩萨像外,还绘有月轮桂殿,中间有一玉兔正持杵捣药。人们在家中设月光纸位于月出的方向,向月祭拜,拜毕,焚月光纸,将供品一一分送家人。清人沿袭了这一祭月民俗。此时与月神相伴的玉兔,在民间文化的塑造下,形象更加生动,清初京城人用黄沙土作白玉兔,并施彩绘,"千奇百状,集聚天街月下,市而易之"。晚清人对玉兔喜爱有加,称玉兔像为"兔儿爷"。名称的这一变化,包含着丰富的文化信息,高悬的明月,在近代百姓那里已俗化为可触可摸甚至可以把玩的物件,虽然人们依旧供奉它,但已失去神圣的品性,成为一种世俗观念的表达。另一方面,明清以后,男子拜月渐少,月亮神逐渐成为专门的女性崇拜对象。有所谓"男不拜月,女不祭灶"的俗谚。

中秋之夜,月明如镜,正是人们赏月的最佳时机,人们举头望月,可以重温嫦娥奔月的故事,可以观看玉兔捣药和吴刚伐桂的身影,人们还可以借物抒怀,祈求家庭团圆、幸福。南北朝时期,人们就已经有了赏月的习俗。唐欧阳詹《玩月》诗序说:"月可玩,玩月,古也。谢赋、鲍诗、朓之庭前、亮之楼中,皆玩月也。"南北朝时期的谢庄、鲍照、谢朓、庾亮等人,皆有玩月诗,可证此时已有赏月之俗。唐人为后世留下大量以月为主题的诗歌,足见当时人们赏月之风的盛行。宋代,随着中秋节日的繁盛,赏月之风大行于世。孟元老在《东京梦华录》中载:"中秋夜,贵家结饰台榭,民间争占酒楼玩月。"欧阳修《新编醉翁谈录》记载,京师中秋夕,"倾家人家子女,不以贫富,能自行至十二三,皆以成人之服饰之。登楼或与庭中焚香拜,各有所期:男则愿早步蟾宫,高攀仙桂……女则愿貌似嫦娥,圆如皓月。"足见宋人中秋赏月之风,已远比唐人为盛。明清以后此俗才逐渐衰退。

月饼是中秋节的传统食品,每逢中秋,人们除了自己品尝月饼之外,还以其馈赠亲朋。月饼已成为中秋节的象征。月饼最初是用来祭奉月神的祭品,后来人们逐渐把中秋赏月与品尝月饼结合在一起,寓意家人团圆。

关于中秋月饼的起源问题,目前有不同的说法。《中国风俗辞典》"月饼"条:"传说起源于唐初。唐高祖李渊与群臣欢度中秋时,兴高采烈地手持吐蕃商人所献的装饰华美的圆饼,指着天上明亮的圆月,笑道'应将圆饼邀蟾蜍',随即把圆饼分与群臣共食之,同庆欢乐。"于是吃月饼的习俗就流传开了。

据考,"月饼"一词最早见于南宋文献。周密《武林旧事》卷六《蒸作从食》下罗列了许多"蒸作"的食品,其中有"月饼"等名目。吴自牧《梦粱录》卷一六《荤素从食店》下也列有"月饼"等名目。但两处记载都没有把"月饼"跟中秋节联系起来,这时的"月饼"可能是一种月形的普通食品,而不是后世那种与中秋节不可分割的月饼。不少论著还引用苏轼的一首诗来说明月饼的起源。如陈诏《美食寻趣》:"苏东坡有咏《小饼》诗:'小饼如嚼月,中有酥与饴。'已将'月'与'饼'联系在一起。"有的仅仅说"苏东坡有咏小饼诗"或"苏东坡诗",不言诗题。今谓苏轼并无《小饼》诗,所引诗句出《留别廉守》,这是苏轼告别廉州太守张左藏时写的一首留别诗,"小饼"指饯别宴会上的食品,与中秋节毫无关系。

元代也未见中秋吃月饼的记载。真正明确提到中秋月饼的是明代文献。明人田汝成在《西湖游览记》卷二十《熙朝乐事》记载:"八月十五日谓之中秋,民间以月饼相遗,取团圆之意。是夕,人家有赏月之燕,或携榼湖船,沿游彻晓。苏堤之上,联袂踏歌,无异白日。"由此可以确定,明朝时人们以月饼为中秋应节之食物了;而且也说明了在中秋节这天吃月饼,有以圆如满月的月饼来象征月圆和团圆的意义。明代沈榜编著的《宛署杂记》也有类似记载:"士庶家俱以是月造面饼相遗,大小不等,呼为月饼。市肆至以果为馅,巧名异状,有一饼值数百钱者。"刘若愚撰《明宫史》火集"八月"条:"宫中赏秋海棠、玉簪花。自初一日起,即有卖月饼者。加以西瓜、藕,互相馈送。西苑踯藕。至十五日,家家供月饼瓜果,候月上焚香后,即大肆饮啖,多竟夜始散席者。如有剩月饼,仍整收于干燥风凉之处,至岁暮合家分用之,曰'团圆饼'也。始造新酒,蟹始肥。凡宫眷内臣吃蟹,活洗净,用蒲包蒸熟,五六成群,攒坐共食,嬉嬉笑笑。自揭脐盖,细细用指甲挑剔,蘸醋蒜以佐酒。或剔蟹胸骨,八路完整如蝴蝶式者,以示巧焉。食毕,饮苏叶汤,用苏叶等洗手,为盛会也。"由此看来,月饼作为中秋节的节日食品是从明代开始的。

清代北京中秋祭月除香灯品供外,不可缺少的还有月饼。供月的月饼大的直径有一尺多长,上面绘有月宫、蟾蜍、玉兔等图案。祭祀完后,月饼有全家分食的,也有将月饼留到岁暮除夕合家分享的。清代后期北京出现了品牌月饼,前门致美斋的月饼被誉为"京都第一"。

近现代以后,中秋月饼的制作越来越精细,各地月饼生产形成了不同的地域风格,有京式月饼、广式月饼、苏式月饼等,它们在月饼内馅、月饼形制及加工方法上都有自己的特色。北京月饼,酥皮、冰糖馅;广式月饼以糖浆面皮为主,有酥皮、硬皮两种,月饼有咸甜两味,馅有肉类与莲蓉、豆沙等;苏式月饼,也是酥皮,饼馅常用桃仁、瓜子、松子,配以桂花、玫瑰花等天然香料。在月饼外形上,不但讲求美观,还在月饼的外面印有各种与圆月相关的精美图案,如"嫦娥奔月""银河夜月""三潭印月"等,借景喻情。

中秋正值秋成时节,民间在对神灵酬谢的同时,也祈求着生殖的力量。上古"合男女"是秋收后的主要人事活动,古代秋社中的祈子仪式就是这一活动的时间规范。中秋节出现以后,男女相会、祈求子嗣习俗逐渐转移、合并到中秋节俗之中。妇女对月祈祷与月下出游大都与婚嫁子嗣相关。同治《江夏县志》记载,中秋夜江夏城中滋阳桥特别热闹,桥上的石龙首成为出行少妇争相抚摸的对象,为的是能得到媒神的恩惠,祈子的意义十分明显。近代湘潭一带,中秋游宝塔的习俗,同样祈求着人类的生殖与健康,当地传唱这样一首歌谣:"八月十五游宝塔,带起香烛敬菩萨。老人家青头发,后生子有财发,堂客们生个胖娃娃,满妹子对个好人家。"

"摸秋"或称"偷瓜送子",是南方地区普遍流行的中秋祈子习俗。人们在中秋之夜,到田间"偷"瓜,然后吹吹打打、热热闹闹地将描画成婴儿模样的冬瓜或南瓜送给婚后数年不育的夫妇,以求瓜瓞绵绵之意。浙江、江西、湖北、湖南、安徽等地都有各色生动有趣的祈子习俗。

八月十五中秋夜,明清江南民间还有燃宝塔灯的习俗。宝塔灯,即由村童捡拾瓦砾搭成宝塔形状的灯。清代苏州村民在旷野用瓦叠成七级宝塔,中间供地藏王,四周燃灯,称为"塔灯"。广州儿童燃"番塔灯",用碎瓦为之;在安徽、江西、湖南等地都有砌宝塔灯的习俗。这些燃烧塔灯或闹宝塔的民俗行为,皆有借助佛家力量求取生活平安之意。

第五节 重阳节和腊八节

农历九月九日,为传统的重阳节。中国古代以"六"为阴数、"九"为阳数,九月九日,日月并阳,两九相重,故而叫重阳,也叫重九。古人认为重阳是个值得庆贺的吉利日子,从很早就开始过此节日。农历十二月初八,俗称腊八,从这天开始,春节的序幕就已经拉开了,人们开始筹备各项事宜,准备过年。

一、重阳节的起源

重阳节历史悠久,关于其起源的时间,许多学者认为可追溯至先秦时期。如范玉梅编著的《中国的民间节日》、罗启荣主编的《中国传统节日》、叶大兵主编的《中国风俗辞典》、秦永洲著的《中国社会风俗史》等。其根据主要是屈原《远游》中的两句诗："集重阳入帝宫兮,造旬始而观清都。"杨琳先生对此提出异议,他以为,这里的重阳是个空间概念,指天空,与重阳无关。并认为,最早提到重阳风俗的应是东汉崔寔的《四民月令》。《艺文类聚》引《四民月令》曰:"九月九日可采菊花。"与此相印证的资料是西晋周处的《风土记》记载,汉俗九日饮菊花酒,以祓除不祥。九月九日,律中无射而数九,俗尚此日折茱萸以插头,言辟除恶气,而御初寒。这里将"九日饮菊花酒"指为"汉俗"。同时,据《西京杂记》记载,汉高祖刘邦戚夫人的侍儿贾佩兰,说在宫内时,"九月九日佩茱萸,食蓬饵,饮菊花酒,令人长寿"。又记载:"三月上巳,九月重阳,士女游戏,就此祓禊、登高。"曹丕的《与钟繇书》对此亦有记述:"岁往月来,忽复九月九日。九为阳数,而日月并应,俗嘉其名,以为宜于长久,故以享宴高会。是月律中无射,言群木庶草,无有射而生。至于芳菊,纷然独荣,非夫含乾冲之纯和,体芬芳之淑气,孰能如此?故屈平悲冉冉之将老,思食秋菊之落英,辅体延年,莫斯之贵。谨奉一束,以助彭祖之术。"由上可知,重阳节在两汉时已成为固定的节日,并出现了佩戴茱萸、采摘菊花、饮菊花酒等风俗内容。

关于重阳节因何而起的问题,古来有三种解释。一为避邪说。如《风土记》中说是为了"祓除不祥""辟除恶气"。影响最大的是南朝梁吴均《续齐谐记·九日登高》中的说法:"汝南桓景随费长房游学累年。长房谓曰:'九月九日汝家当有灾,宜急去,令家人各作绛囊,盛茱萸以系臂,登高饮酒,此祸可除。'景如言,齐家登山。夕还,见鸡犬牛羊一时暴死。长房闻之,曰:'此可以代也。'今世人九日登高饮酒,妇人带茱萸囊,盖始于此。"费长房史有其人,《后汉书·方术列传》有传。虽然将重阳节的起因仅仅归结于费长房的几句谶言未必合适,但将兴起的时间定于汉代,则与我们上面的结论是相符的。二为求寿说。曹丕《与钟繇书》及《西京杂记》中即作此解。又如宗懔《荆楚岁时记》记载:"九月九日,四民并籍野饮宴。"隋杜公瞻注:"九月九日宴会未知起于何代,然自汉至宋未改。今北人亦重此节,佩茱萸,食蓬饵,饮菊花酒,云令人长寿。近代皆设宴于台榭。"三为尝新说。《古今图书集成·历象汇编·岁功典》卷七十六引《玉烛宝典》:"九日食蓬饵饮菊花酒者,其时黍秋并收,因以黏米嘉味触类尝新,遂成积习。"与此相近的是庆丰收说。范玉梅编著《中国的民间节日》:"重阳节,实际上是我国农民喜庆丰收的一个节日。农历九月,正是金色的秋收季节,加之'九'与'久'谐音,'久久'又有'宜于长久''年年丰收'的意思,故于重九日有庆祝风俗。"以上三说中以避邪说影响最大,也最近事理。

魏晋南北朝时期,重阳节活动内容日益丰富多彩,节庆规模也不断扩大,重阳节在民众生活中的地位越来越重要。同时,这一时期,以节俗入诗的风气逐渐兴起,节庆风俗的描写和节庆情怀的抒发是节日诗词的主要内容。陶渊明在《九月闲居》诗序曰:"余闲居,爱重九之名。"诗中又曰:"举俗爱其名。"可见晋时文人和普通民众已将"重九"作为人们祈福求寿的美好寄托。

唐代社会经济的繁荣富庶对重阳节的发展起到了极大的促进作用。此时,节日中的人伦情感因素越来越得到强调,成为节庆民俗活动的主旋律。唐德宗时,下诏以二月初一为中和节,三月初三为上巳节,九月初九为重阳节,合称"三令节"。在这三个节日里,文武百官休假一日,民间以青囊盛百谷果实,互相赠送。重阳节正式被官方承认,对于重阳节俗活动在民间的盛行起到了积极的推动作用。唐代重阳节的繁荣主要体现在诗歌创作上。重阳诗的真正成熟和盛行、各种创作主题的深化和拓展、世俗风情画卷的日渐丰富并最终登上各种节俗诗的顶峰正是在唐代完成的。唐代比较重要的节日有17个,而《全唐诗》中与节日有关的诗歌则有1 600多首,其中有关重阳的诗作有360多首,在所有节俗诗里数量最多。同时,这些作品的社会内容较前代更为广阔,展示了丰富多彩的世俗风情画卷,与前代同类诗歌相比,有更为丰富的内容和更强烈的艺术感染力。

宋代重阳节俗又有了新的发展,这一时期的节庆活动不仅有继承,还有创新。宋代有关时令节庆民俗的著作更为丰富,如孟元老的《东京梦华录》、吴自牧的《梦粱录》、周密的《武林旧事》、陈元靓的《岁时广记》等,较之前代相关记述,更是隆重繁盛、多彩多姿。宋词是我国民俗记载的重要文献之一。词由于其本身贴近社会生活的特点,较之诗更有利于适应、容纳和表现民俗民风,因此民俗现象进入词人的视野及创作范畴乃势所必然。宋词中涉及民俗的作品不但数量可观,而且展现的民俗事项也十分丰富,节俗活动、婚丧嫁娶、饮食服饰、百工技艺、市井风情、各地物产、神仙灵异、佛道宗教,乃至草木虫鱼、医卜星象等,都有生动如实的记载。《全宋词》中的节令词共有1 400多首,涉及从元旦到除夕的24种节日。其中重阳词270多首,仅次于元宵词,排在第二位,由此可见重阳节在宋代的繁盛地位。

宋代重阳赏菊之风更加盛行。《梦粱录》记载,每至重阳,"世人以菊花、茱萸,浮于酒饮之,盖茱萸名'辟邪翁',菊花名'延寿翁',故假此两物服之,以消阳九之厄"。又云:每年重九"禁中与贵家皆此日赏菊,士庶之家,亦市一两株玩焉"。菊花品种繁多,达七八十种,香而耐久,"择其优者言之,白黄色蕊若莲房者,名曰'万龄菊';粉红色者名曰'桃花菊';白而檀心者名曰'木香菊';纯白而大者名曰'喜荣菊';黄色而圆者名曰'金玲菊';白而大心黄者名曰'金盏银台菊'"等,将菊花按照颜色和形状分别命名,足见此时重阳赏菊风气之盛。

元代承袭了前代重阳习俗,元曲中咏重阳的作品也占有一席之地。现存最早以重阳入曲的作家是卢挚,他有一首《沉醉东风·重九》描绘了重九秋色及赏菊宴饮之风:"题红叶清流御沟,赏黄花人醉歌楼。天长雁影稀,月落山容瘦。冷清清暮秋时候,衰柳寒蝉一片愁,谁肯教白衣送酒。"元曲四大家之一的马致远在套曲《夜行船秋思》的最后部分描绘了与重阳相关的内容,作者赞美重阳良辰美景,感慨人生苦短,要开怀畅饮,一醉方休,借景抒情,托物言志。

明朝每至重阳节,朝廷上下要一起吃花糕,举行庆贺活动,皇帝还将花糕赏给大臣。高启有诗云:"故园莫忆黄花酒,内府初尝赤枣糕。"这样的重阳宫宴,又名"花糕宴"。此外,明代皇帝还要亲自去万寿山(今北京景山)登高,此风俗一直流传到清代。

清代燕京(今北京)重阳节登高游宴之风仍很盛行。《清嘉录》记载,杭州旧俗在吴山登高,山上有"牵羊赌彩,为摊钱之戏",还有"鼓乐酬神,喧阗日夕",或"借登高之名,遨游虎阜,箫鼓画船,更深乃返"。清人申时行《吴山行》描绘了当时重阳登高风俗的盛况:"九月九日风色嘉,吴山胜事俗相夸。阊闾城中十万户,争门出郭纷如麻。拍手齐歌太平曲,满头争插茱萸花……此日遨游真放浪,此时身世总繁华。"同时,清代重阳也有食花糕及赏菊习俗。

近代以来,在"西风东渐"浪潮的冲击之下,中国传统节日发生了很大变化。在节庆礼俗方面,传统节日文化日益淡化。改革开放以来,国家对传统节日文化重新重视起来,重阳节也因此获得新的生机并被赋予新的含义。1989年,我国把每年的农历九月九日定为老人节,倡导全社会树立尊老、敬老、爱老、助老的风气。2006年5月20日,重阳节经国务院批准被列入第一批国家级非物质文化遗产名录。

二、重阳节的文化习俗

庆祝重阳节的活动多彩浪漫,一般包括登高远眺、赏菊、饮菊花酒、簪菊花、插茱萸、吃重阳糕等。

登高本是一种古老的活动,起源于远古时期的采集和狩猎,后来随着农耕取代狩猎,人类才较少涉足高山森林,逐渐把登高变成一种娱乐活动,汉代便有登高之俗了。

南朝梁代吴均的《续齐谐记》中记载了重阳节登高习俗的起源：

  东汉汝南桓景随费长房游学累年，长房谓曰："九月九日，汝家中当有灾。宜急去，令家人各作绛囊，盛茱萸，以系臂，登高饮菊花酒，此祸可除。"景如言，齐家登山。夕还，见鸡犬牛羊一时暴死。长房闻之曰："此可代也。"①

  这里记述的重阳节"登高"，是较早关于重阳节登高记录的文本。其后，晋朝周处的《风土记》也有重阳登高的记载："以重阳相会，登山饮菊花酒，谓之登高会，又云茱萸会。"

  汉晋以后，皇帝百官、文人学士登高饮酒、赋诗咏怀等风雅之事，史不绝书。东晋桓温九月九日于龙山（今安徽当涂东南）大宴僚佐，参军孟嘉被风吹落帽子而不觉。待其如厕，桓温命左右取帽放其座上，并命孙盛作文嘲弄他。孟嘉返回，作文回赠，"其文甚美，四座嗟叹"。后来，"龙山落帽"成为才华横溢的典故，后人多咏之。李白《九日龙山饮》诗云："九日龙山饮，黄花笑逐臣。醉看风落帽，舞爱月留人。"辛弃疾《念奴娇》："龙山何处？记当年高会，重阳佳节，谁与老兵（指桓温）共一矣？落帽参军华发。"

  重阳节登高之风在唐代尤为盛行，许多文人墨客在重阳登高之后都要吟诗作赋。因此，在唐诗中，有关重阳登高的诗篇占有相当的比重。著名诗人李白、王维、孟浩然、岑参、杜甫、刘禹锡等，都留下了此类诗章。王勃《蜀中九日》写道："九月九日望乡台，他席他乡送客杯。人情已厌南中苦，鸿雁那从北地来。"这首诗的主题不仅与登高有关，还加入了怀远思乡的主题，这为后人重阳登高思乡的主题奠定了感情基调。同为"初唐四杰"的卢照邻有《九月九日玄武山旅眺》一诗传世，诗中登高思乡的主题更为突出，诗谓："九月九日眺山川，归心归望积风烟。他乡共酌金花酒，万里同悲鸿雁天。"到后来，重阳登高与怀乡这一主题已经黏连在一起，以至于唐代诗人杨衡已经"不堪今日望乡意"，只好"强插茱萸随众人"。

  北宋时期，重阳节登高之风极为盛行。东京汴梁市内郊外的台塔冈阜，成为人们重阳登高的好去处。据宋孟元老《东京梦华录》记载："九月重阳……都城人多出郊外登高，如仓王庙、囚里桥、愁台、梁王城、砚台、毛驼冈、独乐冈等处宴聚。"这一天也是当时文人墨客秋游的大好时机，游玩之后，他们还要饮酒赋诗，以寄情怀。《千金月令》："重阳之日，必以肴酒登高眺远，为时宴之游赏，以畅秋志。"

  明清时期，重阳节俗在传承中日益世俗化、娱乐化，更富于节日的欢庆气氛。明

---

① 转引自秦永洲：《中国社会风俗史》，201页，济南，山东人民出版社，2000年。

人刘侗在《帝京景物略》中记录了明代京城人们重阳登高的情景:"九月九日,载酒具、茶炉、食盒,曰登高。香山诸山,高山也;法藏寺,高塔也;显灵宫、报国寺,高阁也。"到清代,"北城居人多于阜成门外真觉寺五塔金刚宝座台上登高,南城居人多于左安门外法藏寺弥陀塔登高"。足见重阳登高游玩之盛况。《燕京岁时记》也记载当时重阳登高的情形:"九月九日,则都人提壶携盒,出郭登高。南则天宁寺、陶然亭、龙爪槐等处,北则蓟门烟树、清净化城等处,远则西山八刹等处。赋诗饮酒,烤肉分糕,洵一时之快事也。"

重阳节赏菊、饮菊花酒的习俗,相传源于晋代诗人陶渊明。南朝檀道鸾在《续晋阳秋》中记载了"白衣送酒"的故事:"陶潜尝九月九日无酒。宅边菊丛生,摘菊盈把,坐其侧久,望见白衣至,乃王弘送酒也,即便就酌,醉而后归。"这一故事后来成为文人墨客反复吟诵的对象。李白《九日登山》:"渊明归去来,不与世相逐。为无杯中物,遂遇本州牧。因招白衣人,笑酌黄花菊。"岑参《行军九日思长安故园》:"强欲登高去,无人送酒来。"王勃《九日》:"九日重阳节,开门有菊花。不知来送酒,若个是陶家?"李白、王勃等在诗中皆用此典,可见重阳饮菊花酒风俗之盛。

古人偏爱菊花,不仅仅是出于它绚丽的姿色,更重要的则是欣赏它"不畏风霜向晚欺,独开众卉已凋时"的高贵品格。菊与松、竹、梅、兰被人们列为"五君子"。唐代重阳赏菊之风更盛,咏菊之作比比皆是。孟浩然《过故人庄》:"故人具鸡黍,邀我至田家。绿树村边合,青山郭外斜。开轩面场圃,把酒话桑麻。待到重阳日,还来就菊花。"元稹《菊花》:"秋丛绕舍似陶家,遍绕篱边日渐斜。不是花中偏爱菊,此花开尽更无花。"由于重九是大众狂欢日,饮酒作乐,只重九一日还兴犹未尽,于是经常把重阳提前到八日开始,或者推后到十日,于是把九月初十称为"小重阳"。王公贵族、外戚宦官宴饮游乐,大肆挥霍,劳民伤财,李白曾作《九月十日即事》刺之,诗云:"昨日登高罢,今朝更举觞。菊花何太苦,遭此两重阳。"借菊花喻平民百姓,对他们两度重阳、两度遭殃的惨状表示深刻的同情,对达官贵人不顾民生、纵酒作乐发出了不平的诘问。由此可见当时重阳宴饮之盛,亦足见菊花在重阳中的重要地位。

宋代重阳承袭了前代赏菊的风气,无论皇宫、官宦之家,还是普通市民百姓,重阳赏菊必不可少,东京汴梁此风尤盛。当时,京城有专门栽培菊花的园圃,到期开放供游人玩赏。每逢重阳佳节,民间有自发形成的花市,为酷爱养花之人提供赏菊的场所;官宦之家往往让花匠养植数百盆菊花,在院内或府外堆放摆设,一则供家人观赏,二则向外人炫耀自己的富贵;宫廷之内更是争插菊花枝,挂菊花灯,开菊花会,赋菊花诗,饮菊花酒,借以增添节日喜庆的气氛;深谙经商之道的酒家、茶馆、店铺皆以菊花来装点门面,以招揽顾客。当时京城之内,人们不仅普遍种植菊花,而且对菊花的培育也相当精细,菊花的品种有很多。《东京梦华录》记载:"九月重阳,都下赏菊,有数种,其黄白色蕊若莲房曰'万铃菊';粉红色曰'桃花菊';白而檀心曰'木香菊';黄色而圆者曰'金铃菊'……纯白而大者曰'喜容菊',无处无之。"宋人刘蒙曾根据当时的情况汇成《菊谱》,载有 300 多个品种。到了南宋,都城临安承袭了北宋东京重阳赏菊的习俗。据吴自牧《梦粱录》记载,当时"禁中与贵家皆此日赏菊,士庶之家,亦市一二株玩赏。其菊有七八十种,且香而耐久"。

清代重阳赏菊活动较前又有新的发展,出现了菊花会、菊花山。《清嘉录》卷九《菊花山》记载:"畦菊乍放,虎阜花浓,已千盎百盂。担入城市,居人买为瓶洗供赏者,或五器七器为一台。梗中置熟铁丝,偃仰能如人意。或于广庭大厦堆垒千百盆,为玩者绉纸为山,号为菊花山,而茶肆尤盛。时人云:'堆得菊山高复高,铜瓶瓷碗供周遭。酒边灯下花成后,笑倒柴桑处士陶。'"京城人称菊花为九花。重阳时,家家都栽菊花,官宦富贵人之家,更以菊花"数百盆,架之广厦中,前轩后轾,望之若山,曰九花山子。四面堆积者,曰九花塔"。菊花的品种也有很多,"有陈秧、新秧、粗秧、新秧之别",名堂极其繁多,富察敦崇详列 133 种有明确形象名称者,他说还有 200 多种,其中以黄金带、白玉团、旧朝衣、老僧衲等最为雅致。正如清人诗所云:"名类纷繁色色嘉,秋来芳菊最堪夸。如何偏改幽人号,高唤满街卖九花。"

饮菊花酒能令人长寿,这是自古以来的传统说法。魏文帝的《与钟繇书》中提到世间之所以好九月九日,是因为民间"以为宜于长久",即以"九九"谐音"久久",祈求长寿。除酿制的菊花酒之外,还有较为简单的泛酒,即将菊花直接投入酒中浸泡饮用。菊花酒虽然没有"令人不老"的奇效,但确有清热解毒、明目祛风、平肝疏肺、益阴滋肾的药用价值。关于重阳饮菊花酒,陶渊明"白衣送酒"的故事,为后代文人雅士久为传唱、仿效。《续齐谐记》等南朝时期的文献多处提到菊花酒,可知此时饮菊花酒之俗已经相当普遍。

唐代重阳饮酒之风盛行,皇帝还和文武百官一起饮酒赋诗,并赐重阳宴。景龙二年九月九日,唐中宗与群臣登高饮酒赋诗规定,最后成诗者罚酒,结果,卢怀慎最后完成,被罚了酒。时人也多有重阳饮酒诗文流传后世。王勃即借助重阳节饮酒赋诗的风俗,写下了传诵千古的《滕王阁诗序》。隋唐以降,重阳饮菊花酒、酿酒赏酒的风俗遍及全国,历代相沿不衰。

在重阳节,人们不仅赏菊,还将菊花插在头上或者帽子上,谓之"簪菊花"。簪菊之俗也是由来已久,唐代《辇下岁时记》记载,重阳节"宫掖间争插菊花,民俗尤盛",杜牧《九日齐山登高》诗云:"江涵秋影雁初飞,与客携壶上翠微。尘世难逢开口笑,菊花须插满头归。"由此可见,在唐代,菊花插头已很盛行。《武林旧事》记载南宋杭州人重阳也有"泛萸、簪菊"之俗。

重阳节还可以品尝到一种美味食品——重阳糕。糕之名出现于六朝末期,但糕类食品早在汉代就已经出现了,当时并不叫重阳糕,而是叫餈和饵。《说文》:"餈,稻饼也。"段玉裁注:"以糯米蒸熟,饼之如面饼曰餈,今江苏之餈饭也。粉糯米而饼之而蒸之则曰饵。"桂馥《义证》:"俗以九月九日食糕,即餈糕。"饵的本义《汉语大字典》及《汉语大词典》都解释为"糕饼",是糕类食品的统称。糕类食品有两个特点:一是用水将米粉或面粉拌和成面团蒸熟而成。《周礼·天官·笾人》:"羞笾之实,糗饵粉餈。"郑玄注:"此二物(按:指饵、餈)皆粉稻米、黍米所为也。合蒸曰饵,饼之曰餈。"《急就篇》第二章:"饼饵麦饭甘豆羹。"颜师古注:"溲米而蒸之则为饵。"溲是用水拌和的意思。二是黏性较大。《释名·释饮食》:"饵,而也,相黏而也。"清成蓉镜《释名补正》:"盖谓溲麦屑而蒸之曰饼,溲米屑而蒸之曰饵。""而"指胡须。所谓"相黏而"当是说吃时容易粘到胡须上。餈、饵二词先秦已见使用,可知糕食历史的悠久了。

六朝以后,糕成为重阳节的时令佳品。唐宋时期重阳食糕风俗已经流行开来,唐代称麻葛糕,唐李林甫有"九月九日麻葛糕"的记载。后世有些地方也沿用"麻葛糕"这一名称。江苏《仪真县志》:"重阳旧事有茱萸佩囊,今俗相馈用麻葛糕。仪邑则以糖秫杂糅为之,市鬻,标以彩幡,供小儿戏。"

到了宋代,重阳节人们很看重食糕,"重阳糕"这个名称就是宋人提出来的。当时人们在重阳糕的制作方面也极考究,不但用料繁多,而且造型精美。《东京梦华录》卷八《重阳》载:"前一二日,各以粉面蒸糕遗送,上插剪彩小旗,掺钉果实,如石榴子、栗子黄、银杏、松子之肉类。又以粉作狮子蛮王之状,置于糕上,谓之狮蛮。"吴自牧《梦粱录》中载:"以糖面蒸糕,上以猪羊肉鸭子为丝簇钉,插小彩旗,名曰重阳糕。禁中阁下及贵家相为馈送。蜜煎局以五色米粉塑成狮蛮,以小彩旗簇之,下以熟栗子肉杵为细末,入麝香糖蜜和之,捏为饼糕小段,或如五色弹儿。皆入韵果糖霜,名曰狮蛮栗糕。"讲究的重阳糕还要做成九层高,像座小宝塔,上面做两只小羊,以寓重阳(羊)之意;有的还插一小红旗,并点燃蜡烛灯,应是用"点灯""吃糕"代替登高之意。

明清时期,沿袭了前代在重阳节食糕的风俗,由于重阳糕色彩斑斓,所以后世又称之为花糕。明刘侗、于奕正《帝京景物略》："九月九日……面饼种枣栗,其面星星然,曰花糕。糕肆标纸彩旗,曰花糕旗。"重阳糕的翻新花样无论有多少种,但是总少不了一个"糕"字,主要在于"糕"与"高"谐音,人们用重阳糕寄托了万事俱高的心愿。明高濂《遵生八笺》卷五引《吕公记》云："九日天明时以片糕搭儿女头额,更祝曰:'愿儿百事俱高。'作三声。"明代宫廷之中,刚进九月,皇帝御座前就开始陈设菊花,宫眷、内臣则自初四日起换穿罗料重阳景菊花补子蟒衣。从九月初一起,每天要吃重阳花糕。

清代也食花糕,《清嘉录》有云："居人食米粉五色糕,名重阳糕。"清富察敦崇《燕京岁时记·花糕》记载："花糕有二种。其一以糖面为之,中夹细果,两层三层不同,乃花糕之美者。其一蒸饼之上星星然缀以枣栗,乃糕之次者也。每届重阳,市肆间预为制造以供用。"当时花糕的种类很多。《帝京岁时纪胜》记载："京师重阳节花糕极胜。有油糖果炉作者,有发面垒果蒸成者,有江米黄米捣成者,皆剪五色旗以为标帜。市人争买,供家堂,馈亲友。小儿辈又以酸枣捣糕,火炙脆枣,糖拌干果,线穿山楂,绕街卖之。有女儿之家,馈酒礼,归宁父母,又为女儿节云。"就花糕形制而言,有的像多级宝塔。

重阳节还是接出嫁的女儿回家吃花糕、团圆的日子,因而又被称为女儿节,俗谚说"九月九,搬回闺女息息手"。《帝京景物略》记载："父母家必迎女来食花糕,或不得迎,母则诟,女则怨诧,小妹则泣,望其姊姨,亦曰女儿节。"可见,迎女归宁是重阳节人际交往方面的重要节俗。

重阳节又称茱萸节,茱萸与重阳节的关系之深可想而知。由于茱萸有多方面的价值,古人种植很普遍。茱萸的子实辛辣芳香,人们很早就用作调味品。《礼记·内则》:"三牲用藙。"郑玄注:"煎茱萸也。"《说文》:"藙,煎茱萸。"段玉裁注:"皇侃《义疏》曰:'煎茱萸,今蜀郡作之。九月九日取茱萸,折其枝,连其实,广长四五寸,一升可和十升膏,名之藙也。'《本草图经》:'食茱萸,蜀人呼其子为艾子。'按:艾即藙字。"唐李颀《九月九日刘十八东堂集》诗:"风俗尚九月,此情安可忘。菊花辟恶酒,汤饼茱萸香。""汤饼"即汤面,"汤饼茱萸香"是说汤面中因放了茱萸调味品而香美。这些记载说明,茱萸是古人常用的调味品。

人们在重阳节插茱萸,应与古代人们认为茱萸有避邪驱疾的观念有着密切的关系。汉代《淮南毕节术》载:"井上宜种茱萸,茱萸叶落井中,饮此水者,无瘟病";又说"悬茱萸子于屋内,鬼畏不入也"。北魏贾思勰在《齐民要术》中称:"舍东种白杨、茱萸三根；增年益寿，除患害也。"在房前屋后种茱萸，有"除患害"之效。吴自牧《梦粱录》："茱萸为'避邪翁'，菊花为'延寿客'，故九日假此二物，以消阳九之厄。"将茱萸子实装于囊中作为佩饰习俗大约早在先秦就有了。汉代过重阳节佩茱萸，是将其切碎装在香袋里佩戴，晋以后改将茱萸插于头上。据周处《风土记》记载，三国时期人们"俗尚九月九日，谓之上九，茱萸到此日成熟，气烈色赤，争折其房以插头"。《西京杂记》和《续齐谐记》也提到六朝时期佩戴茱萸的习俗。

重阳节插茱萸之风，在唐代已很普遍。孟浩然："茱萸正少佩，折取寄情亲。"王维《九月九日忆山东兄弟》："独在异乡为异客，每逢佳节倍思亲。遥知兄弟登高处，遍插茱萸少一人。"万楚《茱萸女》诗："山阴柳家女，九日采茱萸。复得东邻伴，双为陌上妹。插枝著高髻，结子置长裾。"张谔《九日宴》诗："归来得问茱萸女，今日登高几人醉？"这些诗歌，真实地反映出当时重阳节插茱萸的习俗。

到了北宋，东京汴梁仍保留有头插茱萸的风俗，但人们的具体做法却打破了以往传统的模式，并有所创新。据《岁时广记》载，当时东京城里的妇女们往往"剪彩缯为茱萸、菊、木芙蓉花，以相送遗"。可见，当时京城里的妇女，已不仅仅从野外采摘茱萸，而且将彩缯剪裁成的茱萸或菊花互相赠送，佩于发梢。

到清代，仍有重阳节插茱萸的遗风。清人孙雄在《燕京岁时杂咏》诗中记述了北京人在重阳节时插茱萸的情形："插萸眺远饶佳趣，槐市蕸移迹已陈。"《帝京岁时纪胜》记载了当时北京在重阳节时用萸囊辟毒的习俗，即用袋装茱萸来避房中毒害。

除了插茱萸外，重阳节期间，人们还有饮用茱萸酒的习俗。孙思邈《千金月令》载："重阳之日，必以肴酒登高眺远，为时宴之游赏，以畅秋志。酒必采茱萸甘菊以泛之，既醉而还。"南宋吴自牧《梦粱录》中记载了当时杭州人重阳节饮茱萸酒的情形："今世人以菊花、茱萸，浮于酒饮之。"周密《武林旧事》也说杭州重阳"都人是月饮新酒，泛萸簪菊"。泛萸即用茱萸泡酒。明清时期，人们仍然沿袭着重阳饮茱萸酒以辟邪消灾的习俗。

三、腊八节的起源

关于"腊八节"的起源，也众说纷纭，主要有以下几种说法。

(一) 祭祀神农说

腊，原为远古时期的祭祀。古代"腊""蜡""猎"同为一字。人们在冬天狩猎，用捕获的禽兽作"牺牲"(供品),举行火祭,以祈福求寿、避灾迎祥,称为"腊(猎)祭"。据《礼记·郊特牲》记载:"伊耆氏(神农)始为蜡。蜡也者,索也,岁十二月。合聚万物而索飨之也。"

(二)始于汉代说

据说汉代以前,腊祭的日子不确定,有时在月初,有时在月底,从汉代开始把祭日定在冬至后第三个戌日。据《古今事物考》载:"冬至后三戌为腊。"后来,人们为了好记,就把腊祭的日子定在第一年的冬至后的三戌日,这一天正好是腊月初八。在这一天,还有击鼓的风俗,称为"腊鼓",以象征驱逐瘟疫,保太平,迎新春。南朝梁宗懔《荆楚岁时记》载:"十二月八日为腊日。谚语'腊鼓鸣,春草生'。村人并击细腰鼓,戴胡头,及作金刚、力士以逐疫。""胡头"即假面具,为了使疫鬼害怕,民间有扮作金刚和力士的风俗。

(三)纪念佛祖说

据说,佛祖释迦牟尼出家后,遍游印度的名山大川,以寻求人生真谛。由于他长途跋涉,饥饿疲劳过度,一日晕倒在尼连河畔,有位善良的牧女用多种米、豆和野果熬成"乳糜粥"喂他,使他苏醒过来。他跳到河里洗浴后,盘腿坐在菩提树下沉思,于十二月初八得道成佛,各佛教寺院都在"腊八"这天大办佛事,并效法牧女向佛祖献"乳糜粥",烧成"腊八粥",用以"供僧","或馈赠檀越(施主)、贵宅等家"。

尽管腊八节的起源有多重说法,但有些民俗学家对其进行的一些考证性论述,还是为我们梳理出了腊八节的起源与发展情形。在此方面,李玉洁先生的观点具有一定的代表性。他认为:古代文献记载,自春秋战国时期,我国已经有了蜡祭和腊祭;秦汉以后,蜡、腊二祭合一,称为腊祭。东汉时期,荆楚地区就以腊月八日为腊日,并有了腊八祭灶的习俗。宋代的腊八俗佛、斋僧,是佛教徒对腊八节和腊八粥的借用和演变。

四、腊八节的文化习俗

腊八节的主要习俗包括吃腊八粥、做腊八蒜等。"腊七腊八,冻掉下巴。"腊八前后,是一年中天气最冷的时候,人们在腊八节吃腊八粥,有抗寒冷、欢庆丰收和预祝来年五谷丰登之意。

明确记载我国吃腊八粥的习俗,始于宋代。孟元老在《东京梦华录》中有过这样的记载:"初八日……诸大寺作浴佛会,并送七宝五味粥与门徒,谓之'腊八粥',都人是日各家亦以果子杂料煮粥而食也。"到了南宋,寺院中煮的腊八粥不仅供奉佛祖、自家食用,还赠送施主、富贵人家。吴自牧《梦粱录》记载:"此月(十二月)八日,寺院谓之'腊八',大刹等寺俱设五味粥名曰'腊八粥';亦设红糟,以麸乳诸果笋芋为之,供僧,或馈送檀越、贵宅等家。"由此可见,食腊八粥的习俗,早在宋代就已经十分盛行。

明清两代,吃腊八粥更为普遍,每逢腊月初八,无论大小寺院、还是宫廷民间,几乎到处煮粥、家家食粥。清人富察敦崇在《燕京岁时记》里还记载了详细的配料和制作方法:"腊八粥者,用黄米、白米、江米、小米、菱角米、栗子、红豇豆、去皮枣泥等加水煮熟,外用色染红桃仁、杏仁、瓜子、花生、榛穰、松子及白糖、红糖、琐琐葡萄以作点染。"

腊八习俗除了"腊八粥"外,在我国华北、华东、东北等地的大部分地区还流行做腊八蒜的习俗。腊月初八之前,人们先买几斤上等好醋,挑选出二三十头当年大蒜,要选紫皮、瓣大而且没有生芽的蒜,在腊月初七晚上去皮,用清水洗净,放在盘中晾干待用。腊八清早,即把晾过的蒜瓣放到盛有好醋的瓷坛或大口瓶中,一般一斤醋要放二三两蒜,这也要看各人的口味而定,喜欢吃辣的可以多放一些蒜,喜欢吃酸的可以多放一些醋,同时还可以加入少量红糖,然后将坛口或瓶口用盖封严,存放到阴凉处,至除夕即可开封食用。

※ 思考提要

1. 中国传统节日的起源与我国的农耕文明有什么关系?
2. 春节是怎么起源和发展的?都有哪些主要习俗?
3. 元宵节习俗在历史上经历了怎样的变化?
4. 清明节与介子推有什么关系?清明节俗经历了怎样的演变?
5. 端午节的时候,你想起屈原了吗?他的爱国主义精神有什么特点?
6. 七夕节是源于牛郎织女的传说吗?
7. 中秋月圆家团圆,谈谈中秋节的文化习俗。
8. 重阳节是健康长寿的节日,静心养性,谈谈你了解的重阳节的文化习俗。

本章参考文献

[1] 宋兆麟,李露露. 中国古代节日文化. 北京：文物出版社,1991.

[2] 乌丙安. 中国民俗学. 沈阳：辽宁大学出版社,1985.

[3] 乌丙安. 中国民间信仰. 上海：上海人民出版社,1996.

[4] 秦永洲. 中国社会风俗史. 济南：山东人民出版社,2000.

[6] 王景林等主编. 中国民间信仰风俗辞典. 2版. 北京：中国文联出版公司,1997.

[7] 杨琳. 中国传统节日文化. 北京：宗教文化出版社,2000.

[8] 中国社会科学院近代史研究所. 孙中山全集. 北京：中华书局,1982.

[9] [南朝梁]宗懔编撰. 荆楚岁时记. 北京：中华书局,2018.

[10] 鸿宇编著. 节俗. 北京：宗教文化出版社,2004.

[11] 李英儒. 春节文化. 太原：山西古籍出版社,2003.

[12] [宋]孟元老撰. 王云五主编. 东京梦华录. 北京：商务印书馆,1936.

[13] 傅德岷等. 中国八大传统节日. 重庆：重庆出版社,2005.

[14] 刘晓峰. 清明节. 北京：中国社会出版社,2006.

[15] [唐]欧阳询撰. 汪绍楹校. 艺文类聚. 上海,上海古籍出版社,1982.

[16] [宋]李昉等撰. 太平御览. 北京：中华书局,1960.

[17] [唐]段成式. 酉阳杂俎. 北京：中华书局,1981.

[18] 黄永林. 端午节采艾蒿和菖蒲习俗考. 华中师范大学学报(哲学社会科学版),1989(6).

[19] 萧放. 七夕节俗的文化变迁. 文史知识,2001(8).

[20] 鲁颖. 纤云弄巧话七夕. 紫禁城,2008(8).

[21] 常建华. 七夕(上). 老同志之友,2009(13).

[22] 萧放. 中秋节的历史流传、变化及当代意义. 民间文化论坛,2004(5).

[23] 黄涛. 中秋节. 北京：中国社会出版社,2006.

[24] 萧放. 团圆饼与月亮节——中秋节俗形态的变迁. 文史知识,2002(9).

[25] 江玉祥. 中国人过中秋节的历史. 文史杂志,2010(5).

[26] 杨琳. 中秋节的起源. 寻根,1997(4).

[27] 江玉祥. 中国人过中秋节的历史. 文史杂志,2010(5).

[28] 萧放. 中秋节的历史流传、变化及当代意义. 民间文化论坛,2004(5).

[29] 林继富. 重阳节"登高"习俗漫谈. 湖北民族学院学报(哲学社会科学版),2004(1),

[30] 刘春迎,吴爱琴.北宋东京重阳节习俗.中州今古,1994(3),

[31] 李华伟.登高、菊花、茱萸与文人诗思——漫话重阳节俗与诗歌.中国教师,2007(10).

[32] 李玉洁.古代的腊祭——兼谈腊八节、祭灶节的来历.文史知识,1999(2).

[33] 袁国桢."腊八粥"溯源.美食,2005(1).

[34] 刘温成."腊八"风俗谈.民俗研究.1990(1).